LA MALADIE A-T-ELLE UN SENS ?

Pour vous Bernard,
en communion d'intention,
très cordialement,

Thierry

11.10.08

DU MÊME AUTEUR

Le Travail d'une vie, Paris, Robert Laffont, 2001 ; Marabout, 2008.
Vivre en paix, Paris, Robert Laffont, 2003 ; Marabout, 2008.
Vivre le cancer du sein autrement, Paris, Robert Laffont, 2006.
La Solution intérieure, Fayard, 2006 ; Pocket, 2007.

www.thierryjanssen.com

Thierry Janssen

La maladie a-t-elle un sens ?

Enquête au-delà des croyances

Fayard

ISBN 978-2-213-63485-2

À la mémoire d'Yvette Mahy.
À la mémoire de Jean-Baptiste Niel.
À la mémoire de Robert Laurent, dit Laurent.

Pour tous ceux qui cherchent la guérison.

Avoir l'espoir ne veut pas dire que nous pensons que les choses vont se produire bien. Cela signifie simplement que nous pensons que les choses auront un sens.

Václav Havel

Sommaire

Avertissement

Les points de vue, commentaires et autres renseignements présentés dans ce livre ont pour seuls buts d'informer le lecteur, d'analyser l'évolution des croyances à propos de la santé et d'apporter des éléments pour une meilleure compréhension des maladies et de leur guérison.

Les questions et les hypothèses exposées dans les pages qui suivent se fondent sur des faits démontrés et publiés dans la littérature scientifique. Le lecteur qui souhaiterait compléter son information et alimenter sa réflexion trouvera les références des sources utilisées dans les notes réunies à la fin de l'ouvrage.

Les cas cliniques évoqués sont issus de ma pratique, de la littérature médicale ou de l'expérience de praticiens que j'ai rencontrés. Les noms et les informations permettant d'identifier les personnes ont été modifiés. Leur histoire a souvent été abrégée afin d'en faciliter la compréhension.

INTRODUCTION

Du chaos individuel…

Le projet de ce livre est né à la fin d'une après-midi de consultations au cours de laquelle trois patients m'ont raconté leur quête de sens face à la maladie qui les accablait.

« Trouver une explication, comprendre comment et, surtout, pourquoi je suis tombée malade. C'est tout ce que je voulais », me dit Carole, séchant les larmes qui coulaient sur son visage. Deux ans auparavant, son gynécologue lui avait découvert un petit nodule au niveau du sein gauche. Une biopsie avait précisé le diagnostic d'un cancer et une intervention chirurgicale avait été programmée. « Cette nouvelle ne m'a pas surprise, m'expliqua-t-elle. Au fond de moi, je savais que quelque chose de grave allait m'arriver. Depuis plusieurs années j'avais perdu ma joie de vivre. À trente-huit ans, mon existence paraissait heureuse, et pourtant j'angoissais tout le temps. J'avais peur. Peur que mon mari s'éloigne de moi. Peur de perdre mon emploi. Peur pour ma fille, aussi. Je l'ai dit à mon médecin car j'étais convaincue que la tension permanente dans laquelle je vivais était à l'origine de mon cancer. J'avais d'ailleurs lu plusieurs livres qui démontraient l'influence du psychisme sur le corps. Et j'avais entendu à la radio le témoignage de personnes qui s'étaient guéries en comprenant comment elles avaient fabriqué leur maladie. Néanmoins, mon gynécologue ne voulut rien entendre. Il affirma que le cancer n'avait rien à voir avec la psychologie. Pour lui la situation était claire : ma maladie était le fruit d'une malchance. Il me conseilla d'oublier mes théories ridicules, qui, d'après lui, ne me seraient d'aucun secours.»

Déçue par la réaction de son médecin, Carole avait consulté un thérapeute formé par un médecin allemand, promoteur d'une «Médecine Nouvelle» selon laquelle le cancer et les autres maladies apparaissent à la suite d'un choc émotionnel. À peine avait-elle évoqué le diagnostic de cancer que le thérapeute lui avait expliqué que cette maladie était une stratégie de survie développée par le corps en réponse à un conflit psychologique. Dans le cas d'une femme droitière atteinte au sein gauche, il fallait rechercher un problème concernant la relation maternelle, une crainte pour l'enfant vécue dans le corps d'une manière symbolique, selon une logique biologique d'après lui infaillible. Ainsi, au dire du thérapeute, la tumeur de Carole était une manière de fabriquer plus de glande mammaire pour produire davantage de lait afin de mieux prendre soin de l'enfant qui lui causait du souci. «Au début, j'ai été un peu surprise par cette explication, m'avoua Carole. Mais, en y réfléchissant bien, j'ai dû admettre que ce thérapeute avait raison. J'étais très préoccupée par ma fille. Je la soupçonnais de se droguer et je m'inquiétais pour son avenir.» Lorsque je lui fis remarquer qu'elle avait également mentionné des craintes à propos de son conjoint et de son travail, Carole m'indiqua avoir écarté ces autres préoccupations comme sources possibles de sa maladie. «Le thérapeute ne s'est pas trompé, me dit-elle. La logique de son raisonnement paraît irréfutable. D'ailleurs, lorsque j'y pense, il est évident que le souci causé par ma fille était de loin le plus angoissant pour moi !»

Convaincue de pouvoir guérir sa maladie en réglant le conflit émotionnel identifié par son thérapeute, Carole avait appelé son gynécologue afin d'annuler l'opération prévue. Stupéfait, le médecin l'avait menacée des pires complications. Carole n'avait pas changé d'avis pour autant. « Je n'avais nullement l'intention de me laisser mutiler par la chirurgie, et encore moins de me laisser détruire par la chimiothérapie, alors que pour guérir il suffisait de comprendre les lois biologiques qui régissent les rapports du corps et de l'esprit », m'expliqua-t-elle. Furieux, le gynécologue l'avait traitée de « folle mystique » et lui avait prédit une « mort certaine », ajoutant qu'il ne l'accepterait plus jamais à sa consultation. « À partir de ce moment-là, poursuivit Carole, je me suis soignée toute seule, avec l'aide de mon thérapeute. Peu de temps après, en palpant mon sein, j'ai senti une diminution de la masse. J'étais donc sur la bonne voie. »

Réelle ou imaginée, la réduction de la tumeur n'empêcha malheureusement pas la maladie de progresser. Huit mois plus tard, Carole se réveilla avec une forte douleur au niveau de la clavicule droite. Une radiographie mit en évidence une métastase osseuse. La conséquence d'un nouveau conflit émotionnel, d'après son thérapeute. Cette fois il s'agissait d'un problème de dévalorisation qui, à en croire les théories de la « Médecine Nouvelle », se traduisait dans le corps par un « grignotage de l'os ». Carole entreprit donc un travail psychologique destiné à la revaloriser à travers l'expression de sa colère à l'encontre d'une « médecine culpabilisante » qui lui avait jeté un sort en la condamnant à mort si elle ne se soumettait pas aux traitements prescrits. Hélas, le travail psychothérapeutique n'apporta pas les améliorations escomptées. Quelques semaines plus tard, d'autres métastases furent diagnostiquées au niveau des os du crâne. Et, peu de temps après, des douleurs abdominales conduisirent à la réalisation d'un scanner qui montra une extension de la maladie à travers le péritoine. Extension que le thérapeute de Carole mit sur le compte d'une peur de voir progresser la maladie et d'être « atteinte dans son intégrité jusqu'au tréfonds de son corps ».

Carole était anéantie. « Je suis tellement déçue, me dit-elle. J'aurais tellement voulu guérir. Je n'en ai pas été capable. Je n'ai pas pu me débarrasser de mes peurs. Je ne guérirai donc pas. » À aucun moment de notre conversation la jeune femme ne remit en question l'origine exclusivement psychologique de sa maladie. À aucun moment elle n'envisagea que sa plus grande peur n'était peut-être pas celle qu'elle éprouvait à propos de sa fille ou de sa maladie, mais bien celle, apparemment non consciente, qu'elle ressentait face à la médecine. Cette peur-là lui aurait fait accepter n'importe quelle explication de sa maladie, pourvu qu'elle lui permette d'échapper à la chirurgie ou à la chimiothérapie.

La peur de la médecine, Quentin ne la connaissait pas. Et pour cause : à quarante-cinq ans, il avait déjà une longue expérience de la maladie. Quelques jours après sa naissance, il avait été opéré d'une sténose du pylore – un rétrécissement situé à la sortie de l'estomac. Par la suite, il avait développé une allergie aux produits laitiers et, sujet à de violentes crises d'asthme, il avait été hospitalisé à de nombreuses reprises. « Je ne sors jamais de chez moi sans un flacon d'aérosol dans la poche, m'expliqua-t-il. Plusieurs fois, j'ai failli mourir. » Et puis, subitement, trois ans auparavant, des plaques d'eczéma étaient apparues sur son visage. Un traitement à base de cortisone avait apporté une légère amélioration ; néanmoins, régulièrement, les rougeurs et les démangeaisons réapparaissaient sur son front et sur ses joues. « Cela représente un réel handicap dans ma vie professionnelle », me dit-il en serrant les poings. En effet, Quentin était journaliste. Il présentait les informations à la télévision. « Un poste que je vais devoir abandonner, ajouta-t-il. Vous imaginez l'aspect de ma figure certains jours ? Sans compter que les produits de maquillage utilisés avant de passer à l'antenne ne font qu'aggraver la situation. »

Sur les conseils d'un ami, Quentin avait consulté un psychothérapeute. Quelques séances avec ce spécialiste des maladies dites « psychosomatiques » lui avaient permis d'établir un lien entre un changement dans son activité professionnelle et le déclenchement de son eczéma. L'idée n'était pas sans fondement. En effet, c'était peu de temps avant l'apparition des premières plaques sur son visage que Quentin avait accepté une promotion : à l'époque journaliste dans la presse écrite, il était devenu présentateur du journal télévisé. « Un immense bouleversement dans ma vie, me dit-il. J'ai dû déménager, changer de ville, rencontrer de nouvelles personnes, me faire de nouveaux amis. Hélas, mes problèmes de peau m'empêchent de vivre tout cela d'une manière sereine et joyeuse. Du coup, j'ai tendance à m'isoler, je noue peu de contacts, je me sens très seul. J'en arrive à regretter mon ancien job ! » Quentin en avait conclu que le stress provoqué par sa nouvelle situation était à l'origine de ses problèmes cutanés. Malheureusement, cette prise de conscience n'avait apporté aucune amélioration. Découragé, il se confia à son médecin. Celui-ci, manifestement peu convaincu par ses explications psychosomatiques, leva les yeux au ciel, affirmant que, si le stress intervenait peut-être dans l'apparition des symptômes, l'eczéma était avant tout provoqué par l'exposition à des produits toxiques, de plus en plus nombreux dans notre environnement.

« Cette explication ne me satisfaisait pas, commenta Quentin. Je décidai donc de poursuivre mon travail avec le psychothérapeute. Mais, très rapidement, j'ai abouti à une impasse. En effet, nous étions arrivés à la conclusion que j'avais développé mon eczéma en réaction à la séparation mal vécue avec mes amis. La peau étant l'organe qui symbolise le mieux notre capacité à entrer en contact avec les autres, il paraissait logique que la souffrance entraînée par une perte de contact s'exprime au niveau cutané. Néanmoins, cette hypothèse me parut un peu courte. Et, de toute façon, je n'avais pas le choix : mon déménagement empêchait la poursuite de relations régulières avec mes anciens amis. Je ne pouvais rien changer à ce fait. »

Convaincu qu'il manquait des éléments à cette analyse psychologique, Quentin s'adressa à un autre thérapeute. Celui-ci l'amena à prendre conscience de son besoin d'espace et d'intimité. Après quelques séances, il conclut que Quentin avait «provoqué» un eczéma sur son visage afin de repousser les autres par une apparence inesthétique et désagréable. «Comment croire que je souhaitais éloigner les autres alors que mon désir le plus cher était de séduire et de nouer de nouvelles relations ?» me demanda Quentin. Agacé par cette interprétation, il prit rendez-vous avec un psychanalyste. «Je me suis un peu perdu entre les affirmations de mon médecin et les explications des différents thérapeutes que j'ai consultés, m'avoua-t-il. Néanmoins, après trois années d'analyse, mon analyste et moi sommes assez d'accord sur le fait que je vis une tension intérieure provoquée par mon impatience à résoudre les contradictions qui m'irritent et me démangent. Évidemment, ce n'est pas encore très clair, mais j'ai bon espoir d'un jour mieux comprendre mes contradictions. En attendant, je suis bien obligé d'accepter que mon corps parle à ma place.»

Récemment, Quentin avait constaté une aggravation de ses symptômes. Aggravation qui semblait proportionnelle au stress provoqué par son désir de guérison. C'était peut-être l'une des contradictions qu'il souhaitait démasquer. Mais, assurément, au moment de notre première rencontre, il ne l'avait pas encore compris.

Des contradictions, nous en connaissons tous. À cinquante-deux ans, Esther venait me demander de l'aide pour repérer les siennes. «Je ne veux plus tricher avec moi-même, me dit-elle en se redressant sur sa chaise. J'ai assez souffert. Je sais aujourd'hui le danger de tenir un double discours.» Elle était parvenue à ce constat après un travail commencé huit mois auparavant avec un psychothérapeute qui, malheureusement, venait de décéder. Un travail qui avait porté ses fruits puisque, en plus de lui avoir procuré un sentiment de joie et de liberté intérieure, il semblait être à l'origine d'une diminution des douleurs et de la fatigue dont elle souffrait depuis une quinzaine d'années. Des symptômes apparus progressivement et qui s'étaient amplifiés au point d'empêcher la poursuite de ses activités professionnelles. «Après des années de galère et des dizaines de consultations médicales, un diagnostic a finalement été posé sur mes étranges symptômes», m'expliqua-t-elle. De l'avis des rhumatologues, Esther souffrait de fibromyalgie, une maladie invalidante pour laquelle la médecine scientifique ne dispose pas de critères objectifs et, de ce fait, ne trouve pas d'explication satisfaisante.

«Je n'avais plus de vie, me dit-elle. Et pourtant, je ne me plaignais jamais. Même les jours où, percluse de douleurs dans les jambes, j'étais obligée de rester au lit.» Ne pas se plaindre, être toujours de bonne humeur avait été la devise d'Esther depuis sa plus tendre enfance. «Je ne me serais pas permis d'exprimer le moindre inconfort, m'expliqua-t-elle. Cela m'aurait paru indécent quand on sait que mes deux parents ont perdu leurs frères, leurs sœurs et leurs propres parents, tous morts dans les camps de concentration de l'Allemagne nazie.» Son rhumatologue lui avait prescrit des antidépresseurs, parfois efficaces en cas de fibromyalgie. Accablée par les effets secondaires de ces médicaments, elle avait fini par abandonner son traitement. C'est alors qu'elle avait décidé d'entamer un travail avec un thérapeute psychocorporel.

Peu à peu, Esther avait pris conscience des tensions de son corps. «J'étais crispée en permanence, et le pire, c'est que je ne m'en rendais absolument pas compte», me dit-elle en respirant profondément. Progressivement, elle avait appris à se détendre et, par la même occasion, avait découvert un tas d'émotions qui, jusqu'alors, lui étaient inaccessibles. Parmi celles-ci, un sentiment qui lui était totalement étranger : la colère. «À force d'afficher un grand sourire, même quand les douleurs me donnaient envie de pleurer, j'ai fait croire à mon entourage que je n'étais pas malade. En même temps, je reprochais à mes parents de ne pas entendre ma souffrance. J'ai pris conscience de cette contradiction le jour où ma mère m'a demandé de lui rendre service alors que je pouvais à peine marcher. Ce jour-là, je me suis plainte et ma mère m'a répondu que je n'étais pas malade, elle pensait que j'exagérais. Cela m'a rendue folle de rage ! »

Au début, Esther avait exprimé sa colère à travers des blâmes et des gestes violents, puis, avec l'aide de son thérapeute, elle avait compris qu'il lui fallait écouter le message contenu dans son émotion et avait découvert que celle-ci masquait des besoins essentiels, dont celui d'être reconnue dans sa souffrance. Elle avait alors appris à utiliser l'énergie de sa rage pour affirmer ses besoins. Il n'était plus question, pour elle, de contenir ses émotions dans les tensions de son corps. « Je ne veux plus utiliser mes souffrances physiques pour exprimer ma détresse psychologique, ajouta-t-elle. Je parle, j'apprends à dire non, je dis mes limites, je ne suis plus tout le temps au service des autres, je pense aussi à moi et à mon bien-être. »

Depuis qu'elle avait changé sa manière d'être, Esther avait constaté une nette amélioration de ses symptômes. Lorsqu'une crise douloureuse se manifestait, elle ne la cachait plus. Et si parfois elle retombait dans le piège de ses anciennes habitudes, elle était bien décidée à les démasquer pour ne plus en être la victime.

Un constat

Lors de mes consultations, il m'arrive très fréquemment d'entendre des histoires semblables à celles de Carole, de Quentin ou d'Esther. Parfois je suis consterné – comme ce fut le cas en écoutant Carole – de découvrir à quel point une croyance peut aveugler celui ou celle qui n'arrive pas à prendre le recul nécessaire pour se libérer de la pensée dogmatique qui l'influence. Parfois aussi je suis désolé – comme je l'ai été face à

Quentin – de constater que certaines personnes se perdent et ne savent plus quoi penser après avoir entendu les avis divergents des nombreux professionnels de la santé qu'elles ont consultés. Mais, le plus souvent, je suis intrigué par des récits – comme celui d'Esther – où une prise de conscience face à la maladie, l'émergence d'un sens depuis les profondeurs de l'être, semble apporter un véritable bénéfice à la guérison.

À l'époque où je pratiquais la chirurgie, je n'étais pas réellement conscient de l'importance accordée par les patients au fait de trouver un sens aux maux dont ils souffrent. Force est de constater que le peu de temps imparti aux consultations et la fonction hyperspécialisée que j'exerçais au sein de l'hôpital ne laissaient pas beaucoup de place aux dimensions psychologique, philosophique voire métaphysique de l'expérience humaine. Et mes études médicales, pourtant longues, ne m'avaient absolument pas préparé à aborder la démarche thérapeutique sous ces différents angles. Il faut sans doute le regretter, car le temps de la maladie est une période de doute et d'incertitude, un état véritablement chaotique. Celui qui souffre a donc besoin de trouver de nouveaux repères afin de réorganiser sa représentation de lui-même et du monde. Un des rôles du soignant pourrait alors être d'aider le malade dans sa quête de sens. Pourtant, beaucoup de patients connaissent la frustration de ne jamais recevoir cette aide. C'est ce que j'ai découvert lorsque, après avoir mis un terme à ma carrière chirurgicale, j'ai accompagné les malades en leur proposant des consultations de soutien psychologique.

Bien évidemment, la motivation des patients que je rencontre fausse la représentativité de l'échantillon de population auquel j'ai affaire. En effet, la plupart des personnes qui fréquentent mes consultations sont convaincues du fait que leur bien-être psychique peut avoir une influence bénéfique sur leur état physique. Elles cherchent donc à positiver leur expérience, elles veulent trouver une signification à leur souffrance, elles souhaitent profiter de leur maladie pour donner une nouvelle direction à leur existence. En dehors de ce contexte, les choses se déroulent parfois d'une manière très différente. Ainsi, certains patients que je rencontre dans des groupes de parole organisés au sein des hôpitaux sont réfractaires à toute approche de leur pathologie autre que purement biologique et technologique. Néanmoins, il semble que la recherche d'un sens à la maladie soit un phénomène de plus en plus répandu, touchant des personnes d'horizons très divers, en particulier au sein de la culture occidentale. Pour s'en convaincre, il suffit de constater le succès de certains livres aux titres évocateurs, comme *Dis-moi où tu as mal, je te dirai pourquoi*, *La maladie cherche à me guérir*, *The Healing Power of Illness* (*Le Pouvoir de guérison de la maladie*), *The Hidden Meaning of Illness* (*Le Sens caché de la maladie*), ou encore *Your Body Speaks Your Mind* (traduit en français par *L'Intelligence du corps*)[1]. L'engouement du public pour le sujet est réel et probablement sous-estimé.

Lors des nombreuses conférences que j'ai données autour du thème de mon ouvrage *La Solution intérieure : vers une nouvelle médecine du corps et de l'esprit*, j'ai été surpris d'avoir à répondre quasi systématiquement à des questions sur le sens de nos maux. Outre des interrogations à propos des interprétations symboliques des symptômes proposées par la médecine ayurvédique ou par la médecine traditionnelle chinoise, une question revenait très régulièrement. Elle concernait la Médecine Nouvelle, récemment rebaptisée Médecine Nouvelle Germanique, du docteur Ryke Geerd Hamer. Se fondant sur des observations radiologiques actuellement non validées par la communauté scientifique, cette approche diagnostique et thérapeutique affirme que toute maladie est une solution de survie déclenchée par le cerveau en réponse à un ressenti émotionnel spécifique[2]. Chaque fois, ma prudence et les nuances apportées à ma réponse déclenchaient des réactions passionnées. D'un côté, les défenseurs des théories du docteur Hamer me reprochaient de ne pas être assez ouvert à ce qu'ils considéraient être une évidence. De l'autre, les sceptiques s'étonnaient de ne pas m'entendre condamner en bloc tous les principes exposés dans cette nouvelle manière de penser la maladie, qu'ils qualifiaient d'hérésie. Assurément, nous touchions là un point sensible, une problématique qui appartenait à l'ordre des croyances et donc déchaînait de vives passions. Du coup, les débats suscités par le sujet tenaient davantage du conflit religieux que de la dialectique scientifique.

Une question

En combinant une interprétation symbolique des symptômes avec des explications nourries de notions médicales, la Médecine Nouvelle Germanique du docteur Hamer établit une série de démonstrations très séduisantes pour le public occidental, dont la culture est de plus en plus imprégnée d'informations scientifiques, ou plutôt devrais-je dire : pseudo-scientifiques. Cette vague de psychologisme* ne touche pas seulement les profanes. En effet, un nombre croissant de médecins s'intéressent aux théories de Hamer. Certains d'entre eux, comme le docteur Claude Sabbah en France, enseignent ces théories en y adjoignant quelques apports personnels. Du coup, des centaines, voire des milliers de gens, souvent sans aucune formation médicale ou paramédicale, s'installent comme thérapeutes et proposent aux patients de leur faire découvrir la cause psychologique de leurs maux. Une cause qu'ils considèrent comme « bio-logique ». Convaincus de l'infaillibilité de leur raisonnement, certains de ces thérapeutes promettent la guérison par la simple résolution des conflits émotionnels, incitant les patients à ne pas recourir aux traitements médicaux habituels. Une attitude qui n'est pas sans danger et qui a valu au docteur Hamer d'être condamné et emprisonné, à plusieurs reprises, en

* Psychologisme : tendance à tout interpréter au travers des théories de la psychologie humaine et à en faire le centre immuable de la compréhension du monde.

Allemagne, en Espagne et en France. Entre-temps, les théories de la Médecine Nouvelle ont traversé l'Atlantique. Aux États-Unis, elles constituent la Metamedicine®, qui, sans se référer au nom de Ryke Geerd Hamer, propose une approche tout à fait similaire en insistant sur la possibilité d'un diagnostic par scanner ou résonance magnétique nucléaire de lésions cérébrales spécifiques causées par les conflits émotionnels et déclenchant les dysfonctionnements organiques*.

Créée en 2004, la Heal Breast Cancer Foundation présente la Metamedicine® comme un pilier fondamental de la lutte contre le cancer du sein. De ce fait, en apportant leur soutien à cette fondation, plusieurs célébrités participent, sans toujours s'en rendre compte, à la diffusion des préceptes de la Médecine Nouvelle Germanique[3]. Parmi ces personnalités appréciées du grand public, on compte des acteurs comme Ben Stiller, Tommy Lee Jones ou Ben Kingsley, l'inoubliable incarnation de Gandhi au cinéma ; des médecins comme Carl Simonton, promoteur du recours à la visualisation mentale dans le traitement des patients atteints d'un cancer, Dean Ornish, auteur du best-seller *Love and Survival : 8 Pathways to Intimacy and Health*, Christiane Northrup dont le livre *Women's Bodies, Women's Wisdom* a connu un immense succès ; et même un personnage comme Eckhart Tolle, auteur de *The Power of Now* (*Le Pouvoir du moment présent*), devenu un classique de la littérature spirituelle contemporaine. En plus de ce soutien médiatique, une série de formations aux principes de la Metamedicine® sont organisées un peu partout dans le monde. Ainsi, efficacité et pragmatisme anglo-saxons à l'appui, une nouvelle manière de penser la maladie se répand depuis la Californie jusqu'en Australie, en passant par le Royaume-Uni, la Suède, la Norvège et l'Autriche. Des pays qui s'ajoutent à une liste déjà longue, qui comportait

* L'appellation « Metamedicine® » est un terme anglo-saxon présenté sur le site www.metamedicine.info, à ne pas confondre avec celui de « Métamédecine© », créé par la psychothérapeute canadienne Claudia Rainville et présenté sur le site www.metamedecine.com.

notamment l'Allemagne, la Suisse, la France, la Belgique, l'Espagne, l'Italie ou le Canada.

Qu'est-ce que cela veut dire ? La médecine conventionnelle serait-elle réellement passée à côté de quelque chose d'essentiel dans sa compréhension des maladies ? Ryke Geerd Hamer est-il un Galilée des temps modernes qui, comme ses défenseurs le prétendent, aurait découvert une évidence trop longtemps ignorée ? Face à de telles suppositions, le scepticisme est de rigueur. Car, comme la racine grecque du mot l'indique (*skeptikos* : qui observe, qui réfléchit), être sceptique consiste à refuser d'admettre une affirmation sans un examen critique préalable. Force est de reconnaître que cette posture philosophique s'impose quand on sait à quel point l'esprit humain peut parfois se tromper lorsqu'il tente d'apprécier le réel. Le scepticisme est alors une preuve d'humilité bien nécessaire.

Une proposition

Une théorie médicale basée sur un paradigme qui postule l'origine psychologique de toutes les maladies suscite un rejet massif de la part des autorités académiques. Ce n'est pas étonnant. Cela paraît même tout à fait logique puisque, de nos jours, le paradigme dominant est celui du matérialisme scientifique. La médecine doit pouvoir mesurer, peser, quantifier, disséquer et analyser l'objet de ses recherches. Elle réclame des preuves tangibles. Preuves que les promoteurs d'une explication exclusivement psychologique de la maladie sont bien incapables de fournir. Néanmoins, il serait dommage pour l'évolution de la connaissance médicale de jeter le bébé avec l'eau du bain. En effet, de nombreuses études mettent en évidence une relation entre la pensée, les émotions et les réactions du corps, et une discipline scientifique – la psycho-neuro-endocrino-immunologie – insiste sur l'importance des émotions positives dans la préservation de la santé et la guérison des maladies*. De plus, on ne peut pas nier la nécessité pour chaque être humain d'attribuer un sens aux événements de son existence. Or ce besoin de sens est négligé par la médecine scientifique. Un nombre croissant de patients s'en plaignent et déplorent le fossé qui se creuse entre eux et leur médecin. Le malaise est profond. Beaucoup plus profond que ne veulent bien le reconnaître les détenteurs du savoir scientifique, essentiellement préoccupés par l'aspect matériel des pathologies.

Conscient des lacunes du système médical dont je suis issu, j'organise depuis plusieurs années des groupes de travail intitulés « La maladie a-t-elle un sens ? », tantôt avec des patients afin de les aider à apaiser leur souffrance psychologique, à relâcher leurs tensions émotionnelles et à stimuler leur potentiel de guérison, tantôt avec des professionnels de la santé – médecins, infirmières, psychologues, psychothérapeutes, praticiens de différentes médecines alternatives et complémentaires – dans le but de les sensibiliser à l'importance de soigner des personnes et non pas seulement des pathologies ou des organes malades. Chaque fois, au cours de ces ateliers, je suis interpellé par la place que tiennent les croyances de chacun à propos de la santé, de la maladie, de la guérison, de la mort et de la vie. Très souvent, je constate que les idées véhiculées par le courant psychosomatique, la médecine symbolique et les théories du docteur Hamer empêchent les patients d'accéder à leur propre vérité. Conditionnés par leurs croyances, ces patients finissent par réinventer leur histoire personnelle pour la faire coïncider avec les relations de cause à effet prévues par les théories auxquelles ils adhèrent. Il est toujours désolant de voir un prisonnier enfermé dans un cachot dont lui seul détient la clé. Cependant, lorsqu'ils parviennent à relativiser leurs croyances et à dépasser leurs conditionnements, ces patients vivent des

---

* Une liste non exhaustive de telles études constitue la base de mon ouvrage *La Solution intérieure : vers une nouvelle médecine du corps et de l'esprit*, Paris, Fayard, 2006.

prises de conscience surprenantes qui leur ouvrent des perspectives souvent inattendues. Dans ce contexte, il m'est arrivé d'observer des corrélations qui semblaient désigner un lien évident entre les symptômes de la maladie, l'organe malade, les émotions du patient et les pensées qui l'habitaient. Comme la plupart des médecins, psychothérapeutes ou psychanalystes confrontés à ces « évidences symboliques », j'ai alors été ébranlé dans mes propres convictions.

Assurément, la réponse à la question posée au cours de mes ateliers est plus complexe et plus subtile que ne le voudrait un esprit avide de certitudes. Elle requiert des éclairages aussi divers que ceux de l'anthropologie, de l'ethnologie, de la sociologie, de la psychologie, de la biologie, de la médecine et même de la philosophie. Elle suppose une réelle ouverture d'esprit et l'ambition d'enquêter au-delà de nos croyances. Si tant est que cela soit possible pour notre dispositif cognitif humblement humain. C'est à cet exercice que je vous invite dans les pages qui suivent. Son résultat se révélera certainement imparfait, mais peu importe ; son imperfection sera proportionnelle à l'ampleur de notre champ d'investigation : vaste, infini peut-être. Car il s'agit de nous, êtres de chair, de perceptions, d'émotions, de pensées et de croyances, soumis au chaos de l'existence. Nous, animaux en quête de sens.

Une tradition de pensée bien enracinée dans notre culture, et qui forme les esprits dès l'école élémentaire, nous enseigne à connaître le monde par « idées claires et distinctes » ; elle nous enjoint de réduire le complexe au simple, c'est-à-dire de séparer ce qui est lié, d'unifier ce qui est multiple, d'éliminer tout ce qui apporte désordres ou contradictions dans notre entendement.

Or le problème crucial de notre temps est celui de la nécessité d'une pensée apte à relever le défi de la complexité du réel, c'est-à-dire capable de saisir les liaisons, interactions et implications mutuelles, les phénomènes multidimensionnels.

Edgar Morin

PREMIÈRE PARTIE

En quête de sens

1

S'inquiéter

UNE INCROYABLE DIVERSITÉ

Examiner la manière dont nous expliquons et traitons les maladies est probablement l'un des meilleurs moyens de comprendre qui nous sommes. À condition, toutefois, de nous intéresser à la diversité des réponses diagnostiques et thérapeutiques imaginées par les êtres humains, partout et depuis toujours. Car le « phénomène humain* » est vaste. Il paraît difficile d'en appréhender la subtilité et la complexité en se limitant à l'étude de ses manifestations dans une seule culture, à une seule époque de l'histoire.

Des causes naturelles ou surnaturelles

Professeur d'anthropologie à l'université de Pittsburgh, George Murdock a consacré sa carrière à l'étude comparative

* *Le Phénomène humain* est le titre d'un ouvrage écrit en 1940 (publié en 1955) par le théologien et paléontologue français Pierre Teilhard de Chardin.

des cultures à travers le monde. Après avoir créé le magazine *Ethnology*, il s'est rendu célèbre en établissant le Standard Cross-Cultural Sample, un ensemble de deux mille rubriques permettant de classer des données issues de cent quatre-vingt-six traditions réparties sur cinq continents[1]. L'homme était donc bien placé pour appréhender la diversité des pratiques médicales. En 1978, il publia une vaste enquête à propos des causes invoquées pour expliquer l'apparition des maladies dans cent trente-neuf sociétés de cultures différentes. Un travail important qui nous éclaire sur l'extraordinaire inventivité de l'esprit humain[2].

D'emblée, on distingue dans cette liste des causes naturelles et d'autres, qualifiées de « surnaturelles ». Pour Murdock, un savoir pratique et raisonné, basé sur des expériences concrètes, est à l'origine des théories naturalistes. Celles-ci peuvent donc être répertoriées selon les critères utilisés par la médecine moderne. On y retrouve les traumatismes et les accidents, les blessures infligées par autrui, l'usure due au temps, les infections par des microbes, le stress engendré par le surmenage intellectuel, la fatigue physique ou la privation de nourriture. Néanmoins, il apparaît que certaines populations préfèrent expliquer ces causes naturelles à l'aide de théories surnaturelles. Ainsi, des accidents ou des blessures peuvent être attribués à l'intervention d'un sorcier ou être considérés comme une punition faisant suite à la violation d'un interdit.

Les théories surnaturelles identifiées dans l'enquête de Murdock sont réparties en trois grandes catégories : la sorcellerie, les influences animistes et les explications mystiques. La sorcellerie se retrouve dans 88 % des cultures étudiées et constitue même la cause la plus fréquemment invoquée dans un tiers d'entre elles. Cette fréquence s'explique probablement par le fait que le sortilège est un mode de suggestion et d'influence apparu dès la constitution des premières sociétés humaines. De l'Égypte à Babylone, les témoignages de sorcellerie existent depuis la plus haute Antiquité. Et, de nos jours, de l'Afrique à l'Amérique en passant par l'Océanie, l'Europe et l'Asie, de nombreux sorciers exercent encore leurs pouvoirs, parfois de façon bénéfique, souvent de manière maléfique. Dans certains cas, la sorcellerie est volontaire et cherche à nuire à l'aide de procédés et d'instruments spécifiques ; dans d'autres circonstances, elle paraît involontaire, soumise à l'emprise d'un esprit malveillant décidé à détruire la vie d'autrui.

L'influence des esprits représente une grande part des causes incriminées dans le déclenchement des maladies. Ainsi, fantômes d'ancêtres, esprits de la nature et démons en tout genre se retrouvent au cœur des théories médicales de 56 % des sociétés recensées par Murdock. Parfois, le concept d'esprit reste vague tout en étant omniprésent. Chez les Kwaio des îles Salomon, par exemple, l'anthropologue Roger Keesing a noté que le terme *adalo* englobe tous les esprits familiers et sauvages. Ces présences invisibles apportent leur aide à la communauté ou au contraire punissent ceux qui ont enfreint ce qui est *abu*, c'est-à-dire interdit ou sacré (*abu* vient de la racine malayo-polynésienne *tapu*, qui a donné « tabou » en français)[3].

Dans d'autres cas, c'est l'âme du malade qui est à l'origine de son infortune, soit qu'elle ait été volée par un esprit errant ou par un sorcier malintentionné, soit qu'elle se soit perdue au cours de l'un de ses voyages dans le monde des rêves, comme je l'ai entendu raconter à maintes reprises dans les communautés aborigènes où j'ai séjourné. Par exemple, pour les Aborigènes du désert central de l'Australie, la bonne santé dépend de l'état du *kurunpa*, le « souffle de vie » qui anime chaque être vivant et permet la pérennité de chaque espèce. Un concept que nous traduirions par « âme » ou « esprit ». Une énergie capable de quitter le corps la nuit, le temps d'un rêve, et de le réintégrer au matin en se faufilant par le nombril. Tous les *nyangkari* – les hommes-médecine aborigènes – le savent : au cours de ses voyages nocturnes dans le monde des mythes et des légendes, le *kurunpa* doit veiller à ne pas trop s'éloigner du corps auquel il appartient car il risquerait de se perdre et serait alors obligé d'incorporer n'importe quel objet pour survivre. Si le *kurunpa* perd de l'énergie, son hôte se sentira épuisé. Et, au cas où il aurait de la peine à reprendre sa place dans le corps, des nausées ou des vomissements pourraient survenir. Les pérégrinations du *kurunpa* sont donc à l'origine de nombreux maux et de multiples douleurs. Et les Aborigènes en sont convaincus : sa capture par un esprit malin ou sa destruction par un acte de sorcellerie entraînent une mort inéluctable[4].

Outre ces influences animistes, l'étude de George Murdock révèle une série de causes pathogènes, voire mortelles, liées au non-respect de certains principes fondamentaux. Ces causes n'ont pas de visage. Elles font partie des règles sacrées et des lois immuables dont dépend la bonne marche du monde. Ainsi, la violation d'un interdit est invoquée pour expliquer l'apparition de certaines maladies dans 80 % des sociétés étudiées par Murdock. Et, dans 29 % d'entre elles, le non-respect des tabous représente même l'origine principale du malheur et de la souffrance. Parfois, les raisons du mal doivent être recherchées dans le contact avec une personne ou un objet impur. Il convient alors d'éviter de toucher un cadavre, du sang menstruel ou un individu appartenant à une caste inférieure. C'est le cas, par exemple, chez les Thonga du Mozambique, pour lesquels les contacts défendus représentent la cause de maladie la plus fréquente. Dans d'autres circonstances, c'est la rencontre, en rêve ou dans la réalité, avec un mauvais présage qui explique la dégradation de la bonne santé. Et, dans les sociétés les plus complexes, le mal peut même être interprété en termes de prédestination. C'est ainsi qu'une volonté divine ou des conjonctures astrologiques fixent le destin des individus dans 20 % des cultures étudiées par Murdock.

Des causes personnelles ou impersonnelles

L'opposition opérée par George Murdock entre les causes naturelles et les causes surnaturelles de la maladie ne correspond pas forcément à la réalité vécue dans les différentes cultures étudiées. En effet, pour la plupart des individus recourant à des explications qualifiées de « surnaturelles », celles-ci ont une existence bien réelle, totalement intégrée dans leur conception du monde. L'antagonisme naturel-surnaturel n'est d'ailleurs pas traduisible dans leurs langues. Il introduit donc un préjugé qui pourrait nuire à une étude véritablement objective des systèmes médicaux à travers le monde. C'est la raison pour laquelle George Foster, professeur d'anthropologie à Berkeley, coauteur du premier ouvrage consacré à l'anthropologie médicale, préfère comparer les différentes cultures en distinguant celles qui attribuent l'apparition des maladies à des causes impersonnelles et celles qui, au contraire, personnalisent les raisons du mal[5].

Selon Foster, dans les systèmes personnalistes, l'apparition des maladies est rattachée à l'action volontaire d'un agent humain (le sorcier) ou non humain (un esprit ou une divinité). La maladie est alors vécue comme une persécution. Le malade est une victime et son traitement oblige à combattre le mal par la sorcellerie ou à l'expulser par l'exorcisme. Dans les systèmes personnalistes, les pratiques thérapeutiques se confondent donc souvent avec la magie et les rituels religieux[6].

En théorie, la description de Foster est séduisante ; cependant, dans les faits, elle doit être nuancée. En effet, l'action des sorciers n'est pas toujours volontaire. Chez les Douala du Cameroun, par exemple, j'ai pu constater que, si un sorcier est reconnu coupable d'une maladie, aussitôt il se décharge de l'accusation en incriminant l'influence d'un ancêtre ou d'un esprit malveillant. Par conséquent, en pays douala, tout le monde peut être sorcier et provoquer des maux sans le savoir[7]. « N'y a-t-il pas en chacun de nous une part qui veut le bien et une autre qui, secrètement, souhaite le mal ? » me disait un *nganga* – tradipraticien camerounais – à qui j'exprimais mon étonnement face à cette apparente schizophrénie. C'est un fait : nous sommes tous animés de plusieurs intentions, parfois contradictoires. Chaque culture invente donc des moyens d'échapper à la culpabilité provoquée par la tentation de succomber aux forces sombres de l'inconscient.

À l'opposé des systèmes personnalistes, Foster identifie des traditions médicales où l'origine des maladies est attribuée à des causes impersonnelles. Dans ces cas, le concept est radicalement différent : aucun sorcier ni aucun esprit n'exerce d'influence sur la maladie. Seule la nature impose ses règles, et chaque individu doit les respecter pour conserver une bonne santé. Selon Foster, les théories naturalistes sont l'apanage de sociétés relativement complexes. Elles sont échafaudées à partir de l'observation et de l'expérience. Leur fondement réside dans la nécessité de maintenir un équilibre. Les maladies y sont donc décrites comme le résultat d'une perturbation de l'harmonie naturelle. Du coup, leur prévention est au moins aussi importante que leur traitement ; l'individu est considéré comme responsable de sa santé ; et les pratiques thérapeutiques sont moins liées à la magie ou aux croyances religieuses. C'est ainsi que la dépersonnalisation des causes de la maladie aurait permis l'apparition des premières médecines savantes en Égypte, en Grèce, en Inde ou en Chine, et, plus tard, l'émergence de la médecine scientifique telle que nous la connaissons[8].

Une connaissance symbolique, des savoirs pragmatiques

Séparer de manière catégorique des médecines traditionnelles qui invoqueraient des causes personnelles de la maladie, d'une part, et des médecines savantes qui seraient orientées vers la prévention et le traitement de causes impersonnelles, d'autre part, paraît un peu réducteur. Dans la réalité, les choses ne sont pas aussi clairement définies. Les croyances irrationnelles et les raisonnements rationnels sont souvent plus intriqués qu'on ne l'imagine. Pour nous en convaincre, il suffit d'examiner les théories africaines, non personnalistes, fondées sur l'opposition entre le froid et la chaleur ou entre la sécheresse et l'humidité. Chez les Samo du Burkina Faso, par exemple, l'anthropologue Françoise Héritier a observé que le froid et l'humide sont associés à la prospérité, au bien et à la paix, tandis que le chaud et le sec signalent toujours un danger. Les croyances qui découlent de ces principes de base régulent la vie de toute la communauté. Ainsi, les Samo pensent que la température corporelle d'une femme enceinte augmente du fait qu'elle ne perd plus son sang (considéré comme un élément chaud) et qu'elle emmagasine le sperme de son mari (liquide associé au sang) pour fortifier son enfant. Le temps de la grossesse est donc regardé comme une période critique qui requiert toutes les attentions. De la même manière, l'enfance est vécue comme une phase dangereuse de l'existence car elle correspond à une accumulation de chaleur qui ne diminue qu'après les premières règles de la fille et la première éjaculation du garçon. Enfin, lorsqu'une femme stérile meurt sans avoir eu de menstruations, le rituel samo exige qu'on l'enterre après lui avoir transpercé le dos à hauteur des reins afin de la refroidir et d'éviter que sa chaleur – cause de sa stérilité – ne se répande dans le sol, entraînant une sécheresse néfaste[9].

Sans parler d'une « médecine savante » au sens où on l'entend lorsqu'on parle des médecines grecque, chinoise ou indienne, la logique des raisonnements samo est digne de certaines théories scientifiques. Elle fait preuve d'une véritable rationalité. Bien sûr, celle-ci n'est confirmée que par des arguments subjectifs, jamais par des vérifications objectives. Les théories samo ne participent donc pas d'un savoir scientifique au sens propre du terme, mais plutôt d'une connaissance symbolique.

Vérifié de manière objective, un énoncé scientifique est universel. Confirmée par une croyance, une connaissance symbolique dépend du consensus culturel qui lui a donné naissance. De ce fait, la connaissance symbolique fournit une interprétation des expériences individuelles ou collectives dans leur contexte particulier. Peu importe que cette interprétation soit objectivable ou non. Elle ne cherche pas à prouver la réalité des faits, à démontrer une vérité. Son but n'est pas d'expliquer, mais simplement d'apporter une interprétation cohérente par rapport à l'ensemble des croyances de l'individu et de sa communauté. Elle permet ainsi au sorcier-chaman-guérisseur d'initier un certain ordre à partir du chaos, d'introduire du sens dans une situation qui paraît absurde, de créer de la certitude au milieu du doute, et donc de générer un nouvel espoir.

Un article mémorable de Claude Lévi-Strauss, rédigé en 1949, illustre bien l'efficacité de certains dispositifs symboliques. Décrivant un accouchement difficile chez les Indiens Cuna du Panamá, Lévi-Strauss raconte que le chaman avait dû partir à la recherche du *purba* (l'âme) de la parturiente, dont Muu, la puissance responsable de la croissance du fœtus, s'était emparé. Au terme d'un combat sans merci, le guérisseur avait restitué son *purba* à la malheureuse, qui avait fini par accoucher sans problème. Lévi-Strauss insiste sur la cohérence indispensable à la réussite d'un tel procédé thérapeutique : « Les esprits protecteurs et les esprits malfaisants, les monstres surnaturels et les animaux magiques font partie d'un système cohérent qui fonde la conception indigène de l'univers. La malade les accepte, ou, plus exactement, elle ne les a jamais mis en doute. Ce qu'elle n'accepte pas, ce sont des douleurs incohérentes et arbitraires, qui, elles, constituent un élément étranger à son système, mais que, par l'appel au mythe, le chaman va replacer dans un ensemble où tout se tient[10]. »

La démarche symbolique est donc pragmatique*. Adaptée aux acquis culturels d'une société, elle propose des solutions concrètes au mal et à la souffrance, même si les moyens qu'elle utilise sont déconnectés de la connaissance anatomique et physiologique. Cela n'empêche pas les guérisseurs traditionnels d'avoir recours à d'autres remèdes, élaborés à partir

* Pragmatisme : doctrine qui prend la valeur pratique pour critère de la vérité. Pour le pragmatisme, est vrai ce qui réussit, il n'y a pas de vérité absolue. Voir chapitre 6, p. 193.

d'observations empiriques dont la pertinence n'a parfois rien à envier aux conclusions de la démarche scientifique. Ainsi, j'ai vu des Aborigènes australiens introduire un petit ver dans leurs dents cariées afin de nettoyer l'infection, puis reboucher le trou désinfecté à l'aide d'un mélange d'argile et de plantes. Un procédé sophistiqué, basé sur une expérimentation millénaire et un savoir éminemment pragmatique. Un savoir qui ne supprime pas la croyance des Aborigènes dans les esprits, les âmes errantes et le pouvoir des jeteurs de sorts.

Il faut donc se méfier des classifications anthropologiques, car la réalité est souvent plus complexe qu'elles ne la décrivent. De nombreuses cultures abordent la maladie d'une manière rationnelle, naturaliste et pragmatique tout en recourant, en même temps, à des diagnostics irrationnels et à des procédés thérapeutiques symboliques. Les guérisseurs les moins expérimentés se voient alors confier la tâche de soigner les maux du corps physique à l'aide de remèdes à base de plantes ou de minéraux, tandis que certains initiés se chargent de rétablir l'ordre et l'équilibre dans un corps beaucoup plus « subtil », constitué de pensées, de rêves et de non-dits. Un corps en relation avec tous les êtres, vivants ou morts, et les univers dans lesquels ils évoluent. « À chaque type de problème sa solution », me disait un *nyangkari* aborigène. À chaque dimension de l'être humain son langage, ses questions et ses réponses. La complexité de la pensée indigène apparaît donc comme le reflet de la complexité des individus.

Une affaire sociale

Le corps subtil auquel s'adressent les guérisseurs traditionnels dépasse les limites du corps physique. Il s'inscrit dans le tissu du vivant, au cœur des liens qui assurent la bonne marche du monde. Il se pense donc en fonction de la communauté dans laquelle vit le malade. Car à quoi bon soigner un individu si la survie du groupe auquel il appartient est menacée ? C'est une constante : dans de nombreuses cultures, le collectif prime sur l'individuel. On le comprend aisément puisque, depuis la nuit des temps, au sein des petites tribus, la survie de chaque individu dépend avant tout de la cohésion et de l'harmonie de l'ensemble du groupe. C'est donc une nécessité, une évidence : dans beaucoup de sociétés humaines, la santé est d'abord une affaire sociale.

Les subtilités de la guérison

De longs mois d'observation auprès des Aborigènes du désert central d'Australie ont permis à l'anthropologue français Frédéric Viesner de mieux comprendre les enjeux sociaux de certaines guérisons symboliques[11]. Ainsi, il rapporte l'histoire de Betty, une jeune femme dont l'expédition dans le bush à la recherche de *tjala* (des fourmis à miel) faillit provoquer un drame pour toute sa communauté.

En raison de son degré d'initiation, Betty était dotée du privilège de conduire la petite troupe qui l'accompagnait. Elle prit donc la tête de la marche et commença à creuser le sol pour découvrir les premières fourmis et donner le signal de la récolte. Selon la tradition ancestrale, seules les femmes peuvent attraper les *tjala*. C'est pourquoi les hommes et les enfants se tenaient à l'arrière, devisant et s'amusant au milieu des buissons. Les tentatives de Betty pour localiser les fourmis restant infructueuses, après un temps les femmes du groupe manifestèrent leur impatience et exprimèrent le désir de participer activement aux recherches. Betty refusa, s'obstinant à vouloir être la première à trouver les fourmis. Peu à peu, gagnée par la lassitude, la petite troupe s'étira et finit par se disperser dans le bush. Au bout d'un moment, prêtes à prendre le chemin du retour, les femmes appelèrent leurs enfants. Mais aucun ne répondit. Affolées, les mères sollicitèrent alors l'aide des hommes pour repérer les traces de leurs bambins sur le sable rouge. Finalement, l'un après l'autre, tous les enfants furent retrouvés avant la tombée de la nuit. L'épisode avait donc connu une fin heureuse. Néanmoins, le constat était affligeant : la volonté de Betty de profiter pleinement de son privilège de meneuse de la récolte des *tjala* l'avait conduite à négliger les enfants, bien le plus précieux de la communauté, priorité absolue de toutes les femmes. Pour les autres membres du clan, il n'y avait que deux possibilités : soit la vanité de Betty était la conséquence d'un envoûtement l'ayant amenée à provoquer l'éclatement du groupe ; soit cette vanité était à l'origine de l'envoûtement, véritable punition infligée à son mauvais caractère. La réponse fut apportée le lendemain par Willy, le *nyangkari* appelé auprès de Betty, qui se plaignait de douleurs au ventre. L'homme-médecine fit le tour du campement, se rapprocha de Betty, se pencha sur elle, posa une main sur son ventre et une autre sur son front, et la massa un bref instant. Le diagnostic était clair : le *kurunpa* de Betty s'était déplacé. L'intervention du guérisseur consista à le remettre à sa place. Il ajouta l'interdiction pour la jeune femme de manger des baies et l'obligation de rester auprès du feu.

Accoutumé à la pensée aborigène, Frédéric Viesner nous aide à décoder les messages contenus dans le diagnostic et les prescriptions du *nyangkari*. Nous découvrons alors que la symbolique utilisée par l'homme-médecine suit une logique bien précise, une véritable stratégie thérapeutique. Ainsi, le diagnostic d'un déplacement du *kurunpa* permet au guérisseur de désigner Betty comme la source du problème. Il n'est pas question d'accuser un agent extérieur. Aucun sorcier, aucun esprit malveillant n'a participé à la « maladie » de la jeune femme. Betty est entièrement responsable de ses actes. Néanmoins, son comportement ne semble pas avoir été assez grave pour entraîner la vengeance d'un esprit. En prescrivant à Betty de rester auprès du feu, le *nyangkari* lui ordonne de s'occuper de son foyer avec plus d'attention. En lui défendant de se nourrir de baies, il lui interdit de participer aux activités féminines du groupe. Le message est donc clair : Betty doit se consacrer aux soins maternels et méditer sur sa manière de vivre en société. Deux occasions pour elle de remettre de l'ordre dans sa confusion personnelle et dans le chaos qu'elle a failli provoquer au sein de la communauté[12].

Le malaise physique ressenti et exprimé par Betty a donc un sens. Il a permis de rétablir la cohésion et l'harmonie du groupe. Dès lors, on peut se demander si, dans une culture comme celle des Aborigènes, certains symptômes ne sont pas un moyen pour les malades de dire leur inconfort face à une situation sociale subie ou créée par eux. Se déclarer « malade » serait ainsi un appel à réintégrer le groupe et à revenir sur la bonne voie, celle qui respecte le bon ordre des choses. Cette hypothèse paraît peut-être un peu extravagante. Pourtant, des spécialistes comme Anne Harrington, professeur d'histoire de la science à Harvard, notent que, dans certaines situations, le langage du corps et de la maladie se révèle être le moyen le plus acceptable pour parler de sa souffrance[13]. On imagine l'importance que peut avoir ce langage corporel dans une société où le système de guérison propose d'interpréter les symptômes en leur donnant une dimension symbolique et sociale.

L'ordre et l'espoir

Selon Stanley Jeyaraja Tambiah, professeur d'anthropologie à Harvard, les êtres humains, confrontés aux aléas de l'existence, ont toujours élaboré des systèmes d'interprétation qui traduisent simultanément leur besoin d'ordonner les relations sociales, d'établir un code de conduite morale et de définir leur place dans la nature[14]. La tendance de nombreuses cultures à échafauder des constructions mythiques autour des événements douloureux de l'existence ne paraît pas seulement destinée à rassurer des esprits éprouvés et apeurés. Elle permet, en plus, de moraliser le projet communautaire en insistant sur une priorité essentielle : la survie du groupe.

Bien entendu, face aux phénomènes météorologiques, aux famines, aux tremblements de terre et à toute une série d'événements dangereux, les interprétations inventées par bon nombre de sociétés traditionnelles ont une première fonction évidente : elles donnent l'impression de pouvoir interférer avec le destin en intercédant auprès des agents surnaturels et personnels mis en cause. Et, dans les cas où il paraît impossible d'influencer le cours des événements, le fait d'apporter une interprétation au chaos le rend plus compréhensible, plus acceptable. Trouver une raison à l'insensé crée un espoir. L'espoir de découvrir un chemin pour sortir du tourment ou, lorsque cela se révèle utopique, l'espoir que l'épreuve endurée ne sera pas vaine, qu'elle servira à quelque chose ou à quelqu'un.

« Avoir l'espoir, a dit Václav Havel, ne veut pas dire que nous pensons que les choses vont se produire bien. Cela signifie simplement que nous pensons que les choses auront un sens. » En tant qu'événement susceptible de mettre la survie de l'individu en péril, la maladie n'échappe pas à ce besoin d'espérance.

Comme l'a très bien expliqué l'ethnologue, psychologue et linguiste Andras Zempléni, la maladie soulève quatre questions fondamentales auxquelles toute personne, malade ou pas, tente de répondre : de quelle maladie s'agit-il ? Comment est-elle survenue ? Qui ou quoi l'a produite ? Pourquoi est-elle apparue à ce moment, sous cette forme, chez cet individu[15] ? Il n'est pas nécessaire de connaître toutes les réponses pour être en mesure de proposer un traitement. De fait, les guérisseurs traditionnels se préoccupent peu de répondre à la première de ces interrogations. Pour eux, analyser les symptômes dans leurs détails et donner un nom aux plaintes du malade n'est pas une priorité. En revanche, ils évoquent toujours un principe de cause à effet pour incriminer un agent responsable et justifier les raisons de l'apparition de la maladie. Tous les guérisseurs que j'ai rencontrés le savent : expliquer et soigner les causes de la souffrance n'est pas toujours possible ; interpréter et moraliser l'existence du mal est absolument nécessaire !

Je me souviens de l'histoire d'un jeune Taï Neua, au Laos, chez qui un médecin avait diagnostiqué une tuberculose pulmonaire. Peu convaincu par cette explication médicale, le jeune homme avait interrogé le guérisseur du village. Ce dernier assura que le mal n'était pas dû à un microbe mais au fait que le grand-père du patient, décédé quelques mois auparavant, avait capturé son âme afin de pouvoir travailler dans les rizières célestes et s'acquitter d'une dette qu'il n'avait pas pu rembourser de son vivant. Apaisé par les paroles du guérisseur, le jeune homme retourna auprès du médecin pour lui expliquer la « vraie raison » de son malheur[16]. À défaut de soigner ses symptômes physiques, on peut imaginer que le fait de savoir comment, à cause de qui et pourquoi il crachait du sang fut pour ce jeune Taï Neua un grand soulagement psychologique. Le sens de sa maladie dépassait l'intérêt pour sa propre personne ; il concernait son grand-père décédé, il s'inscrivait dans la volonté de réparer le passé, de rétablir l'ordre dans la communauté et d'assurer le bon déroulement du futur. Dans le monde des guérisseurs, la peur et la souffrance engendrées par la maladie sont transcendées par le sentiment de participer à l'équilibre du monde.

Respecter l'équilibre et l'harmonie n'est pas une démarche facile pour l'être humain en proie à ses peurs et à ses défenses. Très souvent, ses réactions égoïstes vont à l'encontre de l'intérêt général. Imaginer l'existence d'êtres surnaturels, invisibles et omniprésents apparaît alors comme un moyen naturel et particulièrement efficace de *se* rappeler à l'ordre. C'est en tout cas ce qu'indique une étude réalisée par Jesse Bering, professeur de psychologie à l'université de l'Arkansas et directeur de l'Institut de la cognition et de la culture à la Queen's University de Belfast. Au cours de cette étude, des étudiants participant à une compétition sur ordinateur avaient la possibilité de tricher en profitant d'une faille introduite dans le système informatique. Il leur était demandé de ne pas succomber à la tentation d'exploiter cette défaillance et de se soumettre aux règles du jeu sans tricher. Laissés seuls, sans surveillance, les étudiants furent divisés en trois groupes. Un premier groupe fut mis au courant d'une histoire selon laquelle un psychologue impliqué dans l'étude était mort récemment, son fantôme ayant depuis été aperçu à plusieurs reprises dans la salle du test. Un second groupe fut informé du fait que le test était dédié à la mémoire d'un psychologue récemment décédé, sans qu'il fût fait mention d'un quelconque fantôme. Un troisième groupe se soumit au test sans recevoir aucune information particulière. Seule l'existence d'un fantôme semble avoir influencé le comportement des sujets testés. En effet, les étudiants du premier groupe résistèrent mieux à la tentation de tricher que ceux des deux autres groupes, auxquels on avait omis de parler du revenant[17].

Croire à l'existence des fantômes paraît déraisonnable pour un esprit scientifique et matérialiste. Pourtant, cela n'est peut-être pas aussi absurde qu'il y paraît. Car la menace de présences invisibles a probablement participé, au fil des millénaires, au maintien d'une certaine cohésion sociale et au développement de grandes civilisations. Et, de l'avis de certains psychologues, ce genre de croyances auraient persisté au cours de l'histoire en raison de leur avantage évolutif[18]. Cela expliquerait pourquoi on retrouve des théories comme celle des voleurs d'âmes un peu partout à travers le monde, par exemple chez les Aborigènes australiens, les Taï Neua laotiens ou les Douala du Cameroun. Cela expliquerait aussi pourquoi certains peuples dessinent de grands yeux sévères sur les totems représentant leurs divinités. Dans nos sociétés modernes, ces grands yeux se cachent derrière les caméras de télésurveillance, les détecteurs de vitesse ou les lunettes des fonctionnaires de l'administration fiscale.

Rétablir la beauté

Éric de Rosny, jésuite français installé au Cameroun depuis 1957, ancien directeur de l'Institut africain pour le développement économique et social, a tenté de comprendre comment les *nganga* exerçaient leur rôle de guérisseur au sein du peuple douala[19]. Initié aux pratiques de ces sorciers, devenu lui-même *nganbi* – devin visionnaire dont la fonction n'est jamais d'accuser mais de concilier –, il raconte comment, par leur capacité à décrypter les problèmes familiaux, les guérisseurs douala désamorcent les querelles en déplaçant les conflits interpersonnels du monde visible vers les champs de bataille du monde invisible. C'est là un moyen élégant de maintenir l'ordre public. Il est rendu possible par le fait que, chez les Douala comme dans de nombreuses sociétés traditionnelles, l'identité de chaque individu se confond avec celle de sa famille ; du coup, la maladie est définie comme le symptôme d'un mal collectif. À l'instar de beaucoup de guérisseurs traditionnels, explique Éric de Rosny, « les *nganga* considèrent le corps physique comme son propre hôpital. Le rôle du soignant est de l'aider à travailler, en lui donnant par exemple des préparations à base de plantes, qui peuvent être très efficaces. Mais là n'est pas l'essentiel[20] ». L'essentiel réside dans le rétablissement de l'ordre harmonieux des choses. L'ordre qui engendre la beauté du monde.

Cette beauté, les Indiens Navajo la nomment *hozho*, un mot qui se traduit aussi par « santé ». Elle est la force de la parole vraie et de l'action juste. Elle est l'harmonie et l'équilibre dont la rupture engendre la maladie. Réunis dans le *hogan* – maison de soin construite en bois et recouverte de terre –, les Navajo participent à des cérémonies de guérison qui peuvent durer jusqu'à huit jours et neuf nuits. À cette occasion, l'*hataali* – le « chanteur », comme l'appellent les Indiens – entraîne le malade dans une des « Voies » destinées à restaurer l'harmonie intérieure, condition indispensable au retour de la bonne santé : la Voie de la Beauté, sollicitée pour traiter les problèmes gastro-intestinaux, la Voie du Vent pour les problèmes respiratoires, la Voie de la Montagne pour les infections provoquées par les morsures d'animaux, la Voie de la Plume pour les rhumatismes, la Voie de la Nuit, cérémonie majeure qui permet de résoudre les conflits sociaux et toute une série de troubles comme des paralysies, des déficiences de la vue ou de l'audition, la Voie de la Grande Étoile, qui traite des problèmes comme l'anorexie, la Voie de la Grêle, qui soigne les maux dus aux grands froids, la Voie du Coyote, qui est utilisée en cas d'épilepsie. Les sentiers qui permettent de retrouver l'équilibre sont nombreux. Chaque «Voie» est spécifique et requiert les compétences d'un homme-médecine spécialisé qui devra réaliser, au centre du *hogan*, des peintures de sable d'une grande complexité. Nancy Parezo, anthropologue à l'université d'Arizona, à Tucson, a dénombré plus de deux mille variantes de ces chefs-d'œuvre éphémères[21]. Transférées sur le corps du malade, les couleurs des peintures de sable lui rendront sa beauté perdue. L'ensemble des participants à la cérémonie pourront alors, eux aussi, appliquer sur leurs corps les forces contenues dans le sable coloré. La santé de la collectivité en sera renforcée.

«Dans la beauté, je marche. Avec la beauté devant moi, je marche. Avec la beauté derrière moi, je marche. Avec la beauté au-dessus de moi, je marche. Avec la beauté autour de moi, je marche. La beauté est revenue!» Ce dernier verset de la Voie de la Nuit, rapporté par Sylvie Crossman et Jean-Pierre Barou au terme d'une longue enquête auprès des Indiens Navajo, traduit une intention commune à beaucoup de cultures traditionnelles[22]. «La recherche de l'harmonie mène à la justesse. La recherche de la justesse mène à la vérité. La recherche de la vérité mène à l'équilibre. La recherche de l'équilibre mène à la beauté. La recherche de la beauté mène à l'harmonie», me disait un membre de la communauté aborigène de Lombadina, dans les Kimberleys australiens. De tout temps, partout sur la Terre, les êtres humains semblent avoir eu l'intuition de tenir, dans cette relation vertueuse de l'harmonie et de la beauté, la clé du bonheur, et donc de la santé.

Pour les peuples traditionnels, le beau n'est jamais une manifestation isolée, il ne peut exister que dans une suite de causes et d'effets qui dépend de la vérité, de la justesse et de l'équilibre. Trois conditions que l'on trouve réunies dans le principe de Maât – déesse de l'ancienne Égypte qui portait sur la tête une plume qu'elle déposait dans la balance d'Osiris afin d'évaluer la pureté du cœur et la légèreté de l'âme des défunts[23]. Maât : symbole de l'ordre universel et de l'éthique, à l'origine de la formidable longévité de la civilisation égyptienne et, peut-être, à la source d'une idée de la cohésion sociale répandue à travers toute l'Afrique*.

Les notions d'équilibre et de beauté sont au cœur de la conception de la santé aborigène. Ainsi, pour les *nyangkari* du désert central d'Australie, être en bonne santé ne signifie pas simplement avoir un corps sain. Il faut, avant tout, être *wangkaru*, c'est-à-dire « vivant, ayant le souffle aisé et pouvant communiquer ». La santé est donc à la fois une manifestation de la force vitale, l'expression d'un état d'âme et une capacité à entrer en relation avec le monde. Pour la préserver, il est indispensable d'adopter des comportements en harmonie avec les autres humains, avec les animaux et avec l'ensemble de l'environnement. Pour un Aborigène, les sentiments de bien-être et de malaise sont intimement reliés à la relation qu'il entretient avec sa communauté et avec le reste du monde. Il ne sera *pukulpa* – « content » – que s'il peut constater que « tout est en ordre » et qu'il a contribué au maintien de l'équilibre universel[24].

Disease, illness *ou* sickness ?

Cette conception élargie de la santé s'accorde avec la définition de l'Organisation mondiale de la santé, selon laquelle être en bonne santé implique de connaître un état de bien-être à la fois physique, psychologique et social[25]. On notera que ces trois conditions exercent une influence réciproque les unes sur les

* La figure mythologique de Maât est à l'origine du grand intérêt que je porte, depuis l'enfance, à la civilisation de l'ancienne Égypte.

autres. Ainsi, un dysfonctionnement corporel peut avoir des conséquences psychologiques et engendrer des répercussions sociales. De la même manière, une perturbation psychique peut créer des troubles physiques et des difficultés relationnelles. Et – les victimes de conflits armés ou certains exclus de nos sociétés en font malheureusement l'expérience – certaines circonstances de la vie en communauté provoquent de véritables souffrances, tant physiques que psychologiques.

Face à ces trois aspects fondamentaux de la bonne santé, Arthur Kleinman, psychiatre et professeur d'anthropologie médicale à l'université Harvard, a proposé d'établir une distinction entre la maladie considérée du point de vue biomédical, objectif – *disease* –, et la maladie vécue en tant qu'expérience subjective par le malade, au sein de la société – *illness*[26]. Cette distinction est utile car, très souvent, dans le système médical occidental moderne, les médecins et les malades n'ont pas du tout la même conception de la maladie. L'ambition des premiers est de *soigner* des pathologies. Le but des seconds est de *guérir* un mal qui est, à la fois, maladie, malaise et mal-être. Soucieux de préciser ces nuances, Allan Young, professeur d'anthropologie à l'université McGill de Montréal, pense qu'il est plus juste de parler de *disease* pour désigner une affection reconnue par la nomenclature biomédicale, d'utiliser *illness* pour qualifier le vécu subjectif du malade, et de recourir à la notion de *sickness* pour décrire la maladie en tant que phénomène culturel et social[27].

« La précision de la langue anglaise est bienvenue pour un patient qui tente de faire comprendre ce qu'il ressent à des médecins incrédules », me confia James, un ami rhumatologue londonien qui souffrait de douleurs musculaires pour lesquelles aucun diagnostic médical ne pouvait être posé. L'ironie du sort était que, tout au long de sa carrière, ce brillant spécialiste avait eu à traiter des patients qui se plaignaient du même genre de douleurs. Faute de critères objectifs pour les rattacher à une pathologie particulière, il avait souvent qualifié ces plaintes d'« atypiques » et, parfois, il avait même douté de leur véracité. « Et, pourtant, avec le recul, je suis convaincu que ces patients souffraient, me dit-il. Ce n'est probablement pas un hasard si la langue anglaise est devenue le véhicule des concepts scientifiques. La science réclame de la précision. Or la langue anglaise possède les nuances nécessaires à cette précision. Ainsi, les patients qui s'adressaient à moi n'avaient pas toujours une maladie objectivable en tant que *disease*. Cependant, je ne peux pas nier qu'ils témoignaient d'un malaise ou d'un mal-être – véritable *illness* –, et que celui-ci avait une dimension sociale en tant que *sickness*. »

Ces nuances sont importantes. Nous devrons les garder en mémoire tout au long de notre enquête car, sans elles, nous ne pourrions pas comprendre la diversité des sens attribués aux maladies. Ainsi, l'affection-*disease* est le résultat de causes objectives ; elle possède donc un « sens biologique », une explication matérielle et organique. Le malaise-*illness*, quant à lui, exprime une réalité éprouvée de manière intime et individuelle dans un contexte particulier ; on peut donc lui attribuer un « sens symbolique », une interprétation personnelle et subjective, culturelle et historique. Enfin, la maladie-*sickness* provoque ou révèle un désordre social ; il faut donc lui attacher un « sens collectif », un message adressé à l'ensemble de la communauté.

De nos jours, dans le système médical occidental, de nombreux malades dénoncent le manque de concordance entre les *explications* scientifiques qu'ils reçoivent et les *interprétations* profanes qu'ils échafaudent à propos de leur maladie. Le « sens biologique » d'une maladie ne correspond pas forcément au « sens symbolique » que les patients lui attribuent. Ce décalage est à l'origine d'un profond malentendu entre les médecins modernes et leurs patients. La théorie des uns ne correspond pas forcément au vécu des autres. Et, dans notre environnement médical hypersophistiqué, soignant et soignés ne poursuivent plus toujours les mêmes objectifs. « Il veut me débarrasser de ma tumeur, me disait un malade à propos de son cancérologue. Moi, je veux me sentir mieux, je veux être bien dans mon corps, bien dans ma tête, bien dans ma vie. Serait-ce trop demander ? » Peut-être pas, car, nous l'avons vu, dans d'autres cultures, guérisseurs et malades unissent leurs efforts pour créer cet état de complète santé. Faute de bien cerner le « sens biologique » des affections-*diseases*, ils n'obtiennent pas toujours des résultats aussi spectaculaires que les nôtres en termes de guérison physique. En revanche, l'importance qu'ils accordent au « sens symbolique » des malaises-*illnesses* et au « sens collectif » des maladies-*sicknesses* leur permet de rétablir la cohérence psychologique et sociale des individus d'une manière impressionnante. De ce point de vue, l'approche thérapeutique de certaines cultures traditionnelles pourrait être une précieuse source d'inspiration. À condition, cependant, que nous puissions nous débarrasser de quelques vieux préjugés.

Une invitation au respect

Nourrie par des acquis aussi divers que ceux de l'archéologie, de l'ethnologie, de la sociologie, de la psychologie et de la biologie, l'anthropologie constitue sans aucun doute une voie royale pour appréhender la diversité humaine. Et, pourtant, le paradigme évolutionniste sur lequel cette discipline s'est construite au XIXe siècle est à l'origine d'un certain dédain, voire d'un réel mépris à l'égard des cultures traditionnelles.

Considéré comme l'un des fondateurs de l'anthropologie pour avoir étudié les Iroquois sur le terrain, l'Américain Lewis Henry Morgan décrivait l'évolution des sociétés humaines en trois stades : la sauvagerie (caractérisée par la chasse et la cueillette), la barbarie (née avec l'agriculture) et la civilisation (apparue grâce à l'industrie, au commerce et à la science)[28]. Dans le même ordre d'idées, le Britannique Edward Burnett Tylor a publié, en 1871, un ouvrage intitulé *Primitive Culture*, dans lequel il identifiait l'animisme, le polythéisme et le monothéisme comme les trois grandes étapes de l'évolution des sociétés en fonction de leurs croyances religieuses[29]. Sa théorie fut confirmée au début du XXe siècle par un autre Britannique, James George Frazer, pour qui l'évolution des croyances commençait par la magie et se poursuivait à travers les religions pour aboutir, enfin, à la science[30]. Ainsi, à la fin du XIXe siècle, il était admis que les sociétés évoluaient d'une manière linéaire, allant du statut le plus primitif au plus évolué. Les cultures extra-européennes étaient considérées comme de véritables «fossiles» dont l'étude confortait l'idée d'une supériorité moderne et occidentale. L'aveuglement idéologique était considérable.

Songeons qu'en 1881 Charles Darwin n'hésita pas à écrire que des «races inférieures seront bientôt éliminées par des races qui ont un degré de civilisation supérieur[31]». Et, en 1913, Sigmund Freud, dans *Totem et Tabou*, proposa d'assimiler les «primitifs» à des «névrosés obsessionnels» [32]. Influencé par les travaux de James George Frazer[33], le père de la psychanalyse ne mâchait pas ses mots lorsqu'il décrivait les Aborigènes australiens comme «les plus sauvages, les plus arriérés et les plus misérables». Pourtant, ni Freud ni Frazer n'avait rencontré un seul Aborigène. Car, à l'époque, l'ethnologie se pratiquait souvent «en chambre» et les nouvelles théories étaient construites à partir d'informations rapportées par des explorateurs, des militaires, des marchands ou des missionnaires pour qui l'objectivité n'était pas une préoccupation majeure.

Autre époque, autre regard. Les brefs séjours que j'ai effectués au sein de communautés aborigènes ont suffi à me faire comprendre à quel point l'humanité est une réalité bien au-delà – bien au-dessus, devrais-je dire – des qualificatifs «primitifs» ou «civilisés», «indigènes» ou «développés», «traditionnels» ou «modernes». C'est ce que Carl Gustav Jung a tenté de démontrer en bousculant les théories de Freud avec des concepts comme ceux de l'inconscient collectif et des archétypes immémoriaux[34]. Car, pour Jung, tous les peuples, « primitifs » et « civilisés », ont une mémoire commune et des repères fondamentaux qui constituent les bases mêmes de l'humanité. Il ne s'agit donc pas de classer les êtres humains en catégories selon une échelle de valeurs en accord avec l'idéologie d'une période particulière de l'histoire, mais plutôt d'identifier ce qui constitue l'essence de l'humanité par-delà les divergences culturelles et les bizarreries des comportements individuels. C'est la raison pour laquelle il nous faut analyser les données anthropologiques avec beaucoup de nuance et de prudence.

Avec du respect, aussi. Car nous devons tous notre existence aux centaines de générations humaines, « primitives » ou « civilisées », qui, avant nous, ont donné un sens à leurs expériences et, dans l'adversité, ont été capables de s'inventer des raisons d'espérer. Invoquer des causes personnelles et surnaturelles pour expliquer la souffrance et les maladies a parfois été indispensable à la survie de l'espèce humaine. Tellement indispensable que nous ne sommes peut-être pas complètement débarrassés de cette tendance « primitive » à interpréter symboliquement les faits de notre quotidien. L'idée dérange car elle trouble l'image « civilisée » et « développée » à laquelle nous aimons nous identifier. Elle mérite pourtant d'être explorée.

Forts de notre science, nous pensons avoir dépassé les stades de la sauvagerie, de la barbarie, de l'animisme, du polythéisme et même du monothéisme. Nous déclarons ne plus croire à l'existence des fantômes, aux pouvoirs de la magie et aux influences de la sorcellerie. Notre objectivité aurait-elle définitivement remplacé notre subjectivité ? Sommes-nous devenus des êtres entièrement logiques et pragmatiques ? N'avons-nous plus besoin de trouver un sens à la maladie ? Nos connaissances rationnelles suffisent-elles pour générer l'espoir qui nous fait vivre ? Si nous voulons répondre à ces questions, il nous faut examiner comment, aujourd'hui, nous parlons de nos maux.

2

Parler

Des représentations

Entre nature et culture

Rien n'est plus subjectif que les discours tenus par les médecins et les patients à propos de la maladie. C'est ce qui ressort d'une enquête publiée en 1988 par la journaliste américaine Lynn Payer[1]. À l'époque, la jeune femme travaille en Europe comme reporter médical pour le compte de différents journaux, dont l'*International Herald Tribune*. À son grand étonnement, elle constate d'un pays à l'autre plusieurs divergences de diagnostics et de traitements, au sein d'une culture médicale et scientifique internationale pourtant considérée comme objective et consensuelle. Aux États-Unis et en Grande-Bretagne, par exemple, de nombreux symptômes sont attribués à des agents extérieurs, alors qu'en France ou en Allemagne ils semblent davantage mis sur le compte de déséquilibres internes et de défaillances organiques. Ainsi, au cours de son enquête, Lynn Payer observe qu'un malaise associé à des troubles digestifs est plus souvent relié à une « surcharge du foie » en France, à une « faiblesse cardiaque » en Allemagne, à un « trouble de l'humeur » en Grande-Bretagne, et à un « virus » ou à une « allergie » aux États-Unis. Autant de diagnostics qui révèlent des croyances et des valeurs culturelles propres à chacun des pays étudiés par la journaliste.

Nous l'avons vu : le grand apport de l'anthropologie à la médecine moderne est d'avoir montré que les êtres humains définissent leurs maladies et élaborent leurs traitements à partir de l'idée qu'ils se font de la réalité. « On est malade en fonction du système de représentation dans lequel on vit son mal[2] », disait Éric de Rosny en commentant les pratiques des *nganga* douala*. Or ce qui vaut pour les cultures traditionnelles et « primitives » semble se vérifier pour nos systèmes modernes et « développés ». Et pour cause : chaque communauté humaine se forge sa propre représentation du monde qui l'entoure et des êtres humains qui la composent. C'est ainsi que se sont constituées, et que se constituent encore, les différentes cultures de l'humanité. Il ne faut donc pas s'étonner des particularismes médicaux rapportés par Lynn Payer.

Prenons l'exemple de la prédilection spécifiquement française pour les diagnostics de « crise de foie ». Celle-ci tient probablement au fait qu'en France les plaisirs de la table occupent une place importante dans les habitudes quotidiennes. Dans son livre *Le Foie des Français*, publié en 1983, Claude Béraud, professeur d'hépatologie et de gastroentérologie à l'université de Bordeaux, estimait que 80 % des diagnostics médicaux de crise de foie étaient en réalité des migraines sans aucun rapport avec un problème hépatique[3]. Contrairement aux Américains, qui ne se préoccupent de leur foie qu'en cas d'hépatite ou de cirrhose, les Français semblent y être attentifs, d'une manière plus ou moins consciente, à chaque repas. Et, bien qu'ils utilisent des expressions métaphoriques comme « j'ai

* Voir chapitre 1, p. 49-50.

mal aux reins» pour parler d'une douleur dorsale ou «j'ai mal au cœur» pour signaler une envie de vomir, sans croire un instant que leurs reins ou leur cœur sont en cause, lorsque les Français parlent d'une «crise de foie» c'est avec la conviction d'une réelle souffrance hépatique[4]. Une conviction qui sert peut-être de garde-fou face au risque d'excès alimentaires dans une culture où la cuisine est riche et savoureuse. Une conviction qui explique probablement pourquoi les médecins français examinent plus fréquemment le foie de leurs patients que ne le font les médecins américains ou britanniques[5]. Une conviction qui, en tout cas, a fini par entraîner une consommation excessive de médicaments supposés traiter des «problèmes hépatiques». Face à ce constat, en 1976, un groupe d'hépatologues français a donné une conférence de presse afin de dénoncer la croyance erronée. Les effets de cette annonce n'ont pas tardé à se manifester puisque, entre 1970 et 1980, le Centre de recherches et de documentation sur la consommation en France a enregistré un nombre quatre fois moins important de personnes déclarant souffrir de leur foie[6] !

À chaque culture ses représentations, donc. Si les Français ont une tendance excessive à incriminer leur foie comme responsable de leurs maux de tête, de leurs éruptions cutanées et de leur fatigue, les Allemands, quant à eux, désignent un peu trop souvent leur cœur comme origine de leurs malaises. Ainsi, à l'époque où Lynn Payer effectuait son enquête, la consommation de médicaments censés soigner une «insuffisance cardiaque» était six fois plus importante en Allemagne qu'en France ou au Royaume-Uni, alors que la mortalité attribuée à une réelle insuffisance coronarienne était sensiblement la même dans ces différents pays, et même un peu moindre chez les Allemands que chez les Anglais[7]. Lynn Payer fait remarquer que *Herzinsuffizienz* – le mot allemand utilisé pour désigner les cas d'«insuffisance cardiaque» – n'a pas d'équivalent en France, en Angleterre ni aux États-Unis. Sans doute parce que le cœur n'occupe pas une place aussi importante dans l'imaginaire culturel de ces trois pays. Force est de constater que l'inconscient collectif allemand est profondément imprégné de romantisme* – aussi profondément que l'inconscient collectif des Français est nourri de cartésianisme**. La pensée romantique allemande considère le monde comme un organisme vivant au lieu de l'imaginer comme une mécanique stéréotypée. Elle valorise les sentiments au lieu de glorifier la pensée. Du coup, les Allemands sont souvent plus émotionnels que les Français, qui ont plutôt la réputation d'être des intellectuels. Cependant, à la différence des Italiens, eux aussi très émotionnels, les Allemands extériorisent peu leurs sentiments. Or, le cœur étant un organe particulièrement sensible aux variations émotionnelles, il est depuis longtemps une métaphore idéale pour exprimer la souffrance des sentiments refoulés. Il ne faut donc pas s'étonner d'entendre les Allemands parler aussi souvent de leur cœur.

Malgré des plaintes « cardiaques » plus fréquentes chez les Allemands, le nombre des interventions chirurgicales cardiologiques est beaucoup plus élevé dans d'autres pays, notamment aux États-Unis. Cela s'explique probablement par le fait que la culture américaine privilégie le concept d'un cœur-machine par rapport à celui d'un cœur de passions. Les cardiologues américains ont d'ailleurs mis du temps avant d'envisager la possibilité que des causes émotionnelles puissent expliquer certains symptômes au niveau de ce qu'ils nomment la « pompe cardiaque ». Pourtant, il existe une série de manifestations dites « fonctionnelles », comme des spasmes vasculaires en rapport avec la fatigue ou le stress, qui provoquent des symptômes identiques à ceux que l'on observe en cas de rétrécissement ou d'obstruction des vaisseaux coronaires. Les médecins allemands

* Romantisme : ensemble des mouvements intellectuels et artistiques qui, à partir de la fin du XVIIIe siècle, firent prévaloir le sentiment sur la raison et l'imagination sur l'analyse critique.

** Cartésianisme : posture philosophique se réclamant de la pensée de René Descartes qui, en partant d'un doute méthodique, amène à faire table rase de toute connaissance non fondée.

ont donc parfois raison de préférer « soutenir » un cœur défaillant plutôt que le « réparer » à l'aide d'un bistouri.

Consciente de l'influence des différences culturelles sur les attitudes thérapeutiques, Lynn Payer dénonce les pratiques médicales agressives en vigueur aux États-Unis. Car, d'après ses observations, une véritable paranoïa américaine à l'égard des virus et des allergènes justifie trop souvent la consommation exagérée de désinfectants, d'antibiotiques et d'autres produits de synthèse. Et la volonté d'obtenir des résultats rapides et définitifs incite trop de spécialistes américains à recourir d'emblée aux interventions chirurgicales les plus lourdes. La journaliste a pu le constater pour son propre cas lorsque, à la suite du diagnostic d'un fibrome de l'utérus, on lui a proposé en France une simple myomectomie (intervention chirurgicale consistant à enlever la tumeur tout en conservant l'utérus), tandis qu'aux États-Unis on lui a conseillé de subir une hystérectomie (ablation complète de l'utérus)[8].

La relativité du mal

Un ami chirurgien avec qui je m'entretenais à propos des faits rapportés par Lynn Payer me faisait remarquer que, vingt ans plus tard, les pratiques médicales ont évolué dans le sens d'une uniformisation, un peu partout dans le monde, y compris en France, en Allemagne, en Grande-Bretagne et aux États-Unis. C'est une réalité. Cependant, ne nous leurrons pas : chaque peuple a son histoire, ses croyances, ses « images », sa propre vision du monde. En élaborant des représentations, chaque culture enseigne et transmet les limites de ce qui lui paraît imaginable. Chaque tradition définit une palette de possibles, un champ d'exploration de la réalité. La réalité est, par conséquent, toute relative.

De nos jours, encore, une série de troubles physiques et mentaux sont reconnus comme de véritables pathologies dans certains pays alors que, dans d'autres, ils sont inexistants ou, lorsqu'ils existent, ne suscitent aucune inquiétude. La spasmophilie, par exemple, est une affection typiquement française caractérisée par des spasmes musculaires – véritable tétanie, sans modification des taux de calcium sanguin et accompagnée d'hyperventilation. La littérature médicale américaine ne recense que quelques cas de ce type, alors qu'en France cette affection a connu une véritable épidémie dans les années 1970 et 1980[9]. Actuellement, le nombre de spasmophiles tend à régresser. Peut-être parce que les symptômes qui définissaient leur maladie ne servent plus autant à exprimer un mal-être au sein de la culture française. Rappelons-nous les mots d'Anne Harrington* attirant notre attention sur le fait que, parfois, « le langage du corps et de la maladie physique est le langage le plus acceptable que nous ayons pour parler de la souffrance[10] ».

Fait encore plus troublant : certaines manifestations corporelles considérées comme totalement normales dans une population ne se retrouvent pas forcément au sein d'autres communautés humaines. Chez les Tin Dama de Papouasie-Nouvelle-Guinée, par exemple, l'anthropologue François Lupu a observé que la ménopause n'était accompagnée d'aucun des symptômes habituellement évoqués par les femmes occidentales[11]. Ainsi, les cent cinquante-deux Tin Dama ménopausées interrogées par Lupu ne mentionnaient aucune bouffée de chaleur, pas la moindre sécheresse vaginale ni même une quelconque atrophie des muqueuses. Et même les plus âgées d'entre elles affirmaient n'avoir constaté aucune modification de leur sexualité après l'arrêt de leurs menstruations. À l'exception, toutefois, d'une femme qui s'était convertie au christianisme une dizaine d'années auparavant et travaillait comme domestique dans une communauté de bonnes sœurs. Pour elle, il n'était pas question d'aborder le sujet de la sexualité ; lorsque l'anthropologue lui demanda de préciser la nature des

---

* Voir chapitre 1, p. 46.

symptômes dont elle souffrait, elle lui répondit qu'elle pensait que ceux-ci étaient « le lot de toutes les femmes bien ». De là à conclure que certains symptômes sont influencés par la culture de ceux qui les manifestent, il n'y a qu'un pas.

Chez les Tin Dama, les femmes sont considérées comme pleinement vivantes tant qu'elles ne sont pas réglées. L'apparition des premières menstruations chez l'adolescente signe le début d'une lente agonie qui s'achève à la ménopause. La disparition des règles est donc assimilée à une mort et au commencement d'une nouvelle existence. Vidée de ses réserves vitales, la femme ménopausée change de nom et de statut. Son époux, considéré comme veuf, ne peut plus rien lui imposer. Elle a désormais la possibilité de vivre sa vie intime en toute liberté, avec les partenaires de son choix. Ce qui, à en croire certains récits, ne va pas sans poser quelques problèmes tant les appétits sexuels de certaines grands-mères sont féroces, contraignant parfois les plus déchaînées d'entre elles à l'exil loin de la communauté.

Loin de se limiter aux femmes Tin Dama, la diversité des plaintes en rapport avec la ménopause se retrouve dans d'autres populations. Au Japon, par exemple, l'anthropologue Margaret Lock a mené une enquête auprès de mille deux cent vingt-cinq femmes après la disparition de leurs règles. Seules 15 % d'entre elles ont évoqué des sueurs nocturnes ou des bouffées de chaleur. De l'avis de leurs gynécologues, le « syndrome ménopausique » est un problème purement occidental, même si, depuis quelques années, certaines Japonaises, issues des couches les plus favorisées de la population, commencent à se plaindre de quelques symptômes[12]. François Lupu constate un phénomène assez semblable en Chine, où la culture traditionnelle privilégie les préceptes d'une vie en accord avec la nature. Ménopause et sexualité féminine n'y sont donc absolument pas incompatibles tant que les femmes conservent leur vitalité. Or, curieusement, avec l'occidentalisation de la société, des symptômes classiquement associés à la ménopause chez les femmes occidentales sont en train de faire leur apparition dans la vie des femmes chinoises*.

De telles observations nous laissent dubitatifs. Et, pourtant, «l'homme fait le monde en même temps que le monde fait l'homme[13]», écrit David Le Breton, sociologue à l'université de Strasbourg. Force est de constater que l'être humain est façonné à la fois par la nature et par la culture. Il est le lieu de toutes les interactions entre les phénomènes matériels, physiques et chimiques, d'une part, et les représentations mentales, les images, les pensées et les croyances, d'autre part. C'est ainsi que de nombreuses études mettent en évidence une influence spécifique des croyances sur la physiologie et, de là, sur la préservation de la santé et sur la guérison des maladies. Tantôt positif – «placebo» –, tantôt négatif – «nocebo» –, cet effet de la pensée sur le corps nous oblige à dépasser la représentation duelle que nous avons de l'être humain**. Nous disons *avoir* un corps et *posséder* un esprit. Ne *sommes*-nous pas, avant tout, des êtres de chair qui pensent, des personnes unifiées et uniques, des individus indivisibles ?

L'inévitable dualité

«Mon corps m'a joué un vilain tour. Jamais je n'aurais pensé qu'il me lâcherait un jour. J'aurais peut-être dû le ménager un peu. En tout cas, à présent, je lui demande de guérir, et vite !» «Je m'en veux terriblement. Chaque fois que je reviens de la chimiothérapie, je suis épuisée, mon corps ne répond plus, c'est

---

* La moindre incidence des symptômes chez les femmes ménopausées au Japon et en Chine a été attribuée à des quantités importantes de phyto-œstrogènes (isoflavones) dans leur alimentation riche en soja. Néanmoins, plusieurs études montrent que la présence de ces phyto-œstrogènes ne suffit pas à expliquer le phénomène. Il est donc possible qu'un élément psychologique intervienne de manière plus ou moins importante dans les différences observées.

** Une synthèse des connaissances actuelles à propos des effets placebo et nocebo est présentée dans mon ouvrage *La Solution intérieure : vers une nouvelle médecine du corps et de l'esprit*, *op. cit.*

comme s'il était vide ou mort. J'ai beau lui ordonner de réagir, il sombre. J'ai pourtant de la volonté et une grande force d'esprit. C'est vexant. J'éprouve une immense colère contre ce tas de viande qui me pèse et m'empêche de vivre comme je veux.» «Ce n'est pas de ma faute, c'est mon corps qui ne veut plus avancer. Moi, je ne demande qu'à aller mieux!»

Ces déclarations, entendues de la bouche de patients à la consultation, résument l'immense malentendu qui existe entre nous et nous-même. En effet, il n'est pas nécessaire d'être malade pour tomber dans le piège de la dualité. Très souvent, nous parlons de nous-même comme si nous pensions être deux au lieu d'*un*. Nous nous identifions à nos pensées et à nos paroles. Nous considérons notre corps comme un objet étranger. Cela peut paraître absurde, mais c'est pourtant la réalité de notre discours. Il importe donc de savoir comment s'est construite cette représentation duelle de nous-même. Serait-elle la conséquence de la croyance millénaire et universelle que les êtres humains ont en l'existence d'une âme indépendante du corps, d'un esprit libéré de la matière et d'une pérennité de la conscience après la mort? Fondée ou non, cette croyance a certainement favorisé l'émergence de la conception dualiste de l'être humain. Néanmoins, elle n'explique pas tout. D'autres facteurs doivent être pris en considération.

Tout d'abord, *avoir* un corps au lieu d'*être* ce corps nous permet de croire à la possibilité d'une action sur la partie matérielle de nous-même. Nous pensons avoir un pouvoir : la capacité d'influencer le corps par la seule volonté de la pensée. Cela se vérifie parfois. Cependant, souvent, nous découvrons que c'est une illusion. Car le corps impose sa loi à la pensée plus fréquemment que la pensée ne parvient à forcer le corps à se soumettre à ses desseins. La réalité matérielle est alors une véritable épreuve d'humilité pour les forces de l'esprit. Et, d'un coup, nos fantasmes de toute-puissance sont réduits à néant.

Avoir un corps au lieu d'être un corps nous permet aussi de déculpabiliser. «Je n'y peux rien. Mon corps vieillit. Il est trop lourd, trop gros, pour que je puisse encore courir sur la plage avec mes petits-enfants », me disait un grand-père de cinquante ans, sédentaire, fumeur et amateur de bonne chère. En accusant son corps, cet homme niait toute responsabilité dans la cascade des causes et des effets pathologiques qui avait abouti à son handicap. Il est insupportable d'assister, en pleine conscience, à la dégradation de sa santé. Trouver un coupable soulage. Mieux vaut alors désigner un coupable extérieur et indépendant de nous-même – lorsque nous sommes identifiés à notre esprit qui pense –, car le poids de notre propre culpabilité ne ferait qu'ajouter à notre détresse. La dichotomie du corps et de l'esprit apparaît donc comme une défense mentale très utile. Tant pis si notre corps est relégué au banc des accusés, pourvu que nous puissions penser en paix.

Nombreux sont ceux qui accusent le philosophe René Descartes d'avoir valorisé et imprimé la dualité du corps et de l'esprit dans la pensée occidentale. « *Cogito, ergo sum*[14]. » « Je pense, donc je suis. » La citation est célèbre entre toutes. Pourtant, elle n'a pas forcément été bien interprétée. En effet, l'affirmation de Descartes ne constitue pas une déduction. Elle est plutôt la traduction d'une expérience : la certitude immédiate de savoir que l'on existe. Néanmoins, cette certitude ne permet pas de connaître ce que l'on est. Car un savoir n'est pas une connaissance. Savoir est un acte intellectuel, un exercice mental. Connaître est la conséquence d'une expérience vécue par l'entièreté de l'être. Dans son ouvrage *L'Inscription corporelle de l'esprit*, Francisco Varela*, biologiste chilien, chercheur

* *Hommage à Francisco Varela.* Né le 7 septembre 1946 au Chili, Francisco Varela obtint un doctorat en biologie à l'université Harvard en 1970. Après avoir commencé sa carrière à l'université du Chili à Santiago, à l'université du Colorado à Denver et à l'Institut Max-Planck à Francfort, il fut nommé en 1988 directeur de recherche au CNRS, à Paris. Professeur de sciences cognitives et d'épistémologie à l'École polytechnique pour la Fondation de France, il mena des études expérimentales sur l'intégration neuronale durant les processus cognitifs en parallèle avec une recherche philosophique et empirique sur la « neurophénoménologie » de la conscience humaine. Pratiquant la méditation depuis le milieu des années 1970 et formé aux

en neurosciences au CNRS, à Paris, s'est interrogé sur les raisons qui ont conduit Descartes, et avec lui la société occidentale, à privilégier l'expérience de la pensée au détriment de celle du vécu corporel[15]. Pour lui, il faut replacer la démarche cartésienne dans le contexte idéologique de l'Europe du XVIIe siècle. En effet, à l'époque, tout exercice de la pensée devait s'accomplir dans une autonomie absolue par rapport au corps[16]. Il était donc impossible pour Descartes d'accéder à l'expérience de la « pleine conscience », qui lui aurait permis d'observer le déroulement de la pensée en même temps que celui des sensations corporelles. Pour y parvenir, le philosophe aurait dû apprendre à méditer à la « manière orientale », dans la vigilance de l'instant présent, avec une pleine attention du corps et de l'esprit. À chaque culture ses représentations, nous l'avons vu. À chaque époque ses aveuglements. Et ses limitations.

Fidèle à sa croyance en Dieu, Descartes postulait l'existence d'une âme – *res cogitans*, substance pensante, indépendante et différente du corps. L'ironie de l'évolution des idées veut que, en donnant naissance aux sciences de la matière, la dichotomie cartésienne entre le corps et l'esprit ait fini par fournir des arguments permettant de mettre en doute la réalité des croyances de Descartes. Ainsi, de nos jours, en Occident, un nombre croissant de chercheurs postulent une continuité entre la matière et la pensée. Des modèles scientifiques sont explorés pour expliquer comment les idées naissent du corps et, réciproquement, comment le corps est soumis aux influences des idées. Du coup, les notions religieuses de l'âme et de l'esprit sont remplacées par celles, plus tangibles, des émotions et de la cognition.

Dans les années 1940, Paul MacLean, professeur de physiologie et de psychologie à l'université de Yale, décrivit le cerveau

---

principes de la philosophie et de la psychologie bouddhistes tibétaines, il participa à la création de l'Institut Mind and Life, dont l'ambition est d'établir des passerelles de recherche entre les intuitions de la tradition bouddhiste et les avancées de la science moderne. Transplanté du foie à la suite d'une hépatite, il décéda, après une lente dégradation de sa santé, le 28 mai 2001, à l'âge de cinquante-cinq ans.

humain comme le produit d'un processus évolutif ayant abouti à la superposition de trois couches bien distinctes : le cerveau reptilien (tronc cérébral, mésencéphale, hypothalamus, ganglions de la base), le système limbique (cerveau mammifère considéré comme le «cerveau émotionnel») et le néocortex (commun aux grands primates et à l'être humain)[17]. Ce concept de *triune brain* – trois cerveaux en un – permet de comprendre comment l'information captée dans le monde matériel déclenche (au niveau du cerveau reptilien) une série de réactions automatiques et instinctives indispensables à la survie de l'individu, est ensuite transformée (au niveau du système limbique) en émotions, véritables signaux d'alarme qui engendrent à la fois des réactions corporelles et des représentations mentales, et finit par être traduite (au niveau du néocortex) en mots et en pensées. Ainsi, les émotions sont manifestées à travers le corps sous la forme de réactions physiques en même temps qu'elles sont exprimées en mots sous la forme de sentiments. Elles constituent le véritable moteur de l'être humain, une sorte d'«âme» qui *anime* le corps et l'esprit à chaque instant de l'existence*.

Ici aussi, la langue anglaise permet d'éviter certaines confusions**. En effet, en français, on oppose le corps et l'esprit sans clairement définir ce que l'on entend par «esprit». Le mot est imprécis. Il désigne l'esprit immatériel, transcendant et divin, en même temps que les processus de la pensée, intangibles, impermanents et humains. Il mélange donc des notions philosophiques, métaphysiques et scientifiques. Sans compter que, parfois, il est confondu avec la notion d'«âme», elle-même imprécise et indéfinie pour beaucoup de gens. La langue anglaise, quant à elle, permet de nommer précisément le corps – *body* –, l'âme – *soul* –, la pensée – *mind* –, et l'esprit – *spirit*. Cette distinction évite bien des

---

* «Émotion» vient du latin *e-movere* : mettre en mouvement, animer.

** Voir chapitre 1, p. 53.

malentendus. Elle facilite la démarche scientifique et permet de mieux comprendre le modèle du *triune brain* de MacLean : le cerveau reptilien apparaît comme étant en relation immédiate avec le *body*, le système limbique déclenche les émotions du *soul*, le néocortex génère les pensées du *mind*, et la communication fluide entre les trois étages du cerveau permet de vivre l'expérience de la pleine conscience du *spirit*, l'esprit de ce que nous sommes.

Cette vision des choses choquera peut-être certaines personnes, attachées au dualisme du corps et de l'esprit. Néanmoins, à mesure qu'elle élucide les « mécanismes » du cerveau, la science abandonne la représentation dualiste de l'être humain pour en adopter une vision beaucoup plus moniste*. Récemment, par exemple, les travaux d'Antonio Damasio, professeur de neurologie à l'université de l'Iowa, ont montré que la pensée se construit dans l'expérience des perceptions du corps. Pour Damasio, chaque sensation, chaque action aussi, est associée à des émotions qui transforment l'état interne de notre corps. Ces modifications physiques sont alors répertoriées dans les différentes zones du cerveau, où elles créent de véritables représentations neuronales des émotions – des « marqueurs somatiques » qui participent au sentiment que nous avons de nous-même et nous aident à prendre des décisions en pleine conscience de la réalité[18]. C'est ce que Francisco Varela avait compris en s'intéressant aux pratiques méditatives de la tradition bouddhiste. Car, lorsqu'on abandonne le paradigme cartésien qui exige de penser en se coupant de l'expérience corporelle, on découvre qu'il est possible d'accéder à une conscience plus complète de soi. On commence à comprendre qui est celui qui pense. Et l'on constate que l'être humain est à la fois perceptions, ressentis, émotions, sentiments, pensées, croyances, discours et langage.

* Le monisme (du grec *monos*, qui veut dire « seul ») considère l'être humain comme une entité indivisible, par opposition au dualisme qui postule l'existence de dimensions totalement différentes et séparées.

« L'âme est l'idée du corps », écrivait déjà Baruch Spinoza dans l'*Éthique*, publiée après sa mort en 1677. L'émotion est le lien entre le corps et la pensée, pourrait-on dire aujourd'hui, à la lumière des découvertes de la science. Sans perception, pas d'émotion ; sans émotion, pas de raison. Tel est le chemin emprunté par l'évolution de notre cerveau. Telle est la nature de notre expérience quotidienne.

Pourtant, nous continuons à parler de nous en termes duels. Même les moines bouddhistes désignent le corps et l'esprit comme des réalités séparées lorsqu'ils tentent de mettre des mots sur leur expérience méditative de l'unité. Et les scientifiques parviennent difficilement à exprimer leur conception unifiée de l'être humain sans recourir à des notions duelles qui, inévitablement, trahissent leur intention première. Cela signifie-t-il que le monisme est une illusion ? Ou bien l'unité de l'être humain est-elle une réalité dont notre langage ne peut tout simplement pas rendre compte ? Pascal-Henri Keller, professeur de psychologie à l'université de Poitiers, répond à cette question en affirmant que « la division humaine ne sépare pas son esprit d'un côté et son enveloppe corporelle de l'autre, mais [...] se situe entre l'être humain et son propre discours[19] ». Force est de constater que les mots isolent et séparent les différents éléments de notre expérience.

Des métaphores

Le corps des mots

Le discours humain accomplit de véritables prodiges. Sa puissance paraît sans limite, sa volonté sans obstacle. En donnant un nom aux choses, nous créons la réalité, nous inventons *notre* réalité. Omnipotent, notre langage engendre le monde. Voilà pourquoi nous avons tendance à nous identifier d'abord à notre pensée et aux mots qui la constituent. Les anciens Égyptiens avaient un dieu pour exprimer la primauté du Verbe : Ptah, le créateur qui existait avant toute chose et avait conçu l'Univers «par la pensée de son cœur» avant de lui donner la vie «par la magie de son verbe». «Au commencement était le Verbe», lit-on, comme une confirmation de l'intuition égyptienne, en introduction de l'Évangile de Jean. Et, pourtant, il semble qu'il serait plus juste de dire qu'au commencement était le geste. C'est ce que montrent les travaux d'Alexander Johannesson, professeur de philologie à l'université de Reykjavik[20].

En comparant des mots issus de différentes langues, Johannesson a mis en évidence un lien entre les mouvements de la bouche et les mouvements des mains effectués lors de la prononciation de ces mots. Par exemple, on constate qu'il nous suffit de dire des mots comme «rond» ou «plat», «haut» ou «bas», pour que nos lèvres imitent les gestes qui accompagnent notre discours[21]. Le langage verbal serait donc né à partir d'un langage gestuel. Cette hypothèse trouve une confirmation dans les travaux de plusieurs linguistes, dont Peter MacNeilage, professeur au département de psychologie de l'université du Texas, à Austin. Pour MacNeilage, le lien entre la gestuelle et le langage parlé repose sur les propriétés de l'hémisphère cérébral gauche, dont la spécialisation dans le contrôle des postures se serait progressivement étendue au contrôle des moyens de communication dépendant de ces postures[22]. Un long processus évolutif aurait donc abouti à la création d'une série de connexions entre les mouvements et les postures, d'une part, et la contraction des muscles des lèvres, du cou et de la face, d'autre part. Cela explique probablement pourquoi, lorsque nous effectuons des gestes difficiles (comme passer un fil à travers le chas d'une aiguille), très souvent nous pinçons les lèvres ou nous sortons la langue.

L'idée que la communication humaine fut gestuelle avant d'être vocale n'est pas nouvelle. En 1872, déjà, dans son ouvrage *The Expression of the Emotions in Man and Animals*, Charles Darwin postulait l'existence d'un langage corporel universel, apparu très tôt dans l'évolution, où les expressions du visage permettent à chaque individu d'exprimer ses émotions et de signaler ses intentions aux autres membres de son espèce[23]. Contestée par certains anthropologues[24], l'universalité de l'expression corporelle des émotions est cependant confirmée par les travaux de Paul Ekman, professeur de psychologie à l'université de Californie à San Francisco[25]. En effet, soucieux de vérifier les affirmations de Darwin, Ekman a présenté une série de photos figurant des expressions faciales à des groupes de personnes vivant au Japon, en Argentine, au Chili, au Brésil et aux États-Unis. Le résultat fut sans équivoque : les personnes interrogées ont émis des appréciations très semblables à propos des émotions exprimées sur les différents portraits. En particulier, sept émotions de base – la tristesse, la colère, la surprise, la peur, la joie, le dégoût et le mépris – ont été reconnues de manière unanime. Conscient du fait que les sujets de son étude avaient pu être « contaminés » par l'apprentissage d'un code émotionnel commun (en regardant des films à la télévision, par exemple), Ekman a réitéré son test auprès d'une population « vierge », en plein cœur de la Papouasie-Nouvelle-Guinée. Cette fois encore, malgré l'absence de contact avec la culture occidentale, les sujets testés ont identifié sans équivoque les émotions exprimées sur les différents portraits. Et, détail important, les mêmes émotions affichées sur le visage de Papous photographiés par Ekman furent reconnues sans difficulté par des sujets occidentaux. Ces observations ont été confirmées lors d'une étude réalisée par l'anthropologue Karl Heider auprès des Dani, un peuple isolé d'Indonésie dont le langage verbal ne comporte aucun mot pour exprimer les émotions[26].

L'expression corporelle de certaines émotions de base apparaît donc comme un phénomène universel, indépendant des cultures. Plusieurs études montrent d'ailleurs que ce langage non verbal n'est pas limité aux contractions des quarante-trois muscles de la face. Il touche l'ensemble du corps. Ainsi, la reconnaissance d'émotions comme la joie, la peur ou la colère peut s'effectuer à partir de différentes postures qui semblent, elles aussi, spécifiques et communes à l'ensemble des êtres humains[27]. C'est d'ailleurs sur ce principe que repose la crédibilité des films d'animation en trois dimensions. L'illusion d'une réelle communication émotionnelle y est parfois impressionnante. «Au point de pouvoir se passer de la bande-son», me disait une animatrice des studios Pixar.

Le corps est donc bien le fondement de notre expérience. Et, conformément au processus décrit dans le modèle du *triune brain* de Paul MacLean, les mots de nos discours représentent la dernière étape d'un long processus évolutif qui, parti de la réalité la plus concrète (celle de nos perceptions sensorielles et de nos réactions physiques), aboutit à la création d'une réalité beaucoup plus abstraite (celle des images et des représentations de nos perceptions), laquelle se traduit, finalement, par des mouvements et par des gestes, par des sons et par des mots. Le problème est alors d'arriver à exprimer concrètement des réalités complexes à l'aide de mots qui, pris isolément, sont des éléments assez abstraits. C'est ici qu'interviennent les métaphores.

Les mots du corps

«Comment vous dire, docteur? Lorsque mon mari a claqué la porte, j'ai senti la colère monter en moi. Je bouillais de rage. J'étais près d'exploser. Et puis, subitement, je me suis mise à pleurer. Je n'arrivais plus à contenir ma tristesse. Je débordais de douleur. Vous comprenez?» C'est ainsi que m'interrogea Karen, une patiente récemment opérée d'un cancer du côlon. Bien sûr que je comprenais! Le discours de la jeune femme ne pouvait pas être plus explicite et concret. Tout simplement parce qu'elle l'avait truffé de métaphores.

Comme l'explique très bien Zoltan Kövecses, professeur de linguistique au département des études américaines de l'université Eötvös Lorand à Budapest, les métaphores permettent de «mettre deux concepts en relation. Généralement, l'un des concepts est plus physique ou concret que l'autre, qui est donc plus abstrait. Cette relation est établie afin de faire comprendre le concept le plus abstrait dans des termes plus concrets[28] ». Or qu'y a-t-il de plus concret pour l'être humain que son propre corps ? Ce n'est sans doute pas un hasard si notre langage possède une structure profondément enracinée dans l'expérience corporelle. George Lakoff, professeur de linguistique cognitive à l'université de Berkeley, parle d'une « cognition incarnée » pour désigner cette stratégie verbale qui consiste à exprimer une expérience émotionnelle par un mot, en soi assez abstrait, accolé à l'expression du vécu physique de l'émotion[29]. « Sentir la colère monter », « bouillir de rage », « être près d'exploser » sont autant de métaphores construites à partir de tensions ressenties et localisées dans le corps, vécu comme un volume qui ne peut plus « contenir » la tristesse et qui « déborde » de douleur. Ainsi, le discours des métaphores en dit long sur les représentations que nous avons de nous-même.

Notre langage verbal surgit de la pensée. La pensée naît dans les perceptions du corps. En décrivant les sensations physiques accompagnant nos émotions, notre discours nous permet de faire comprendre aux autres la nature de nos ressentis et de nos sentiments. « Cela m'a déchiré le cœur. » « J'ai du mal à digérer cette trahison. » « Ce qu'il m'a dit me reste en travers de la gorge. » « C'est un poids qui me pèse sur l'estomac. » « J'en ai plein le dos. » À travers la réalité de l'expérience corporelle, tout le monde peut se représenter des concepts abstraits d'une manière concrète. Car nous comprenons tous ce que signifie une douleur dans la poitrine, une difficulté à digérer, un problème pour avaler, une lourdeur sur l'estomac ou une sensation de charge sur le dos. Évoquer les fonctions naturelles de nos organes est donc un bon moyen de traduire nos sentiments.

Parfois, c'est la position de nos organes qui nous permet d'exprimer une idée. Notre cœur, par exemple, est au centre de notre corps, de la même manière que certains objets ou certains concepts sont « au cœur » d'un espace ou d'une préoccupation.

La représentation mentale de nous-même – notre schéma corporel – devient alors une référence à partir de laquelle nous organisons le monde, *notre* monde. C'est ainsi que le chef (mot qui vient du latin *caput*, la tête) est « à la tête » du peuple ; que le « haut » est associé au cerveau, à la pensée, à l'esprit, à Dieu, aux privilèges ; et que le « bas » est associé aux pieds, aux jambes, à quelque chose de physique, de manuel, voire d'inférieur par rapport à la primauté de la pensée et de son verbe.

Dans le même ordre d'idées, l'essayiste et romancière américaine Susan Sontag explique que la polarisation de la vie politique en partis « de gauche » ou « de droite » est le résultat d'une métaphore qui, à l'instar de toutes les métaphores basées sur la réalité du corps, s'est installée durablement dans le langage verbal de plusieurs cultures. En effet, la distinction entre la « droite » et la « gauche » trouve son origine dans la façon dont se sont placés les députés autour du président de l'Assemblée nationale lors d'un vote en 1789 – les monarchistes et les conservateurs à sa droite, les républicains et les radicaux à sa gauche. Néanmoins, ce détail historique n'aurait probablement pas exercé une influence aussi largement répandue et aussi durable s'il n'avait pas fait référence à une orientation spatiale en rapport avec celle du corps[30].

Si le corps est à l'origine de nombreuses métaphores, il est aussi l'objet de multiples représentations destinées à rendre sa complexité plus compréhensible : « corps-harmonie » de la Grèce antique ; « corps-énergie » de la Chine ou de l'Inde ; « corps-société », « corps-république », « Commonwealth unifié » de l'Occident au XIXe siècle ; « corps-usine », « corps-machine » des premiers temps de l'industrialisation ; « corps-champ de bataille » apparu au moment où les bactéries furent reconnues comme des agents pathogènes[31]. Les métaphores du corps sont étroitement liées aux idéaux des cultures dans lesquelles elles apparaissent. Nos avancées technologiques et l'aspect de nos productions matérielles influencent les représentations que nous avons de nous-même et, de là, notre idée de la santé, notre vision de la maladie et des moyens thérapeutiques que nous considérons comme utiles pour sa guérison.

DES THÉORIES

La caricature d'un corps-objet

« J'ai senti que cela ne tournait plus rond. J'ai tout de suite compris que la machine était déglinguée. » « C'est le moteur, docteur. Il est foutu. J'espère qu'on trouvera un nouveau cœur, avant que le mien ne lâche définitivement. Ce serait dommage car, à part cela, la carrosserie est encore bonne. » « J'ai grillé tous mes câbles. Le courant ne passe plus. Ils appellent cela une sclérose en plaques. Moi, je dis que c'est une merde ! » « J'ai pété les plombs. Heureusement, je prends des antidépresseurs. Mon cerveau fonctionne à nouveau plus normalement. » « Je suis convaincu que j'étais programmé pour cette maladie. Tout est dans les gènes, n'est-ce pas ? Comment croire qu'on peut échapper à ce qui est prévu ? J'aurais bien aimé pouvoir me reprogrammer. »

À entendre le discours de certains patients, la maladie semble davantage relever des compétences du garagiste, de l'électricien ou de l'informaticien que de celles du médecin. Il y a quelques années, à l'occasion d'un séminaire organisé pour différents professionnels de la santé, j'ai demandé à une vingtaine de médecins de traduire les déclarations rapportées ci-dessus en des termes qui leur paraissaient plus proches de l'idée qu'ils se faisaient des problèmes évoqués par les patients. La plupart me répondirent qu'à leur avis cela n'était pas utile. Pour eux, ces phrases décrivaient parfaitement la réalité. Je leur fis remarquer qu'une « machine déglinguée », un « moteur foutu », une « bonne carrosserie », des « câbles grillés », une « interruption de courant », des « plombs pétés » et un « programme à reprogrammer » constituaient des métaphores qui ne rendaient compte que de l'aspect matériel des maladies. Ils me répondirent que cela leur suffisait pour cerner les maux dont se plaignaient les patients. L'un d'entre eux, le seul médecin généraliste parmi les chirurgiens, neurologues, oncologues, gynécologues et radiologues présents au séminaire, me tendit une feuille de papier sur laquelle il avait reformulé les différentes déclarations.

« J'ai ressenti un malaise. J'ai tout de suite compris que quelque chose d'anormal se produisait en moi. » « Je manque d'énergie, docteur. Mon cœur ne fonctionne plus à son plein rendement. C'est comme si la force de vie qui se manifestait dans ma poitrine diminuait de jour en jour. Je suis faible, limité dans mes actions, un peu découragé aussi. Et las, terriblement las. Pourvu que l'on trouve un cœur pour me transplanter tant qu'il en est encore temps. Car, à part cela, je sens que j'ai encore tout mon potentiel. Il me reste tellement de choses à faire. » « Je marche difficilement, j'ai des problèmes urinaires, j'ai perdu des sensations dans les mains et dans les pieds. Ils appellent cela la sclérose en plaques. Moi, je suis en colère. C'est dur. J'ai peur. » « Je voyais tout en noir, plus rien ne me réjouissait. J'étais fatigué, sans désir. Depuis que je prends des antidépresseurs, cela va mieux. » « On parle de maladie génétique. Je suppose donc que celle-ci était difficile à éviter. Bien que, peut-être, les gènes ne décident pas de tout. J'ai envie de croire à la possibilité d'échapper à certaines prédispositions. Il faudra peut-être que j'accepte que cela n'est pas toujours possible. »

À la lecture des propositions du généraliste, un murmure parcourut le groupe. Un médecin sur vingt avait éprouvé le besoin d'entendre autre chose que des descriptions mécaniques, électriques ou informatiques dans la bouche de ses malades. Un seul médecin ! En reformulant les déclarations des patients, notre confrère avait mis le doigt sur l'énorme différence qui existe entre parler de sa maladie en la comparant à l'altération d'un *corps-objet* et décrire son malaise en insistant sur les différentes dimensions d'un *corps-sujet*. « Avoir une maladie » ou « être malade » ? Telle était bien la question.

Disease ou *illness** ? Affection du corps-objet ou malaise du corps-sujet ? La distinction est essentielle. Lorsque les malades déclarent « avoir une maladie », ils parlent de l'affection-*disease* qui les accable. Or, nous l'avons vu, « avoir un corps » permet d'imaginer la possibilité d'influencer l'organisme comme on contrôle un objet** ; « avoir une maladie » laisse donc espérer que l'on pourra combattre et vaincre l'affection comme on s'attaque à une ennemie. Par conséquent, une série de métaphores guerrières et dominatrices servent à décrire l'action thérapeutique ; la médecine se prend à rêver de victoires et de toute-puissance ; les médecins se comportent comme des soldats : pour *soigner* ils n'ont pas vraiment besoin de faire appel à leur sensibilité. Pourtant, la pratique de l'« art de guérir » ne se résume pas à un combat. Et, lorsqu'ils déclarent « être malades », les patients réclament un autre type de prise en charge. Car dire « je suis malade » revient à parler de son malaise-*illness* ; ce mal-être est plus que physique, il est aussi émotionnel, intellectuel, voire spirituel. Lorsque les médecins acceptent de tenir compte de cette vision plus complète de la maladie, les métaphores de leurs pratiques changent ; ils veillent à *prendre soin* de leurs patients et ils les aident à *guérir* ; l'écoute, l'empathie et la compassion motivent leur action ; la médecine redevient sensible, humaniste***, et donc humaine.

Depuis le XIXe siècle, l'attitude de la médecine occidentale est dominée par un désintérêt pour l'expérience des patients. Le symptôme importe peu. Mieux vaut se pencher sur l'organe défectueux ou, mieux encore, identifier la lésion responsable du dysfonctionnement organique. « C'est par l'activité normale des éléments organiques que la vie se manifeste à l'état de santé ; c'est par la manifestation anormale des mêmes éléments que se caractérisent les maladies[32] », écrivait Claude Bernard, en 1865,

---

* Voir chapitre 1, p. 52.

** Voir p. 67.

*** Humanisme : position philosophique qui met l'homme et les valeurs humaines au-dessus des autres valeurs.

dans son *Introduction à l'étude de la médecine expérimentale*, avant d'ajouter : « Les malades ne sont au fond que des phénomènes physiologiques dans des conditions nouvelles qu'il s'agit de déterminer[33]. » La médecine est devenue « clinique », dans le sens de l'origine grecque du mot – *klinê* : le lit. Il est donc question d'examiner des malades alités, allongés, passifs, dépourvus de singularité ; de les ranger dans des catégories en fonction de leur pathologie ; et de leur prescrire des traitements validés, standardisés et peu personnalisés. De plus en plus d'efforts sont déployés pour combattre l'affection-*disease* du corps-objet. Pendant ce temps, le malaise-*illness* du corps-sujet suscite de moins en moins d'intérêt.

« On néglige que le *pathos* désigne fondamentalement ce qu'on éprouve et que c'est dans l'expérience vécue que réside le fondement du pathologique[34] », écrivait Alain Froment, cardiologue et auteur profondément humaniste, dans un ouvrage consacré au sens de la maladie. Poussée à l'extrême, la logique du corps-objet confond l'être humain avec d'autres objets, ses propres inventions et ses propres productions, auxquels celui-ci finit par s'identifier complètement. Du coup, les médecins et leurs patients ont beaucoup de mal à *se* représenter autrement que sous l'aspect d'une machine. Une machine sophistiquée, certes, mais une machine tout de même. La médecine n'est alors plus un art, mais simplement une caricature de la technologie.

La révolte du corps-sujet

« Cette malade délire ! » me dit un jour un confrère chirurgien à qui j'avais adressé une patiente atteinte d'un cancer de l'estomac. La jeune femme était convaincue d'avoir « attrapé » sa maladie à cause d'un stress professionnel intense. « Cette hypothèse est insensée, je refuse de me laisser entraîner dans de telles élucubrations, ce serait absurde », avait répondu le chirurgien. La patiente avait insisté. Le médecin ne l'avait pas écoutée. Quelques semaines plus tard, j'appelai mon confrère pour lui annoncer le suicide de la jeune femme. « C'était à prévoir, me dit-il sur un ton de reproche. Une femme qui croit qu'elle a un cancer à cause d'un problème psychologique… J'ai tout de suite compris qu'elle était mentalement déséquilibrée ! » En raccrochant, je ne pus m'empêcher de penser qu'il était dommage que ce médecin, brillant et talentueux, n'ait pas pu entendre la détresse de la patiente. Car, même si le stress professionnel auquel elle faisait allusion n'était pas en cause dans l'apparition de sa maladie, il traduisait en tout cas une réelle souffrance qui méritait d'être écoutée et soulagée. Une souffrance qu'elle éprouvait sans doute depuis très longtemps et qui, après tout, avait peut-être participé à la dégradation de sa santé.

« Vous délirez aussi, cher ami ! » me dit mon confrère, me rappelant qu'il ne fallait pas « tout mélanger ». Il paraissait évident qu'il n'avait absolument aucune conscience des pièges de notre langage, de nos représentations et de nos croyances. Il ne savait pas que la dualité du corps et de l'esprit tient plus à des limitations de nos discours qu'à une réalité biologique. Il ignorait que notre vision de l'être humain est influencée par les métaphores dont nous nous servons pour faire progresser notre compréhension du monde. Il n'avait sans doute jamais réalisé qu'il est plus facile d'appréhender le fonctionnement d'une machine, d'un circuit électrique ou d'un ordinateur que de cerner l'immense complexité de l'être humain. Il ne s'était probablement pas aperçu que sa représentation du monde déformait la vision qu'il avait de ses patients.

Forte de ses succès thérapeutiques, la médecine scientifique a fini par chasser les malades de leur corps, ouvrant ainsi la porte à une certaine déshumanisation des pratiques de soin. Or « un corps inhabité est un corps mort », me disait un Aborigène de Lombadina. Il paraît donc inévitable que nous tentions de nous réapproprier ce corps, *notre* corps. Même si cela va à l'encontre des impératifs d'objectivité de la science. Aucun être humain ne peut être considéré uniquement comme un objet. Nous sommes, avant tout, des sujets. Des sujets qui cherchent le sens de leur existence et, par conséquent, éprouvent le besoin de parler de leurs sentiments et d'établir des liens entre toutes les dimensions de leur expérience. Des sujets qui tentent de concilier les réalités matérielles et immatérielles, rationnelles et irrationnelles, corporelles, émotionnelles et intellectuelles. Depuis toujours, partout sur la planète, dans toutes les cultures de l'humanité. Y compris la nôtre. « N'en déplaise aux caricaturistes de la médecine technologique », répondis-je à mon confrère, qui, peu intéressé par les questions psychologiques, m'avait pourtant traité de « délirant ».

Les caricatures attirent notre attention sur certains aspects de la réalité. Néanmoins, elles n'expriment jamais complètement la vérité. Elles finissent donc souvent par entraîner des réactions destinées à corriger leurs exagérations, rectifier leurs déformations et relativiser leurs affirmations. La caricature du corps-objet n'échappe pas à cette règle. Ainsi, dès le début du XXe siècle, des psychanalystes, des psychologues et des médecins ont tenté d'élargir leur vision de l'être humain afin de restituer au corps-sujet une place centrale dans les préoccupations médicales. De leurs travaux ont surgi de nouvelles représentations, plus vastes, plus subtiles, plus complexes aussi. Le corps et l'esprit y sont réunis, unis, fusionnés même. La maladie y acquiert une dimension « psychosomatique ». Et, nous allons le découvrir ensemble, les malades y trouvent de nouvelles manières de donner un sens à leur souffrance.

Du corps-objet au corps-sujet : nouvelle représentation, nouvelle métaphore et donc nouvelle théorie. L'idée que nous avons de nous-même est en pleine évolution. Notre quête de sens aussi. Cependant, la vigilance s'impose. Car les ferments d'une nouvelle manière de penser expliquent ses progrès et ses succès autant qu'ils annoncent ses failles, ses limites et ses échecs. Chacune de nos représentations, chacune de nos métaphores, chacune de nos théories comporte à la fois la potentialité d'une ouverture et le risque d'un enfermement. Si nous voulons éviter de tomber dans ce piège, il nous faut connaître les fondements à partir desquels nous échafaudons nos innovations conceptuelles. C'est donc à l'origine et à l'évolution des théories psychosomatiques que nous devons nous intéresser à présent.

3

Innover

L'audace d'un précurseur

«Regardez la vie par vous-même et dites honnêtement au monde ce que vous voyez.» Ces mots, prononcés par Georg Groddeck à la fin de sa vie, sonnent comme une devise, une incitation à la curiosité, une invitation à penser le monde autrement.

Né en Allemagne en 1866, Groddeck a commencé sa carrière médicale en tant qu'assistant d'Ernst Schweninger, un médecin renommé pour avoir réussi à soigner l'obésité de Bismarck. Schweninger se défiait d'un recours trop fréquent aux médicaments, en revanche il était convaincu des bienfaits de l'alimentation, des massages et de l'hydrothérapie. C'est donc influencé par les préceptes de son maître que Groddeck ouvrit son sanatorium, en 1900, à Baden-Baden, en plein cœur du Schwarzwald (la Forêt-Noire). Il y soignait de nombreux patients atteints du cancer ou de la tuberculose en combinant une approche médicale classique et des thérapies moins conventionnelles, parmi lesquelles il privilégiait une forme de psychothérapie destinée à sonder les liens entre le corps et le psychisme. Car, très tôt, Georg Groddeck fut persuadé que toute maladie était un fait psychosomatique, un avertissement, une manifestation symbolique émanant des profondeurs de l'être.

Une force appelée Ça

La conviction de Groddeck se fondait sur l'analyse de nombreux cas, plus étranges les uns que les autres. Comme celui de ce cordonnier, obligé d'arrêter son travail à cause de violentes hémorragies rétiniennes survenant de manière inexpliquée, chaque automne, le plus souvent au mois d'octobre. À la manière d'un «psychanalyste sauvage» – comme il se plaisait à se définir lui-même –, Groddeck interrogea le patient pour savoir si un événement particulier s'était produit au cours d'un mois d'octobre dans les années ayant précédé le déclenchement des hémorragies. L'homme répondit que non. Groddeck l'invita alors à citer un chiffre ou un nombre, spontanément, sans réfléchir. «Huit!» Quelque chose était-il arrivé lorsque le patient avait huit ans? Peut-être, mais il n'en avait aucun souvenir. Groddeck, en revanche, se souvint qu'au cours de leur conversation l'homme lui avait parlé d'un client aveugle qui fréquentait la cordonnerie du temps où il n'était encore qu'un apprenti. Un détail apparemment anodin mais suffisamment important pour que le patient en parle encore après de nombreuses années, précisant que le malheureux aveugle était surnommé «le blasphémateur de Dieu» par les habitants du village.

Lorsque Groddeck rappela ces faits au patient, celui-ci répondit que tout cela appartenait au passé et que, même s'il avait été un enfant très pieux, maintenant adulte il n'avait plus aucune préoccupation religieuse. À cet instant, subitement, l'homme devint pâle, vacilla sur ses jambes et perdit connaissance. Après un moment, il revint à lui et déclara : «Vous avez raison, docteur. Je suis un blasphémateur de Dieu, comme cet aveugle dont je vous ai parlé. Je n'en ai jamais parlé à personne, même pas en confession, et lorsque j'y pense cela me paraît insupportable. Vous avez raison aussi pour l'automne et pour l'âge de huit ans. Tout cela s'est passé en automne, j'avais huit ans. Dans la région où j'habitais, une région très catholique, il y avait des crucifix en bois plantés le long des chemins entre les villages. Un jour, avec mes frères et quelques amis, nous nous sommes amusés à viser l'une de ces croix avec des pierres et, par malchance, j'ai touché la figurine qui représentait le Christ. Celle-ci s'est brisée en morceaux et est tombée sur le sol. Ce fut l'expérience la plus terrifiante de toute mon existence[1].» L'homme se souvint alors que sa première hémorragie rétinienne s'était produite au moment précis où, assis dans un tramway, il contemplait un crucifix. Et, plus tard, un second épisode s'était déclenché à la vue d'une croix en fer portée par un soldat.

Simple coïncidence ou relation de cause à effet hautement symbolique ? Selon Groddeck, le fait d'avoir pris conscience d'un lien entre l'épisode traumatique survenu dans l'enfance et l'apparition des hémorragies rétiniennes à l'âge adulte aurait suffi à provoquer la guérison de son patient. Ainsi, pendant treize ans, il a suivi le cordonnier blasphémateur sans que ce dernier présente le moindre symptôme oculaire. Le cas est pour le moins surprenant. Mais pas unique. Groddeck en rapporte beaucoup d'autres. Dans ses *Conférences psychanalytiques* de 1917, par exemple, le médecin allemand raconte l'histoire d'un patient fortuné dont la famille était avide d'argent[2]. Pris un jour d'une crise de douleurs abdominales insupportables, l'homme se rendit à l'hôpital. D'emblée, un blocage intestinal fut suspecté, cachant peut-être un cancer. Une intervention chirurgicale fut décidée, mais le patient refusa catégoriquement, affirmant qu'il préférait mourir plutôt que se laisser opérer. Les médecins tentèrent alors de le convaincre. En vain car, subitement, les douleurs s'atténuèrent et finirent même par disparaître. Le patient était soulagé. Malheureusement, peu de temps après, il présenta des problèmes respiratoires et un impressionnant gonflement du ventre. Appelé à son chevet, Groddeck l'examina et, comme à son habitude, l'interrogea d'une manière détaillée. Une fois encore, les symptômes disparurent de façon inexpliquée. Du moins en apparence car, selon Groddeck, toujours prompt à établir des liens entre les différents éléments d'une anamnèse, cette étrange guérison était à mettre sur le compte d'une prise de conscience. En effet, l'interrogatoire du patient avait révélé que ses deux épisodes de crise étaient survenus juste après la réception d'une lettre dans laquelle ses parents lui réclamaient de l'argent, toujours plus d'argent. Pour Groddeck, il apparut évident que le patient s'était « rendu malade » pour échapper à la pression de sa famille. Dès qu'il lui exposa ses conclusions, l'homme se rétablit.

« La maladie est pour le patient le moyen de survivre », écrit Groddeck. Cette affirmation fait écho à celle de Carl Gustav Jung : « La maladie est l'effort que fait la nature pour guérir l'homme. » Groddeck faisait partie des dissidents de la psychanalyse, comme Jung. Cependant, à la différence de ce dernier, il n'avait jamais été formé aux pratiques de Sigmund Freud. Il s'y était même longtemps opposé, jusqu'au moment où les deux hommes s'étaient rencontrés et avaient entamé une correspondance tout à fait étonnante dans laquelle Groddeck insistait sur sa marginalité tandis que Freud tentait de tempérer les propos du trublion[3]. Il faut dire que les positions de Groddeck étaient radicales : l'être humain est une créature symbolique et ses symptômes constituent un langage surgi des profondeurs de l'être, des signaux d'alarme manifestés à travers le corps. Pour qui se donne la peine de décrypter ce langage symbolique, les messages sont faciles à comprendre. Par exemple, la myopie et toute une série d'autres problèmes ophtalmologiques sont considérés comme des affections psychiques qui apparaissent lorsqu'il devient trop difficile de regarder ce qui est interdit. De la même manière, « on peut ramener très précisément une foule d'affections auriculaires à des impressions auditives qui étaient frappées de l'interdit parental, à des impressions que l'enfant avait, à des mots, à des bruits[4] ».

Empruntant la notion de l'inconscient à Freud, Groddeck inventa le concept du *Das Es* – le Cela ou le Ça –, une force psychique, plus violente, plus pulsionnelle que celle de l'inconscient freudien, qu'il considérait comme étant à l'origine de toutes les maladies physiques. « Nous sommes agis par le Ça. Il s'agit d'une force qui est en nous et qui dirige le somatique et tous les processus inconscients. » À son tour, Freud s'inspira de la notion du Ça pour conceptualiser le réservoir psychique des pulsions. Néanmoins, un profond fossé sépare la pensée des deux hommes[5]. « Ce qui importe, au fond, ce n'est pas ce qui s'est passé dans la vie individuelle, écrit Groddeck, en opposition avec les principes de la psychanalyse, mais c'est d'amener l'être humain à la conviction qu'il existe une force secrète qui rend bien portant et malade, qui fait vivre et mourir ; lui obéir, ne pas s'opposer à elle, voilà ce qui importe[6]. » Ainsi, pour Groddeck, le Ça, non conscient, et le Moi, conscient, doivent vivre en harmonie, dans le respect des priorités du Ça. « Je ne comprends pas pourquoi c'est si difficile à saisir que quelqu'un pour qui la vue est désagréable devienne aveugle, écrit-il. On ne peut voir qu'aussi longtemps que la vue est agréable. Si c'est désagréable au Ça, alors l'être humain doit devenir aveugle... C'est une nécessité absolue et le moyen pour qu'il puisse même exister[7]. » L'affirmation est audacieuse.

Une théorie romantique

Georg Groddeck est considéré comme l'inventeur de la « psychosomatique ». Néanmoins, le mot fut utilisé pour la première fois en 1818 – un siècle avant que Groddeck ne publie son *Livre du Ça* – par le psychiatre allemand Johann Christian August Heinroth, qui cherchait à expliquer « l'influence des passions sexuelles sur la tuberculose, l'épilepsie et le cancer[8] ».

La conviction qu'avait Heinroth d'une influence des passions sexuelles sur la maladie reflétait parfaitement la croyance du courant romantique né au XVIIIe siècle en Angleterre et en

Allemagne[9]. La tuberculose était alors un fléau mortel imputé à la pauvreté et à l'insalubrité de l'environnement, en même temps qu'elle était considérée comme une maladie de l'âme, le résultat d'un excès de passions, la conséquence d'une frustration. Se protéger ou lutter contre cette maladie nécessitait donc de prendre des précautions hygiéniques tout en veillant à éviter les chagrins et les peines de cœur. Une bonne alimentation et des cures au grand air étaient prescrites, et il était également recommandé de panser les blessures de l'âme[10].

Attribuer un « sens biologique » et un « sens symbolique » à la maladie. Traiter l'affection-*disease* en même temps que le malaise-*illness*[*]. Cette double attitude se retrouve, nous l'avons vu, au sein de nombreuses cultures traditionnelles et « primitives » chaque fois qu'une cause précise de la maladie n'a pas pu être identifiée. Le traitement des maux requiert alors des soins très pratiques comme des remèdes à base de plantes, en même temps qu'il nécessite l'intervention d'un guérisseur capable d'agir sur le corps subtil du malade, au niveau de ses rêves, de ses croyances et de ses émotions[**].

À propos de la tuberculose, il est intéressant de constater que la découverte du bacille de Koch, en 1883, marqua le début de l'effritement du mythe passionnel qui y était rattaché. Un mythe qui finit par disparaître complètement avec l'apparition de traitements efficaces, comme la streptomycine en 1944 et l'isoniazide en 1952. Il semble donc que la méconnaissance des causes d'une maladie engendre une série de croyances dont l'importance diminue à mesure que la science élucide la véritable origine des pathologies. C'est ainsi qu'à partir de la fin du XIXe siècle le mythe passionnel s'est déplacé sur une autre maladie, elle aussi mortelle et mal comprise : le cancer. Cette fois, le mal n'était plus considéré comme la conséquence d'un excès de passions, mais au contraire comme le résultat d'une

* Voir chapitre 1, p. 52, et chapitre 2, p. 80.
** Voir chapitre 1, p. 43.

insuffisance de sentiments, d'un refoulement des émotions, d'une coupure avec l'énergie vitale des affects.

En phase avec son époque, le psychiatre autrichien Wilhelm Reich définissait le cancer comme « une maladie faisant suite à la résignation émotionnelle, un rétrécissement bio-énergétique, un abandon de l'espoir[11] ». Élève de Freud devenu dissident de l'orthodoxie psychanalytique, Wilhelm Reich témoignait, lui aussi, d'un certain romantisme lorsqu'il avouait avoir été ébranlé par le cancer de son ancien maître. « Freud était très beau lorsqu'il parlait. Et c'est là qu'il fut touché, à la bouche. Et c'est à ce moment précis que s'est éveillé mon intérêt pour le cancer[12]. » Pour Reich, l'explication de ce drame était claire : Freud « menait une vie de famille très calme, tranquille, comme il faut, mais il ne faisait aucun doute qu'elle était loin de le satisfaire sur le plan sexuel. Sa résignation et son cancer en furent la preuve évidente. Freud en tant qu'individu dut abandonner. Il dut renoncer à son plaisir personnel, à ce qui faisait sa joie, et cela alors qu'il n'en était qu'au milieu de sa vie[13] ».

Ainsi, Wilhelm Reich et Georg Groddeck abordaient la maladie avec le même romantisme. Reich affirmait l'intervention d'une force vitale – l'orgone – dans le maintien de la bonne santé. Groddeck postulait l'existence d'une force pulsionnelle – le Ça – pour expliquer les causes symboliques qu'il identifiait à l'origine des dysfonctionnements du corps. « Ce n'est pas quelque chose qui se limite purement à des processus médicaux, qui se laisse démontrer de manière matérialiste, écrivait Groddeck à propos de sa théorie du Ça. C'est une affaire religieuse ; le Ça a affaire avec les mouvements les plus profonds du sentiment. Là-dedans réside le but de l'être humain. Il ne peut pas s'atteindre, mais sa recherche est une nécessité ; nous ne pouvons pas l'esquiver, nous devons nous y décider[14]. » Le Ça de Groddeck n'est donc pas seulement emprunté à l'inconscient freudien. Il ressemble étrangement au Dieu-Nature de Goethe. L'origine allemande de Groddeck n'est probablement pas étrangère à cette influence. En effet, nous l'avons vu, la pensée romantique allemande valorise les sentiments par rapport à la raison, elle magnifie l'âme par rapport au corps, elle envisage le monde comme un organisme vivant imprégné de sentiments*. Ce n'est sans doute pas un hasard si Samuel Hahnemann, le père de l'homéopathie, était allemand, tout comme Johann Christian August Heinroth, l'inventeur du mot « psychosomatique ». De la même manière, Rudolf Steiner, le fondateur de l'anthroposophie, et Wilhelm Reich, si proche de Groddeck, étaient tous deux d'origine autrichienne. Car, né en Allemagne, le courant romantique s'est rapidement propagé à travers les forêts de l'Europe centrale.

L'ambition de mettre en évidence des liens symboliques entre les dimensions psychique et corporelle poussera Groddeck à échafauder des raisonnements assez surprenants. Ainsi, convaincu de l'existence d'une relation entre les interdits et la survenue des affections du nez, il expliquera que, même si le pollen provoque l'« irritation mécanique » à l'origine du rhume des foins, la véritable raison de cette pathologie saisonnière réside dans le fait que « le foin, depuis que le monde est monde, est un lieu d'ébats pour les amants et pour les enfants, qui y ont fait des culbutes, s'y sont chatouillés, s'y sont battus, ont fait pipi en bas ou y ont eu d'autres expériences encore[15] ». Selon le père de la psychosomatique, l'odeur du foin rappelle donc le souvenir de jeux interdits et, de là, déclenche la symptomatologie du rhume. Ce genre d'affirmations lui valut une forte opposition, voire une véritable hostilité, tant de la part de ses confrères médecins que de celle de nombreux psychanalystes.

Pour beaucoup, les explications avancées par Groddeck manquaient de crédibilité. Car, même si l'homme semblait de bonne foi, ses raisonnements paraissaient plus souvent tenir de l'interprétation que de la démonstration. Ses théories ressemblaient davantage à des constructions *a posteriori* qu'à de véritables déductions. Les esprits critiques eurent donc beau

* Voir chapitre 2, p. 62.

jeu de lui rappeler que l'être humain peut s'illusionner en orientant ses questions et en sélectionnant les réponses susceptibles de confirmer ses hypothèses de départ. Pour eux, Groddeck avait échoué dans sa tentative pour réconcilier le psychologique et le somatique.

Cette conclusion sans nuances mérite un examen plus approfondi. Néanmoins, à ce stade, il est important de noter que, là où la pensée de Groddeck se veut moniste, en nommant les choses son discours reste profondément dualiste : le Ça et le Moi, l'inconscient et le conscient, les souvenirs du mental et les manifestations du corps physique. Les concepts de Groddeck n'effacent pas les séparations ni les oppositions entre les différentes dimensions de l'être humain. Cela ne devrait pas nous étonner puisque, nous l'avons découvert précédemment, il n'est pas facile d'exprimer à l'aide de mots le concept de l'indivisible unité de l'être*.

La psychosomatique en questions

Quelle que soit la validité des théories de Groddeck, on constate que celles-ci ne suffisent pas à rendre compte des faits observés dans sa pratique thérapeutique. En effet, le postulat d'une force cachée permet d'expliquer *pourquoi* des manifestations symboliques pourraient se produire dans le corps, mais il ne démontre pas *comment* ce langage psychique et inconscient serait capable de créer des phénomènes physiques et conscients.

Une image inconsciente du corps ?

Très tôt, les psychanalystes ont été confrontés à cette question. Et pour cause : dans leur pratique, les cas laissant suspecter une relation étroite entre le psychisme et les

---

* Voir chapitre 2, p. 66-72.

problèmes physiques ne sont pas rares. C'est ainsi qu'à la fin du XIXe siècle, inspiré par les travaux du neurologue français Jean Martin Charcot, Sigmund Freud décrivit le phénomène de l'hystérie comme un parfait exemple de l'influence de l'inconscient sur le corps[16]. Longtemps méprisé, le symptôme hystérique fut alors considéré comme la traduction d'un désir refoulé, exprimé à travers le corps d'une manière éminemment symbolique. L'histoire d'Alex, un garçon âgé de treize ans suivi par la psychanalyste Françoise Dolto, illustre bien ce genre de « conversion hystérique ». D'une manière étrange, ce jeune patient s'était cassé le bras droit à plusieurs reprises et, chaque fois qu'on lui avait ôté son plâtre, son membre était resté figé, impossible à mobiliser. Pourtant, les examens radiographiques ne montraient aucune anomalie. Perplexes, les chirurgiens s'étaient résolus à anesthésier le garçon pour tenter une mobilisation passive de son bras. Celle-ci avait pu être effectuée sans problème. Cependant, à peine réveillé, Alex avait de nouveau présenté une raideur du bras droit. Toute tentative pour le faire plier lui aurait cassé le coude.

Françoise Dolto raconte que, au fil des séances, son jeune patient lui confia avoir une sœur aînée avec laquelle, enfant, il avait joué au papa et à la maman. « Mais cela n'est pas important », lui dit Alex. Ce qui était important, c'était un rêve répétitif que le garçon disait ne pas pouvoir raconter. Un rêve qu'il finit par livrer à travers des dessins, tracés spontanément, d'une manière distraite, tout en discutant avec la psychanalyste. Ceux-ci représentaient des scènes d'agression au couteau. Dolto proposa alors à Alex de mimer ses dessins. Subitement, le garçon se mit à bouger son bras droit, comme s'il brandissait un poignard afin de tuer sa « grande sœur », incarnée en la personne de la psychanalyste. La paralysie avait disparu. Alex raconta alors que sa sœur, de quatre ans plus âgée que lui, insistait pour qu'il partage avec elle le grand lit de leurs parents, où elle passait ses nuits depuis que leur mère avait été hospitalisée. Le jeune garçon avait refusé. Sa sœur continuait d'insister. En guise de réponse, il avait fini par se casser le bras, plusieurs fois. Et, chaque fois que son bras était guéri, il avait déclenché une paralysie, seul moyen pour lui de s'empêcher de tuer sa sœur. Car c'était bien la clé du problème : Alex aurait aimé pouvoir supprimer cette « grande sœur ». Cela lui aurait permis d'échapper à l'attrait qu'elle exerçait sur lui, jeune adolescent en plein éveil de ses sens. Ainsi, les fractures et la paralysie hystérique d'Alex étaient une manifestation de son inconscient. En s'automutilant, le garçon avait trouvé le moyen de respecter à la fois l'interdit de l'inceste et celui du meurtre[17].

Contrairement aux cas de conversion hystérique comme celui d'Alex, les pathologies psychosomatiques décrites par Groddeck ne reposent pas uniquement sur des phénomènes psychiques. Elles relèvent de véritables lésions physiques, organiques, corporelles. D'un point de vue physiologique, on pense que la névrose hystérique agit sur la musculature striée et volontaire soumise au contrôle du système nerveux sympathique, tandis que les processus psychosomatiques influencent les muscles lisses et involontaires qui forment la paroi des différents organes et dépendent, quant à eux, du système nerveux parasympathique. D'un point de vue psychanalytique, Françoise Dolto a émis l'hypothèse que les troubles hystériques seraient dus à des blessures narcissiques moins anciennes que celles impliquées dans les maladies psychosomatiques, dont l'origine paraît très archaïque, en rapport avec les fonctions primaires de l'individu, bien antérieures à sa génitalité – se nourrir, agir et conquérir son autonomie[18]. L'hypothèse est intéressante, même si elle n'est pas encore validée d'un point de vue scientifique.

De nos jours, les cas de conversion hystérique paraissent régresser au profit d'une augmentation des pathologies psychosomatiques. De fait, on ne tombe plus en syncope aussi souvent qu'au XIXe siècle ; en revanche, il semble que l'on développe davantage d'allergies, d'asthme, d'hypertension artérielle ou d'ulcères de l'estomac. Ce phénomène s'explique peut-être par le caractère archaïque des blessures psychologiques impliquées dans les processus psychosomatiques. En effet, on peut imaginer que le contrôle émotionnel actuellement prescrit par la culture empêche les individus de recourir à l'expression théâtrale (hystérique) de leurs sentiments ; refoulés dans les profondeurs de l'inconscient, ces derniers pourraient alors réveiller des mémoires plus anciennes et déclencher de véritables lésions organiques (psychosomatiques). Il y a là une piste de réflexion et de recherche à explorer car, même si des pathologies comme l'asthme ou l'ulcère gastrique ont des causes matérielles identifiées, l'implication des facteurs psychologiques dans leur apparition est probablement sous-estimée.

Pour illustrer un cas psychosomatique, Dolto raconte l'histoire d'une mère qui, anéantie par la mort de son fils, ressentit une violente douleur dans l'estomac au moment de ses funérailles. Des examens médicaux réalisés peu de temps après mirent en évidence un cancer. Un mois plus tard, le jour anniversaire de la mort de son fils, la femme décéda de sa maladie. « C'est comme si la mort de ce fils aîné, le premier qu'elle avait allaité, réveillait en elle un sevrage impossible », écrit Dolto, avant d'ajouter : « La souffrance qui brise le continuum d'une relation vitale, le sujet n'a pas de mots pour la parler. Le corps est comme mutilé, en un lieu spécifique de l'histoire du lien d'amour brisé… Dans le même ordre d'idées, il est bien connu qu'il ne faut pas d'émotions à un cardiaque, parce que les émotions touchent le cœur, celui de l'image du corps, celui des émotions ; c'est que ce cœur a une répercussion sur le schéma corporel, et sur le fonctionnement du cœur en tant que viscéral. Le "cœur de cœur" et le "cœur de viande", comme m'a appris à dire un enfant que je soignais, sont distincts, différentiables, mais parfois, dans la pathologie, interfèrent l'un sur l'autre[19]. »

L'image du corps dont parle Dolto est inconsciente. Elle est la mémoire du corps vécu tout au long de l'histoire du sujet ; la somme des représentations générées par les événements émotionnels de l'existence ; l'entrelacs des différentes traces laissées par les sensations physiques, cutanées, musculaires, viscérales, érogènes. Elle est l'identité subjective de l'individu[20]. Le concept d'«image inconsciente du corps» introduit par Dolto fait donc référence à une instance mentale, au même titre que le Moi, le Ça ou le Surmoi[21]. Il est purement psychanalytique et, de ce fait, il n'efface pas la dichotomie entre le corps et l'esprit; il reste profondément dualiste. En effet, même si Dolto nous invite à imaginer une interférence possible entre les représentations mentales de l'image inconsciente du corps, les circuits neurologiques impliqués dans la constitution du schéma corporel et les réactions physiologiques manifestées par le corps, elle ne nous aide pas à comprendre *comment* s'opère la continuité entre les différentes dimensions de l'être. Elle ne nous permet pas de définir la nature du lien qui articule les différents niveaux d'existence de l'individu. Le contraire eût été étonnant, car il paraît difficile d'appréhender l'entièreté d'un phénomène multidimensionnel en l'abordant par une seule de ses dimensions.

Le concept psychanalytique de l'image inconsciente du corps permet de comprendre la genèse du «sens symbolique» rattaché aux maladies en tant que malaises-*illnesses*. Il ne permet pas de préciser le «sens biologique» des maux en tant qu'affections-*diseases**. La psychanalyse permet donc d'interpréter de manière *subjective* pourquoi une maladie se manifeste; elle n'est jamais sûre de pouvoir expliquer de façon *objective* comment le processus pathologique se déroule. Pas plus qu'elle ne permet d'identifier avec certitude les causes biologiques impliquées dans ce processus. Ce n'est d'ailleurs pas son propos. La psychanalyse n'a jamais tenté de se substituer à la médecine biologique et scientifique, même si, parfois, le fait d'apporter une interprétation à certains maux se révèle suffisant pour les faire disparaître. Confrontés à de telles guérisons, certains psychanalystes, souvent des médecins, sont tentés

* Voir chapitre 1, p. 54.

de trouver un moyen pour effacer la barrière qui paraît exister entre la réalité psychique et les processus biologiques. Ils abandonnent alors leur intention purement psychanalytique.

Dans les années 1930, déjà, le psychiatre viennois Paul Ferdinand Schilder avait imaginé un concept unitaire où l'« image du corps », construite à partir du vécu subjectif, était assimilée au « schéma corporel », résultat de l'intégration sensorimotrice des expériences de l'individu[22]. Dans son idée, les représentations constituant l'image du corps se confondaient neurologiquement avec les circuits neuronaux du schéma corporel, d'une manière assez proche de celle imaginée, bien plus tard – dans les années 1990 –, par le neurologue Antonio Damasio lorsqu'il postulait l'existence de « marqueurs somatiques », véritables représentations neuronales des émotions[23]*. En phase avec le paradigme matérialiste de la science, cette conception du lien psychosomatique table donc sur l'hypothèse d'une relation non pas psychocorporelle, mais bien cérébrocorporelle. Elle postule l'existence d'un substrat matériel à la pensée et, de ce fait, elle a moins de mal que la théorie psychanalytique à traduire l'idée d'un monisme du corps et de l'esprit ; un monisme matérialiste, certes, mais un monisme tout de même.

Des prédispositions ?

À l'époque où Paul Ferdinand Schilder publiait son *Image du corps*, un petit bout de femme d'un mètre cinquante allait révolutionner la pensée psychosomatique : Helen Flanders Dunbar. Américaine, originaire de Chicago, elle était diplômée en mathématique, en psychologie, en philosophie, en théologie et en médecine. Sa petite taille, séquelle d'une enfance difficile marquée par la malnutrition, ne l'empêcha pas de côtoyer les plus grands, parmi lesquels la psychanalyste Helene Deutsch à Vienne et le psychiatre Carl Gustav Jung à Zurich. Motivée par

---

* Voir chapitre 2, p. 71.

son goût pour la recherche, elle fonda, en 1942, l'American Psychosomatic Society, dont la revue *Psychosomatic Medicine* est encore publiée de nos jours[24]. Cependant, la perle de l'impressionnant curriculum vitae de Helen Flanders Dunbar est sans conteste son ouvrage *Emotions and Bodily Changes*, paru en 1935, dans lequel elle affirme que chaque émotion entraîne une réaction corporelle spécifique[25]. Ainsi, pour Dunbar, les maladies psychosomatiques ne répondent pas à la logique symbolique décrite par Groddeck. Elles sont tout simplement le résultat de perturbations émotionnelles qui entraînent chacune une signature caractéristique au niveau somatique ; chaque profil psychologique réagit émotionnellement d'une manière susceptible d'engendrer un type de pathologie particulier ; par conséquent, il devrait être possible d'identifier des personnalités prédisposées à certaines maladies plutôt qu'à d'autres[26].

L'approche initiée par Dunbar est donc plus médicale, moins psychanalytique que celle de Groddeck. La possibilité de distinguer certaines personnalités « à risque » a d'ailleurs été confirmée dans les années 1950 par deux médecins, les cardiologues Meyer Friedman et Ray Rosenman[27]. Intrigués par le comportement de leurs patients, ils ont identifié des personnalités dites de « Type A », extraverties, ambitieuses, agressives, impulsives, en compétition, perfectionnistes, tendues, pressées, incapables de se relaxer. Ces personnes répondent au stress en mobilisant leur système nerveux sympathique en vue d'une réaction de fuite ou de combat ; elles sécrètent donc de grandes quantités d'adrénaline qui les prédisposent à l'hypertension, à l'augmentation du cholestérol sanguin, à l'infarctus, aux migraines, aux hémorragies cérébrales, à l'ulcère gastroduodénal, au diabète et à l'obésité. À l'opposé, on peut identifier des personnalités plus introverties, de « Type C », faussement calmes, émotives et secrètes, qui souffrent en silence[28]. Leur réponse au stress est intériorisée et leur action est inhibée du fait d'une activation préférentielle de leur système nerveux parasympathique*. Il s'ensuit une importante augmentation de la sécrétion du cortisol qui, à la longue, affaiblit leurs défenses immunitaires et les prédisposent aux infections, aux allergies, à la fatigue, à la dépression nerveuse et à diverses maladies rhumatismales et auto-immunes. Enfin, on peut qualifier comme étant de « Type B » des personnalités qui présentent un caractère intermédiaire entre les « A » et les « C ». Plus équilibrées, optimistes et positives, elles sont capables de faire face aux difficultés de l'existence avec une bonne maîtrise d'elles-mêmes, sont paisibles et conservent une assez bonne santé.

Classer les individus en fonction de leurs prédispositions psychologiques à certaines maladies permet d'envisager la prévention de ces pathologies en modifiant certains aspects de la personnalité. En théorie, l'idée est séduisante. En pratique, les choses ne sont pas aussi simples. En effet, changer le comportement d'un individu n'est pas facile. De plus, chaque individu se révèle être la combinaison subtile de plusieurs types de personnalités, réagissant différemment en fonction des circonstances. Ainsi, les classifications paraissent surtout utiles pour organiser notre pensée ; elles nous rassurent aussi, car elles nous donnent l'impression de pouvoir contrôler le monde. Cependant, nous l'avons vu à propos des études anthropologiques, aucune classification ne peut rendre compte de la complexité de la réalité**.

Dans les années 1930, de nombreux chercheurs pratiquèrent l'exercice de la classification, en particulier dans le domaine psychosomatique. Le psychiatre allemand Ernst Kretschmer, le premier, proposa d'établir une corrélation entre les caractéristiques physiques d'un individu et son profil psychologique. Il différencia ainsi un type « leptosome » ou « asthénique », dont le corps, fin et frêle, trahit une personnalité introvertie, timide,

---

* Une description détaillée du fonctionnement antagoniste entre les systèmes nerveux sympathique et parasympathique se trouve dans mon ouvrage *La Solution intérieure : vers une nouvelle médecine du corps et de l'esprit*, *op. cit.*

** Voir chapitre 2, p. 57.

plus ou moins en rupture avec le réel, pouvant aller jusqu'à la schizophrénie ; un type « athlétique », musclé et bien proportionné, au caractère nerveux, avide d'action et explosif ; et un type « pycnique », compact et sujet à l'embonpoint, aimant la convivialité, oscillant entre des états d'excitation et de découragement, prédisposé à la maniaco-dépression[29].

Le médecin et psychologue américain William Sheldon poussa cette analyse morphopsychologique plus loin en corrélant les trois grands types décrits par Kretschmer avec le développement embryologique du corps humain. Au terme d'une vaste étude basée sur l'examen de milliers de photographies et sur l'interrogatoire de centaines de personnes, Sheldon proposa de distinguer des sujets « ectomorphes », fins et élancés, dont le corps s'est développé autour d'un système nerveux hypertrophié (formé à partir du feuillet ectodermique de l'embryon), pouvant ingurgiter de grandes quantités de nourriture sans prendre de poids, obligés de se nourrir fréquemment au cours de la journée, très sensibles et se protégeant des stimulations excessives, ayant tendance à s'isoler et privilégiant les contacts individuels, préférant les plaisirs intellectuels et possédant une imagination fertile, source de grande créativité ; des sujets « mésomorphes », au squelette bien charpenté, dotés d'une puissante musculature (développée à partir du feuillet mésodermique de l'embryon) qui leur donne un aspect naturellement athlétique et les entraîne dans l'action, rarement fatigués, mangeant vite, dormant peu, cherchant à dominer, attirés par la compétition et le pouvoir ; et des sujets « endomorphes », au physique rond en forme de poire, organisé autour d'un système digestif très développé (formé à partir du feuillet endodermique de l'embryon), qui allonge le temps de la digestion, ralentit le métabolisme, crée une tendance à grossir pour un rien et détermine des personnalités conviviales, sociables et affectueuses[30].

Ces descriptions ont un côté caricatural que la réalité vient nuancer. Sheldon lui-même considérait sa classification comme un outil de base, la plupart des individus présentant une combinaison d'au moins deux types morphologiques. Le recours aux théories morphopsychologiques requiert donc de la prudence et du discernement. D'autant plus que les critères invoqués par l'idéologie nazie pour justifier les atrocités commises au cours de la Seconde Guerre mondiale se fondaient, eux aussi, sur des classifications morphologiques et psychologiques. La méfiance manifestée à l'égard des travaux de Kretschmer et de Sheldon est donc bien compréhensible. Kretschmer, lui-même juif et allemand, avait démissionné en 1933 de l'Allgemeine Ärztliche Gesellschaft für Psychotherapie – la Société générale des médecins pour la psychothérapie – afin de protester contre l'instrumentalisation de ses observations à des fins idéologiques totalitaires. Néanmoins, en dépit du danger de dérive politique, des travaux comme ceux de Kretschmer ou de Sheldon mériteraient certainement d'être approfondis à la lumière des connaissances actuelles de la science.

Des circonstances ?

Comme j'ai eu l'occasion de l'expliquer dans mon ouvrage *La Solution intérieure*, les conclusions de William Sheldon corroborent d'autres observations morphopsychologiques faites en Inde plusieurs milliers d'années avant notre ère et consignées à partir de la tradition orale dans les traités de la médecine ayurvédique[31]. Ces conclusions rejoignent aussi celles de Wilhelm Reich, dont *L'Analyse des caractères*, publiée en 1933, décrit cinq grands types morphologiques développés à partir des défenses adoptées par les individus en réponse aux blessures psychologiques de l'existence. Pour Reich, chaque événement émotionnel engendre des mouvements, des postures, des tensions et des contractions spécifiques qui influencent le développement du corps humain. Il en déduit que les peurs de l'enfance, souvent revécues tout au long de l'existence, finissent par laisser des traces tant dans les comportements et les réactions psychologiques que dans les attitudes et la morphologie des individus[32].

La première des peurs identifiées par Reich est celle du rejet, qui remet en cause le droit de vivre en toute sécurité et entraîne une défense de fuite qualifiée de «schizoïde». Le corps se construit alors tout en hauteur et en finesse, les jambes sont frêles, la silhouette évanescente paraît flotter au-dessus du sol, les membres sont désarticulés et maladroits, la colonne vertébrale est souvent déviée, de grands yeux rêveurs accentuent l'impression d'absence. Si les personnalités schizoïdes peuvent paraître hautaines et difficiles d'accès, leur attitude trahit en fait beaucoup d'incertitude et de solitude. De la même manière, Reich identifie des personnalités «orales» qui se sont construites en réponse à la peur de l'abandon. Fragiles et dépendantes, ces personnes sont «en demande», leur tonus musculaire est faible, elles ont la poitrine creuse et le bassin projeté vers l'avant, leur corps garde un aspect immature et leurs yeux expriment un insatiable besoin d'être pris en charge.

Autre peur, autre défense. Autre défense, autre profil psychologique. Autre profil psychologique, autre aspect physique. Ainsi, Reich identifie un troisième type de personnalité, qu'il qualifie de «psychopathe et narcissique», correspondant au comportement manipulateur – tantôt séducteur, tantôt agressif – de ceux qui ont peur d'être trahis. Construit pour dominer, le corps de ces personnes impressionne : la poitrine est hyperdéveloppée, les yeux sont perçants, séduisants ou menaçants, mais toujours prêts à contrôler. Un quatrième type de personnalité, qualifié de «masochiste», permet à Reich de décrire les individus soumis à la peur de l'invasion et de l'humiliation. Leur corps, compact et enrobé, contient l'énergie de leur colère refoulée. Leur cou est court, leurs épaules sont rehaussées, leurs mâchoires sont serrées, leurs petits yeux, enfoncés dans les orbites, expriment un sentiment de défaite et de la souffrance. Enfin, un cinquième profil morphopsychologique correspond, d'après Reich, aux personnalités «rigides», construites autour de la peur de ne pas être à la hauteur des attentes d'autrui, qui s'interdisent la spontanéité et répriment leurs sentiments dans un corps tendu, musclé, athlétique, bien proportionné, le dos cambré, le bassin rétracté, les yeux froids et vides d'émotion[33].

Le principal intérêt des descriptions de Wilhelm Reich réside dans le fait qu'elles attirent notre attention sur les circonstances qui favorisent la déformation des corps et des âmes. En ce sens, les théories reichiennes se rapprochent de celles d'un autre penseur de la psychosomatique, le médecin et psychanalyste hongrois Franz Alexander. Comme beaucoup d'autres psychiatres et psychanalystes d'Europe centrale, Alexander émigre aux États-Unis au début des années 1930. Installé à Chicago, il y fonde une école de psychanalyse et invente la « psychothérapie analytique active » – une méthode brève, d'après lui plus adaptée au contexte pragmatique des Américains. Curieux et extrêmement cultivé, il explore de nombreux domaines de la psychologie, devient professeur de psychiatrie à l'université de l'Illinois et, en 1950, publie un ouvrage intitulé *Psychosomatic Medicine*, dans lequel il rejette l'idée que la maladie puisse avoir une fonction symbolique, comme le prétendait Georg Groddeck[34].

Pour Franz Alexander, les troubles psychosomatiques sont la simple conséquence d'une tension nerveuse chronique engendrée par des émotions inappropriées. L'idée avait déjà été défendue par Helen Flanders Dunbar. Néanmoins, nous l'avons vu, celle-ci identifiait des personnalités prédisposées à certaines pathologies et, par conséquent, attribuait la spécificité des maladies présentées par les patients aux particularités de leur caractère. Alexander ne se rallie pas à ce point de vue. D'après lui, c'est la nature du conflit émotionnel vécu par le patient qui détermine le type de pathologie qu'il va développer. Par exemple, les maladies de la peau entraînant des lésions de grattage seraient dues à « une pulsion hostile qu'un sentiment de culpabilité empêcherait d'exprimer et ferait retourner contre le sujet lui-même ». Et, dans l'asthme, le « facteur psychodynamique essentiel » serait « un conflit dont le nœud est un attache-

FACTURE N° 36

CONGRES NATIONAL DU GNOMA 2008

M

n° TVA intracommunautaire

n° TVA intracommunautaire

le 20

EXACOMPTA

	SOL + MAC	44 € TTC

RÈGLEMENT pour le

Conditions d'escompte pour paiement anticipé

ment excessif et non résolu à la mère». Dès lors, la crise d'asthme correspondrait à un appel au secours, un cri réprimé face à la menace d'une séparation réelle ou symbolique[35].

Loin de la théorie psychologisante de Groddeck, Alexander considère que les conflits émotionnels non résolus ne sont pas *la* cause, mais bien l'*une des* causes des pathologies dites «psychosomatiques». Ainsi, dans les années 1950, la position de l'«école de Chicago» est claire : une multitude de facteurs peuvent intervenir dans la genèse des maladies; parmi ceux-ci, les conflits psychologiques créent des conditions favorables à l'émergence de certaines pathologies; ils représentent souvent un élément déclencheur sur un terrain déjà fragilisé par une faiblesse héréditaire, un agent toxique, un traumatisme ou une infection; les causes psychologiques sont donc à inclure dans une théorie multifactorielle de l'origine des maladies. L'approche est tout empreinte de nuance et de modération. De maturité et de sagesse, aussi, sans doute.

Les conclusions d'un héritier

Des affirmations audacieuses de Georg Groddeck à la conception relativiste de Franz Alexander. De l'excès à la prudence. L'évolution des théories psychosomatiques aurait pu s'arrêter là. D'autant plus que, dans la pratique, les postulats de la médecine psychosomatique se sont souvent révélés moins efficaces que les démonstrations de la biomédecine, exclusivement centrées sur les dysfonctionnements organiques. Ainsi, après avoir connu un engouement dans les années 1930 à 1950, les théories psychosomatiques ont été abondamment critiquées, relativisées et, souvent, abandonnées. Progressivement, leur champ d'application s'est réduit aux maladies pour lesquelles il n'existait pas de traitement médical susceptible d'apporter une guérison. Inévitablement, leur intérêt a fini par être jugé anecdotique.

C'était compter sans Ryke Geerd Hamer, un médecin allemand – encore un – qui, en 1981, déposa une thèse à la faculté de médecine de Tübingen dans laquelle il affirmait que tout cancer résulte d'un choc psychologique, conflictuel, vécu dans l'isolement. Audacieux propos ! Dans la lignée de ceux de Groddeck ou de Reich. Cependant, à la différence de ses illustres prédécesseurs, qui n'avaient aucune preuve objective pour étayer leurs hypothèses, Hamer prétend pouvoir objectiver à l'aide du scanner des lésions cérébrales – les « foyers de Hamer » – qui, d'après lui, apparaissent de manière spécifique en fonction du type de conflit émotionnel incriminé dans la genèse du cancer et déterminent l'organe qui est atteint par la maladie.

Cette thèse pour le moins iconoclaste n'aurait probablement jamais vu le jour si, trois ans auparavant, Hamer n'avait pas vécu un terrible drame. En effet, le 18 août 1978, son fils, Dirk, âgé de dix-neuf ans, est gravement blessé par une balle perdue, tirée par le fils de l'ex-roi Umberto d'Italie, alors qu'il dort sur un bateau dans le petit port méditerranéen de Cavallo. Après cent onze jours d'agonie, le jeune homme décède dans les bras de son père. Et, quelques semaines plus tard, Hamer, encore sous le choc de la disparition de son fils, constate une induration au niveau d'un de ses testicules. Le diagnostic est sans appel : il s'agit d'un cancer. Hamer est tenté de désigner sa détresse psychologique comme étant la cause de sa maladie, mais ses connaissances médicales l'en empêchent. En poste dans un hôpital de Munich, il interroge alors des dizaines de patientes atteintes de cancers gynécologiques. Chaque fois, il constate qu'un choc émotionnel s'est produit dans la vie de ces femmes quelques mois avant l'apparition de leur maladie. Congédié de l'hôpital pour avoir parlé de ses constatations sur une chaîne de télévision bavaroise, Hamer se fait engager dans un service de pneumologie à Cologne. Là, il découvre que la moitié des personnes atteintes de cancer du poumon n'ont jamais fumé. En interrogeant ces patients, il constate à nouveau qu'un choc émotionnel a précédé le déclenchement de leur pathologie. Cependant, un détail attire son attention : les chocs psychologiques vécus par les patientes atteintes de cancers gynécologiques sont très différents de ceux mentionnés par les patients souffrant d'un cancer du poumon. Du coup, Hamer décide de publier ses constatations. Celles-ci constituent les fondements d'une « Médecine Nouvelle », rebaptisée quelques années plus tard « Médecine Nouvelle Germanique ». C'est en tout cas la version officielle d'une histoire pour le moins troublante[36]. Nous verrons plus loin que les théories de Hamer ne sont peut-être pas aussi nouvelles qu'on pourrait le croire.

Quand les théories deviennent des lois

Loin de considérer la maladie comme une fatalité, une malchance ou une anomalie absurde, Hamer affirme qu'au contraire elle est la réponse appropriée du cerveau à un choc psychologique et que, par conséquent, toutes les pathologies s'inscrivent dans le cadre d'un programme de survie de l'espèce. L'idée est originale. Trop, sans doute, pour que les scientifiques de l'université de Tübingen acceptent d'accéder à la requête de Hamer, en 1981, que l'on procède à la vérification scientifique des cinq « lois » fondamentales de sa Médecine Nouvelle[37]. Toutefois, l'influence croissante que ces lois exercent sur les représentations populaires de la maladie en Occident mérite que l'on prenne le temps, ici, d'examiner leur contenu dans le détail. (Le lecteur qui trouverait les paragraphes consacrés aux lois hamériennes un peu rébarbatifs peut passer directement à la section suivante, p. 113, sans que cela porte préjudice à la suite de sa lecture.)

La première des lois formulées par Hamer, baptisée « loi d'airain du cancer » pour en souligner le caractère irréfutable, universel et toujours vérifiable, énonce que le cancer et toutes les autres maladies sont causés par un choc émotionnel vécu comme un traumatisme et impossible à résoudre rapidement. La gravité de l'affection dépend de l'intensité du choc et sa localisation est déterminée par la nature de l'émotion éprouvée. Le cerveau n'étant pas capable de distinguer entre des événements réels et des événements imaginés, c'est la manière dont est vécu le « conflit » émotionnel qui importe. Ainsi, d'après Hamer, un événement « qui ne passe pas le gosier » déclenchera une pathologie de l'œsophage, « quelque chose que l'on ne peut pas laisser passer » entraînera un problème au niveau de l'intestin grêle, le sentiment d'être « sali, souillé » se répercutera au niveau du côlon, la sensation de « manquer d'espace vital » se traduira par une affection bronchique, le sentiment d'être « dépassé par les événements » aura des répercussions sur les reins, le jugement dévalorisant de soi-même finira par se marquer au niveau des os. Chaque fois, l'organe impliqué dans la réponse au choc émotionnel se comporte conformément à la logique de survie de l'individu. Hamer affirme donc qu'un fait qui « reste sur l'estomac » engendre une réponse du cerveau qui commande aux cellules gastriques de proliférer afin de « digérer le morceau indigeste ». Il s'ensuit la formation d'une tumeur qui est une « solution parfaite de survie », même si elle peut, au bout du compte, mettre la vie du patient en danger. Sans conflit, pas de maladie. La « loi d'airain du cancer » stipule que la prise de conscience du problème psychologique sous-jacent constitue la première étape d'un processus qui peut conduire à la guérison.

La deuxième loi de la Médecinc Nouvelle, la « loi des deux phases de la maladie », explique que toutes les pathologies évoluent en deux temps : une première phase – la phase sympathicotonique ou phase de stress – démarre au moment du choc, active le système nerveux sympathique et cesse avec la résolution du conflit émotionnel; une seconde phase – la phase vagotonique ou parasympathicotonique – commence à l'instant de la résolution du conflit émotionnel, stimule le système nerveux parasympathique et, du coup, tous les mécanismes de réparation, jusqu'au retour à la normalité. Durant la phase de stress, l'individu rumine des idées noires, il n'a pas faim, il perd du poids, il dort mal. C'est pendant cette phase que Hamer identifie ces fameux « foyers » – lésions apparaissant sous la forme de petits anneaux concentriques sur les clichés de scanner cérébral réalisés sans injection de produit de contraste – qui, d'après lui, surviennent dans certaines zones du cerveau selon une cartographie spécifique, établie à partir de l'analyse de vingt mille cas et permettant de prédire précisément quel sera l'organe impliqué dans la réponse au conflit émotionnel stressant, cette réponse se manifestant par la formation d'une masse cellulaire (une tumeur), le creusement d'un trou (une lyse), le blocage ou le déblocage d'une fonction organique. La phase de réparation qui suit la résolution du conflit émotionnel est caractérisée par l'apparition d'un œdème au niveau du « foyer » cérébral. Hamer objective cet œdème à l'aide de clichés de scanner réalisés, cette fois, après injection d'un produit de contraste. D'après lui, cette image est souvent confondue avec celle d'une tumeur du cerveau. Il s'ensuit une crise qualifiée d'« épileptoïde » au cours de laquelle l'œdème est évacué en provoquant une augmentation du volume des urines. Le corps se met alors à récupérer en déclenchant une réaction inflammatoire qui entraîne de la fièvre, des douleurs et de la fatigue. Cette phase de récupération constitue donc, selon la deuxième loi de Hamer, le temps véritablement dangereux du processus pathologique.

La troisième des lois hamériennes décrit le « système ontogénique des tumeurs et de toutes les maladies ». Elle se réfère au développement embryologique (ontogénique*) des individus, dont la séquence récapitule, nous le savons, l'évolution (phylogénique**) des espèces***. Hamer y distingue les maladies en fonction du tissu cellulaire touché par le processus pathologique

* L'ontogenèse retrace le développement d'un individu depuis sa conception jusqu'à l'âge adulte.

** La phylogenèse retrace l'évolution d'une espèce et met en évidence ses liens de parenté avec d'autres espèces.

*** Le développement de l'embryon est abordé dans le chapitre 5 de mon ouvrage *La Solution intérieure : vers une nouvelle médecine du corps et de l'esprit*, *op. cit.*

et, soucieux de démontrer la relation spécifique qu'il postule entre les différents tissus et le cerveau, il établit des correspondances entre les feuillets embryonnaires – endoderme, mésoderme, ectoderme* – à l'origine des tissus et les diverses parties du cerveau dont la structure en couches superposées (*triune brain*) est étroitement liée au développement ontogénique et phylogénique des individus**. Ainsi, selon la troisième loi de Hamer, les cellules tapissant la surface interne des organes responsables de la digestion, de l'élimination, de la respiration et de la reproduction sont originaires du feuillet endodermique de l'embryon, assurent les fonctions indispensables à la survie de n'importe quel organisme vivant et dépendent du tronc cérébral, la partie la plus ancienne du cerveau. Il existerait donc une logique implacable – véritablement « bio-logique », comme se plaisent à le souligner les défenseurs des théories hamériennes – associant les conflits émotionnels archaïques en rapport avec l'impossibilité de respirer, de se nourrir, d'avaler, de digérer, d'éliminer ou de se reproduire à des « foyers » spécifiques du tronc cérébral et, de là, à des pathologies bien précises au niveau des organes gouvernés par le tronc cérébral et dérivés de l'endoderme embryonnaire. En phase active du conflit émotionnel, la pathologie s'exprimerait par une prolifération cellulaire ; en phase de réparation, on assisterait à une résorption de la tumeur initiale. De la même manière, Hamer décrit des conflits émotionnels en rapport avec l'intégrité physique et psychologique de la personne, qui génèrent des « foyers » au niveau du cervelet et, de là, déclenchent une prolifération cellulaire dans la plèvre, dans le péritoine, dans le péricarde, dans le derme et dans tous les tissus conjonctifs dérivés du mésoderme. La même logique interviendrait dans les conflits de dévalorisation de soi ; cependant, cette fois, la commande cérébrale se ferait à partir de « foyers » situés dans la « moelle cérébrale » –

* Voir la classification morphopsychologique de William Sheldon, p. 101.
** Voir le concept du *triune brain* de Paul McLean, chapitre 2, p. 70.

terme utilisé par Hamer pour décrire le système limbique; du coup, les lésions organiques se produiraient dans les os, les muscles et les tendons, également originaires du mésoderme, et consisteraient plutôt en une réduction des tissus, véritable lyse qui tendrait à «faire disparaître» l'individu dévalorisé durant la phase active de son conflit émotionnel. Hamer cite volontiers l'exemple de l'ostéoporose pour illustrer la répercussion physique d'un conflit de dévalorisation qui, d'après lui, touche immanquablement les femmes ménopausées. Il insiste aussi sur le fait que la phase de réparation consécutive à la résolution des conflits de dévalorisation peut aboutir à une prolifération donnant naissance à des kystes et des lipomes ou, plus dangereux, à des fibromes, des sarcomes et des lymphomes. Enfin, la logique défendue par Hamer prévoit que les conflits émotionnels en rapport avec la communication, l'intégrité des limites et la sauvegarde du territoire génèrent au niveau du cortex cérébral des «foyers» dont l'origine ectodermique est la même que celle des différents organes où se manifestent les pathologies secondaires à ces conflits; il se produit alors durant la phase active du conflit des pertes de substance au niveau de la rétine, de l'épiderme, des muqueuses tapissant le larynx, l'œsophage, le nez, la bouche et les bronches, ainsi que des lésions au niveau des artères coronaires et des voies biliaires; parfois, des blocages ou des paralysies peuvent survenir car les nerfs ont, eux aussi, une origine ectodermique.

La quatrième loi de la Médecine Nouvelle associe le «système ontogénique des microbes» au processus de la guérison en considérant les champignons, les bactéries et les virus comme des «ouvriers spécialisés au service du cerveau». De la même manière que la maladie doit être considérée d'une manière positive puisqu'elle est une solution de survie créée par le cerveau, les microbes, habituellement redoutés et mal considérés, seraient en fait les meilleurs amis de l'espèce humaine. Cette affirmation est probablement la plus audacieuse des théories hamériennes. Pour Hamer, les microbes prolifèrent et disparaissent selon une logique précise, destinée à réparer les lésions survenues lors des conflits émotionnels. Et, conformément à la troisième loi hamérienne, qui définit un lien ontogénique (nous pourrions dire : embryologique) entre le type de conflit psychologique, la localisation spécifique du « foyer » cérébral et l'organe impliqué dans la pathologie-programme de survie, le type de microbes sollicité dans le processus réparateur de la maladie ne serait pas non plus le fruit du hasard. Ainsi, la quatrième loi de Hamer complète un système extrêmement codifié dans lequel les champignons et les mycobactéries nettoient les tumeurs apparues dans les organes en lien avec le tronc cérébral et le cervelet, deux structures archaïques comme le sont, dans l'évolution, les champignons et les mycobactéries ; les bactéries, plus récentes d'un point de vue phylogénique, jouent le rôle de nettoyeurs pour les tumeurs dépendant du cervelet tandis qu'elles comblent les pertes de substance provoquées par les « foyers » du système limbique ; enfin, les virus interviennent dans la guérison des lésions survenues au niveau des organes d'origine ectodermique et reliés au cortex cérébral. Sur la base de cette logique cérébro-microbienne, Hamer affirme que la qualité des défenses immunitaires intervient peu dans la résistance aux infections. Selon sa théorie, le fait d'attraper la grippe tiendrait plus de la nécessité de réparer des lésions organiques causées par certains conflits psychologiques que d'un réel affaiblissement des résistances de l'organisme. Convaincu de l'absolue nécessité d'une symbiose entre les êtres humains et les microbes, Hamer est farouchement opposé au principe de la vaccination, qui, d'après lui, empêche le déroulement de processus essentiels pour le développement des individus.

La cinquième des lois hamériennes, ou « loi de la quintessence », résume la pensée du médecin allemand : tous les comportements humains, y compris les maladies, sont déterminés par des programmes spécifiques de survie inscrits dans le cerveau depuis la nuit des temps. La maladie est la solution biologique parfaite proposée par le cerveau, la dernière occasion de survivre. « Il serait temps de trouver un autre nom à la maladie, écrit Hamer. En effet, si nous observons une harde de cerfs dans la nature, nous pourrons constater que quand le chef de clan, menacé par un autre mâle, vit un conflit territorial, il s'ulcère les coronaires. Il en augmente, ce faisant, le calibre interne, de façon à pouvoir envoyer davantage de sang à l'organisme et avoir davantage de forces pour chasser l'adversaire. Cette maladie n'en est donc pas une, mais bien l'occasion grâce à laquelle il pourra gagner la bataille, après quoi il passera à la vagotonie et guérira, tout en courant le risque d'un infarctus pendant la phase épileptoïde. À y bien réfléchir, la nature lui a donné deux épreuves à surmonter : celle du conflit territorial et celle de l'infarctus. Les lois de la vie ne sont pas tendres ! La phase de réparation n'est pas l'œuvre du hasard : si le conflit territorial a duré plus de quinze jours, le risque d'infarctus sera considérable parce que, d'une certaine façon, la nature éliminera alors le cerf de la partie. C'est cruel à dire, mais l'équilibre écologique ne permet l'existence que d'un certain nombre de cerfs[38]. » Ainsi, pour Hamer, la maladie a toujours un sens. Elle est utile, nécessaire, vitale pour l'individu et pour l'évolution de l'espèce.

Les fondements d'une pensée

La logique hamérienne est implacable. Elle est séduisante aussi car, pour la première fois, une théorie psychosomatique se réfère à des mécanismes physiologiques précis, en lien avec des justifications embryologiques plausibles et – ce n'est pas le moindre de ses atouts – des « preuves » radiologiques démontrant le rôle prépondérant du cerveau dans la régulation des processus pathologiques. Si tant est que ces preuves radiologiques existent. Car c'est bien là que réside le problème. Selon Ryke Geerd Hamer, l'examen des clichés de scanner cérébral permet de déterminer la nature du confit émotionnel vécu par un patient et, du coup, de déduire le type de pathologie que celui-ci risque de développer. Des témoins m'ont certifié avoir assisté à des séances au cours desquelles Hamer parvenait effectivement à réaliser un tel exploit. De plus, des vérifications semblent avoir été effectuées avec succès à l'université de Vienne, en Autriche, en 1988, à l'université de Düsseldorf, en Allemagne, en 1992 et à l'université de Trnava, en Slovaquie, en 1998. Pourtant, ces faits n'empêchent pas la plupart des membres de la communauté scientifique de douter.

Depuis le dépôt de sa thèse en 1981, Ryke Geerd Hamer se plaint d'être l'objet d'un véritable acharnement. Interdiction d'exercer la médecine pour avoir refusé de renoncer à sa « loi d'airain du cancer » en 1986, attentat contre sa personne lors de la parution de son ouvrage *Fondement d'une médecine nouvelle* en 1987, tentative d'internement psychiatrique en 1993, arrestation à Madrid en 2004, suivie d'une incarcération de cinq cent vingt-cinq jours en France… La liste des vexations est longue. Elle explique probablement le ton défensif des écrits postés sur le site Web de la Médecine Nouvelle[39]. Elle justifie probablement aussi le refus que je me suis vu opposer quand, au cours de l'enquête préalable à l'écriture de ce livre, j'ai cherché à rencontrer Hamer. C'est dommage car, quelle que soit la validité des théories hamériennes, tout être humain mérite le respect ou, tout au moins, l'effort de compréhension qui permet de décider en pleine conscience de sa respectabilité. Condamnation et amertume, accusation et isolement n'ont jamais fait progresser la connaissance. Ceux qui veulent faire avancer la science devraient donc examiner toute idée nouvelle avec attention avant de la rejeter. De son côté, l'inventeur d'un nouveau concept devrait effectuer sa propre critique avant de se positionner en martyr. Et, s'il s'estime mal compris, chercher à déceler ce qui, dans ses propos et ses comportements, induit la méfiance, la suspicion et le rejet.

L'autocritique est difficile pour tout le monde. Elle l'est davantage encore pour le promoteur d'une idée nouvelle. Et pour cause : la conviction du pionnier est proportionnelle à l'évidence qui a nourri sa pensée. Dès lors, le désir de convaincre peut aveugler celui qui cherche à partager sa découverte. Et son intuition, souvent pleine de vérité et d'enseignement, est desservie par son manque de nuance, son refus de douter, son incapacité à se remettre en question. Ainsi, lorsqu'on oppose aux théories de Hamer le fait que la maladie est, avant tout, un phénomène d'origine multifactorielle, celui-ci rétorque que l'hérédité, les facteurs environnementaux, les agents toxiques ou infectieux n'ont d'influence qu'en fonction d'un contexte déterminé par des conflits d'ordre émotionnel qu'il considère comme les causes premières de toutes les pathologies. Le fossé entre cette manière de penser la maladie et les concepts de l'orthodoxie médicale est immense. De ce fait, quand bien même Hamer aurait raison, il ne pourrait imposer son idée sans passer par les étapes indispensables de l'expérimentation, de la vérification et, surtout, de la pédagogie.

« L'effort pédagogique exige d'enraciner la pensée enseignée dans le terreau de l'histoire qui lui a donné naissance », me disait un moine tibétain ayant émigré à Seattle. Il convient donc de citer ses références, d'analyser ses influences, de relativiser l'originalité et la nouveauté de ses affirmations. Ce travail n'a malheureusement pas été effectué par Ryke Geerd Hamer. À aucun moment il ne cite ses illustres prédécesseurs psychosomaticiens. Pourtant, les similitudes de sa pensée avec celle de Georg Groddeck sont évidentes[40]. Ainsi, à l'instar de l'inventeur de la psychosomatique, Hamer affirme une origine psychologique à *toutes* les maladies. Des maladies qui sont pour lui des solutions de survie, comme « la maladie est un sauvetage devant un danger » pour Groddeck. Toutefois, Hamer va plus loin. En parfait héritier de l'histoire de la pensée psychosomatique, il intègre également les acquis des successeurs de Groddeck. On retrouve donc au sein de ses cinq lois la notion de spécificité de l'émotion chère à Helen Flanders Dunbar, l'importance de la nature du conflit défendue par Franz Alexander, la correspondance embryologique ébauchée par William Sheldon, et même l'idée d'une cartographie cérébrale développée, nous le découvrirons plus loin, dès les années 1950 par le neurochirurgien canadien Wilder Penfield*. Le tout imprégné de l'influence romantique allemande dont nous parlions à propos de Heinroth, de Groddeck ou de Reich**. Car, de toute évidence, le Dieu-Nature de Goethe plane au-dessus de cette Médecine Nouvelle Germanique dont la vocation pourrait bien se révéler être, avant tout, de soigner l'âme du monde.

« Ce qui me tient à cœur, écrivait Groddeck, ce sont moins les maladies corporelles que les indispositions de l'être humain qui relèvent purement de l'âme. Et je peux aussi vous en indiquer la raison. Si l'on formule ses indispositions, alors elles disparaissent ; si l'on s'en défend, alors elles deviennent toujours plus graves[41]. » Hamer partage la même croyance lorsqu'il affirme que la prise de conscience, la verbalisation et la résolution des conflits émotionnels suffisent pour amorcer la guérison des pathologies qu'ils ont provoquées. Cette croyance est probablement la cause principale des persécutions dont Hamer se considère comme la victime. En effet, aucun thérapeute ne devrait négliger le fait que la souffrance de ses patients les rend vulnérables, impressionnables, influençables. Or expliquer à un malade qu'il peut guérir d'un problème physique en se contentant de résoudre son mal-être psychologique ouvre la voie à toutes les dérives. Car, même si le thérapeute ne recommande pas forcément d'abandonner les traitements médicamenteux ou technologiques susceptibles de juguler la maladie, les patients, eux, ont envie de croire aux miracles. Certains arrêtent tout traitement, faisant le pari que leur travail psychologique suffira à déclencher la guérison. Ils oublient que le pari est risqué car, même si les théories de la Médecine Nouvelle devaient se révéler efficaces (ce qui, nous allons le voir, est loin d'être démontré), rien ne prouve que le patient parvienne à

---

* Voir chapitre 4, p. 151.

** Voir p. 89.

résoudre son conflit émotionnel avant que la logique du processus pathologique en cours n'entraîne des dégâts irréversibles, et parfois même la mort. Par conséquent, face à la souffrance, une grande prudence est de rigueur. Ceux qui en manquent ne devraient pas s'étonner d'être privés du droit d'exercer la médecine.

Je me souviens ici de Nadia, une infirmière qui m'appela un jour au téléphone pour me demander mon avis à propos d'un problème de calcul urinaire qui obstruait son uretère gauche. « J'ai compris l'origine de mon mal, me dit-elle avec enthousiasme. Je vais donc attendre que cette pierre se dissolve. Vous êtes d'accord avec moi, n'est-ce pas, docteur ? » Je lui répondis que l'obstruction de son uretère mettait son rein en danger. L'obstacle était mécanique ; il me paraissait donc logique d'utiliser des moyens mécaniques pour en venir à bout. Je lui expliquai que des techniques urologiques non invasives pourraient fragmenter sa pierre et que, au pire, il faudrait aller la chercher par voie endoscopique, ce qui n'était pas très invasif non plus. Elle se fâcha. « Vous ne comprenez rien au mystère de la vie, cher monsieur. Vous devriez vous intéresser aux découvertes du docteur Hamer. Vous comprendriez que la médecine que vous me proposez est grossière, obsolète, dépassée ! » Deux semaines plus tard, j'appris que Nadia avait développé une infection urinaire. Son rein, toujours bloqué par le calcul urétéral, avait fini par s'infecter. La patiente avait dû être hospitalisée.

Avides de recettes miraculeuses, des patients toujours plus nombreux s'adressent aux thérapeutes de la Médecine Nouvelle. Ces derniers ne sont pas tous médecins car, comme je l'explique dans l'introduction de ce livre, beaucoup d'émules enseignent les lois de Hamer, améliorées de quelques apports personnels, à un grand nombre de personnes sans aucune formation médicale ou paramédicale préalable. Décodage psychobiologique des maladies, Biologie Totale, Métamédecine© ou Metamedicine® : peu importe le nom donné à ces enseignements. Un peu partout, en Europe, au Canada, aux États-Unis et en Australie, la Médecine Nouvelle pénètre l'inconscient collectif des populations*. Hamer affirme que *sa* médecine pourrait être enseignée en deux jours tant ses principes sont simples et évidents. Pourtant, « la bonne pédagogie ne repose pas forcément sur la simplicité », me disait mon ami tibétain de Seattle. J'ajouterai même qu'une pédagogie trop simple devient rapidement une idéologie.

Des questions bien légitimes

En phase avec le pragmatisme** et le scientisme*** de notre culture, les théories de Ryke Geerd Hamer constituent pour beaucoup de patients une manière acceptable de réintroduire du sens dans leur expérience de la maladie. Je me rappelle Maureen, une jeune femme atteinte d'une leucémie. En consultant un thérapeute formé à la Médecine Nouvelle, elle avait trouvé une explication satisfaisante à son problème de santé. « Cette leucémie est l'effort que mon corps fournit pour guérir un gros conflit de dévalorisation », me dit-elle. À l'époque je n'avais pas encore étudié les lois de Hamer. Le discours de la jeune femme me parut donc un peu étrange. Maureen m'expliqua que son thérapeute lui avait certifié que sa leucémie était la conséquence d'un conflit émotionnel au cours duquel elle s'était sentie « nulle au point de provoquer une réaction dans le cerveau qui avait déclenché une lyse massive au niveau des os, comme si le corps dévalorisé devait se dissoudre et disparaître ». Convaincue par la logique de cette explication, d'après elle « à la fois scientifique et pleine de sens », la jeune femme avait retrouvé dans ses souvenirs un événement stressant qui l'avait fait se sentir inférieure aux autres, pas à la

---

* Voir Introduction, p. 25-27.

** Pragmatisme : voir chapitre 6, p. 193.

*** Scientisme : opinion philosophique née à la fin du XIXe siècle qui affirme que la science permet de connaître la totalité des choses qui existent et que cette connaissance suffit à satisfaire toutes les aspirations humaines.

hauteur de la situation, véritablement dévalorisée. Le thérapeute lui avait alors expliqué que la résolution de son « conflit de dévalorisation » avait permis la mise en route d'un processus de réparation de la lyse osseuse, provoquant ainsi la prolifération des cellules de la moelle osseuse et donc la leucémie. La démonstration était convaincante et Maureen avait été confortée dans son intention d'éviter la chimiothérapie lorsque le spécialiste de la Médecine Nouvelle lui avait affirmé que les traitements de la médecine conventionnelle finiraient par lui causer plus de tort que de bien. En effet, selon les théories hamériennes, la leucémie disparaît spontanément à la fin du processus de réparation ; de plus, au dire de son thérapeute, les transfusions sanguines qui avaient été prescrites à Maureen pour remédier à une anémie risquaient de lui infliger un conflit émotionnel susceptible d'entraîner une nécrose de la rate et, du coup, une chute du taux de ses plaquettes sanguines, ce qui, en cas de nouvelle transfusion, finirait par provoquer son décès. Brillante démonstration ! Trop, peut-être. Je me permis de faire remarquer à la jeune femme que ces affirmations ne sont pas scientifiques mais *pseudo-scientifiques*, dans le sens où elles utilisent des informations issues de la connaissance scientifique pour établir des raisonnements dont la validité n'est, à ce jour, absolument pas prouvée. « Pourtant, ce conflit de dévalorisation, je l'ai vécu. Cela, on ne peut pas le nier ! » me rétorqua Maureen, manifestement agacée par ma réponse.

Une pseudo-science porteuse de sens : c'est ainsi que de nombreux scientifiques définissent les démonstrations hamériennes, soupçonnant les relations de cause à effet établies par les patients de n'être, en fait, que des constructions échafaudées *a posteriori*. « Les malades finissent par sélectionner dans leur histoire personnelle les événements qui coïncident avec les théories et les lois avancées par Hamer. C'est de la manipulation mentale ! » s'offusquait un cancérologue new-yorkais en parcourant le site Internet de la Metamedicine®. Les défenseurs de la Médecine Nouvelle réfutent cette condamnation en invoquant leur taux élevé de succès thérapeutique. Ainsi, Richard Sünder, psychothérapeute et auteur d'ouvrages très documentés sur le sujet, rapporte que, « dans un des procès intentés à Ryke Geerd Hamer, le ministère public autrichien de Wiener Neustadt a reconnu que, lors de la perquisition du "Centre de Médecine Nouvelle" de Burgau, les 6500 adresses de patients saisies ont permis de constater que plus de 6000 étaient encore en vie quatre et cinq ans après[42] ». Sünder s'étonne que l'on reproche à Hamer le décès de 500 patients en vingt ans – soit 7,7 % d'échec chez des personnes atteintes de cancer et souvent en phase terminale –, ce qui signifie aussi un taux de réussite de 92,3 %, un nombre de succès que la médecine conventionnelle ne peut, hélas, pas revendiquer à son actif.

En admettant que les résultats avancés par Sünder soient exacts, il faut reconnaître qu'ils sont impressionnants. Néanmoins, ils ne prouvent en rien la véracité des processus psychobiologiques postulés par Hamer. En effet, il est tout à fait possible que les succès thérapeutiques de la Médecine Nouvelle soient la conséquence d'un immense *effet placebo*. Car force est de constater que toutes les conditions sont réunies pour que la suggestion et l'autosuggestion provoquent ce que Daniel Moerman, anthropologue à l'université du Michigan, appelle l'« effet du sens[43] ». L'ampleur de cet effet thérapeutique dépend beaucoup de la conviction du patient quant à l'efficacité de son traitement, mais pas seulement. On constate en effet que plus le thérapeute, le guérisseur ou le sorcier est persuadé de la guérison de son malade, plus celle-ci a de chances de se produire. Or Hamer et ses élèves sont vraiment convaincus du bien-fondé de leur Médecine Nouvelle. Ils possèdent donc une véritable force de persuasion. Leur discours impressionne par la logique de sa construction. Leurs affirmations sont d'autant plus efficaces qu'elles émanent de « lois » dont l'aspect irréfutable est souligné par l'« airain » qui les constitue. Et la biographie de Ryke Geerd Hamer participe sans doute au mythe nécessaire pour renforcer la confiance des malades. En effet, à l'instar de ce qui se produit chez les guérisseurs traditionnels, Hamer insiste sur son autoguérison obtenue grâce à sa « découverte ». Une découverte qui, conformément à la tradition mythologique de l'Occident, ressemble davantage à une *révélation* puisque, d'après de nombreux témoignages, c'est l'âme de son fils défunt qui aurait inspiré les principes de la Médecine Nouvelle à son inventeur[44]. Force est donc de constater que, d'une manière probablement inconsciente, Hamer se rapproche de la figure emblématique de Moïse lorsque, sans faire référence à ses prédécesseurs de la psychosomatique, il prétend détenir des « lois » issues du monde des esprits. Un monde invisible, quasi divin.

Cela signifie-t-il que l'on peut assimiler la démarche de la Médecine Nouvelle à celle des guérisseurs ou des sorciers dont nous avons parlé dans le premier chapitre de ce livre ? Peut-être. En partie, en tout cas. Car toute relation thérapeutique suscite un effet placebo plus ou moins déterminant. Ainsi, quel que soit notre avis scientifique à propos des théories de la Médecine Nouvelle, il paraît évident qu'à la manière des guérisseurs traditionnels Hamer remoralise les histoires démoralisées de ses patients, introduit de l'ordre dans le chaos et donne un sens à l'absurde. Les cinq lois fondamentales de sa théorie créent de la certitude au milieu du doute, elles génèrent l'espoir nécessaire pour mobiliser les forces de guérison qui sommeillent en chaque être humain.

Si un effet placebo peut intervenir d'une manière plus ou moins importante dans les processus de guérison obtenus par les praticiens de la Médecine Nouvelle, il ne faut pas négliger non plus la possibilité d'un effet exactement contraire, c'est-à-dire un *effet nocebo* qui créerait de la pathologie en suggérant aux patients les symptômes et les maladies utiles pour exprimer un mal-être particulier. L'idée peut faire sourire. Cependant, il faut être cohérent : si l'on croit au fait que des conflits émotionnels peuvent déclencher des maladies selon une logique biologique et symbolique précise, il n'est pas déraisonnable de redouter que certaines croyances affirmant des liens psychosomatiques spécifiques puissent, à leur tour, déclencher l'apparition de certaines perturbations physiologiques et, de là, entraîner des maladies. Je raconte dans mon ouvrage *La Solution intérieure* le cas stupéfiant de Sylvia, une jeune femme convaincue de souffrir d'un genou à cause d'un problème relationnel avec son mari. La force de sa conviction ayant été assez importante pour influencer la croyance de sa sœur Nora, cette dernière a fini par présenter, elle aussi, une douleur au genou lorsqu'elle a rencontré quelques difficultés dans son couple[45].

« Vous avez beau douter et remettre en cause les principes de la Médecine Nouvelle, cher confrère, me dit un médecin formé par Ryke Geerd Hamer, vous ne pouvez pas nier que les cinq lois fondamentales de Hamer apportent des explications plausibles à des faits troublants pour lesquels la médecine scientifique n'a aucune réponse. » Par exemple, le cas des femmes Tin Dama de Papouasie-Nouvelle-Guinée dont nous avons parlé au chapitre précédent (cas qui m'a été rapporté par mon confrère hamérien). Une fois ménopausées, elles ne présentent pas les symptômes dont se plaignent les femmes occidentales*. L'anthropologue François Lupu pense que cette absence de symptômes est à mettre sur le compte d'un statut beaucoup moins dévalorisant de la femme ménopausée chez les Tin Dama[46]. « Cette hypothèse s'accorde parfaitement avec les lois de Hamer », me dit mon confrère hamérien. De fait, selon les principes de la Médecine Nouvelle, l'ostéoporose et les symptômes associés à la ménopause sont la conséquence d'un conflit de dévalorisation causé par le sentiment de ne plus pouvoir assumer le rôle de la procréation et, du coup, de perdre de la valeur aux yeux de la société. « Si je perds ma valeur en tant que femme parce que je ne peux plus avoir d'enfants, mon cerveau ordonnera une décalcification des os, qui représentent la partie la plus dense du corps : une sorte de lent suicide[47] », écrivent Giorgio Mambretti et Jean Séraphin, auteurs d'un livre

* Voir chapitre 2, p. 64-66.

de vulgarisation des théories hamériennes. L'explication est plausible, à condition toutefois de prouver la véracité des hypothèses sur lesquelles elle s'appuie.

« Ces théories simplistes sont le fait de charlatans sans scrupules ! » me disait, excédé, l'oncologue de Carole, la patiente atteinte d'un cancer du sein dont je vous parlais au tout début de ce livre*. À force de croire les déclarations de son thérapeute, Carole en était arrivée à se persuader que la progression de sa maladie était due au fait qu'elle n'avait pas réussi à résoudre le conflit émotionnel à l'origine du cancer. « Je suis tellement déçue, me dit-elle quelques jours avant de mourir. J'aurais tellement voulu guérir. Je n'en ai pas été capable. Je n'ai pas pu me débarrasser de mes peurs. Je ne guérirai donc pas. » Triste constat pour une médecine, fût-elle « nouvelle », que celui de la culpabilisation des patients qui lui font confiance. Les charlatans sont, en fait, des personnes mal formées et mal informées qui croient être bien formées et bien informées et qui, du coup, le font croire aux autres. Tous les charlatans ne sont pas mal intentionnés. Souvent, ils sont même de bonne foi, totalement aveuglés par leurs croyances. On en trouve dans toutes les pratiques de soin. On en rencontre dans toutes les relations d'aide. Ainsi, celui qui souhaite exercer une fonction thérapeutique devrait avoir l'humilité de douter et de se questionner. Sans cesse, il devrait vérifier la qualité de sa formation et, sans relâche, éprouver la véracité de ses informations.

« Sens biologique » ou « sens symbolique » ?

Arrivés à ce stade de notre enquête, une question se pose. En effet, dans leur tentative pour rétablir l'unité de la personne malade, les théories psychosomatiques explorent le corps-objet en même temps qu'elles interrogent le corps-sujet.

---

* Voir Introduction, p. 15-18.

Elles s'intéressent autant à l'affection-*disease* qu'au malaise-*illness**. Elles cherchent à faire concorder le « sens biologique » de la maladie avec le « sens symbolique » que les malades lui attribuent**. L'ambition est louable. Mais est-elle réaliste ? Est-elle réalisable ?

Cette question mérite d'être posée car, nous l'avons vu, des théories comme celle du Ça, proposée par Georg Groddeck, ou celle de l'« image inconsciente du corps », développée par les psychanalystes, décrivent davantage le « sens symbolique » que le « sens biologique » des pathologies. Et, lorsque Groddeck tente d'expliquer l'origine des affections-*diseases*, jamais il ne parvient à démontrer *comment* peut s'établir le lien psychosomatique qu'il suppose exister avec le malaise-*illness*. La référence au « schéma corporel » faite par Paul Ferdinand Schilder, les corrélations embryo-morpho-psychologiques établies par Ernst Kretschmer, William Sheldon ou Wilhelm Reich, et l'influence spécifique des perturbations émotionnelles évoquée par Helen Flanders Dunbar ou Franz Alexander, n'y parviennent pas davantage. Quelle que soit la voie empruntée, la science psychosomatique bute toujours sur le même « chaînon manquant ». Elle n'arrive jamais à fournir la démonstration matérielle qui pourrait rendre tangible un lien dont on pressent la double appartenance – organique et psychique, biologique et symbolique – sans pouvoir préciser la nature du continuum entre les deux pôles de l'expérience qu'il constitue.

En proposant une théorie alliant à la fois des « preuves » neurologiques et des « explications » psychologiques, Ryke Geerd Hamer prétend décrire ce continuum. Pour y parvenir, il postule l'existence d'une logique « bio-logique » qui fait coïncider le « sens biologique » des maladies avec leur « sens symbolique ». Ainsi, pour la Médecine Nouvelle, la cause, la raison et l'explication matérielle d'une affection-*disease* corres-

* Voir chapitre 1, p. 52.
** Voir chapitre 1, p. 54.

pondent à l'interprétation du malaise-*illness* qui l'accompagne. C'en est fini du dualisme. En incarnant le psychisme dans la matière, Hamer invente un véritable *monisme matérialiste* – une «psychologie organique» qui est, en même temps, une «physiologie psychique». Si sa théorie reposait sur des preuves irréfutables, elle constituerait les prémices d'une véritable révolution scientifique. Néanmoins, quel que soit notre enthousiasme face à cette perspective, nous devons rester rigoureux et nous rappeler que, faute de validations sérieuses, on ne peut pas parler d'une théorie, mais simplement d'une hypothèse. Une hypothèse dont nous devons nous méfier car elle est susceptible d'égarer certains malades loin des sentiers thérapeutiques balisés par la médecine conventionnelle. Une hypothèse qui doit néanmoins être explorée, discutée et vérifiée. Car «l'ambition d'une vraie recherche est d'ouvrir la voie à des questions nouvelles», écrivait le philosophe et orientaliste français Henry Corbin. Il convient donc, ici, de poursuivre notre enquête et d'examiner, sans passion, ce que les acquis de la science permettent de conclure à propos des théories psychosomatiques. Nous éviterons peut-être, alors, l'immense confusion qui menace les soignants et les soignés confrontés à la question du sens de la maladie.

DEUXIÈME PARTIE

La confusion du sens

4

Chercher

Une science des liens

La démonstration d'un lien psychosomatique a longtemps été une gageure. Sans doute parce que, depuis le XVIIe siècle, la pensée occidentale privilégie une analyse morcelée et détaillée des phénomènes. Démanteler, disséquer, détailler, analyser et classer : la méthode permet d'élucider les « mécanismes » de la nature dans leur intimité. Néanmoins, elle n'est pas particulièrement propice à établir des liens, jeter des ponts et comprendre les faits dans leur globalité.

Je me rappelle le programme de mes études médicales : physique, chimie, biologie, anatomie et physiologie ; pathologies des systèmes respiratoire, cardiovasculaire, digestif, urinaire, reproducteur, endocrinien, immunitaire et nerveux ; pathologies de la psyché, étude des troubles cognitifs et comportementaux. Autant de matières spécialisées, enseignées par d'excellents professeurs, sans qu'il soit question d'étudier les relations entre ces différents aspects du « phénomène humain » – un phénomène multidimensionnel et éminemment vivant. Or, intuitivement, nous le savons tous : la vie ne se manifeste qu'au travers des liens qui la constituent ; lorsque ceux-ci disparaissent, la mort dissout le tissu du vivant. On peut donc s'étonner de ce que la démarche biomédicale tente d'apporter de la vitalité dans l'existence des gens en recourant à des méthodes issues d'une vision fragmentée de la réalité. Il y a là un paradoxe, et il est de taille.

Depuis les années 1980, une discipline médicale tente de réduire cette contradiction : la psycho-neuro-endocrino-immunologie. Le nom peut paraître un peu compliqué ; cependant, il reflète parfaitement l'horizontalité, la transversalité, devrais-je dire, de la démarche qu'il définit. En effet, l'ambition de cette jeune science est de comprendre les interactions et les influences entre le psychisme, suite de pensées et d'émotions (psycho-), le système nerveux autonome, régulateur de l'activité des différents organes (neuro-), les hormones, subtiles messagères de l'information dans le corps (endocrino-) et les défenses immunitaires, protectrices de l'intégrité de l'organisme (immunologie). Psycho-neuro-endocrino-immunologie : l'approche est vivante et éclairante. Malheureusement, elle est encore peu, voire pas du tout enseignée dans les facultés de médecine.

Des cascades psychobiologiques

Véritable science des liens, la psycho-neuro-endocrino-immunologie fournit une base scientifique aux théories psychosomatiques*. « Nous avons enfin un moyen de prouver l'influence de la pensée sur le corps », me disait avec enthousiasme un psychothérapeute formé aux principes de la Médecine Nouvelle Germanique. C'est vrai. De là à affirmer que toutes les maladies sont provoquées par un choc

* La psycho-neuro-endocrino-immunologie est abordée de manière détaillée dans mon ouvrage *La Solution intérieure : vers une nouvelle médecine du corps et de l'esprit*, *op. cit.*

émotionnel, il y a un pas qu'il serait hasardeux de franchir. Une analyse préalable des acquis de la psycho-neuro-endocrino-immunologie s'impose. Car, en science, les raccourcis finissent souvent par empêcher d'atteindre l'objectif recherché. Et, en dépit de sa capacité à démontrer les liens subtils qui existent entre le psychisme et la physiologie, la psycho-neuro-endocrino-immunologie ne fournit pas forcément tous les éléments pour valider les théories de Ryke Geerd Hamer.

Que sait-on réellement ? En fait, à mesure que la recherche progresse, une série de cascades psychobiologiques dévoilent la complexité de leur fonctionnement. On sait par exemple que le simple fait de se laisser aller à des pensées négatives génère des émotions désagréables comme la peur, l'anxiété ou la colère, active la partie antérieure de l'hémisphère droit du cerveau (le cortex préfrontal droit) et, de là, stimule la branche sympathique du système nerveux autonome. Automatiquement, le corps est mis sous *tension*, il se prépare à réagir face à l'événement qui a déclenché les pensées négatives et les émotions désagréables ; une série d'ajustements hormonaux permettent de mobiliser l'énergie nécessaire pour fuir ou combattre ; une quantité accrue d'adrénaline stimule l'activité cardiaque et musculaire ; des taux sanguins augmentés de cortisol préparent le système immunitaire à se défendre ou à réparer les dégâts ; et, la priorité étant à la survie, la libido de l'individu est inhibée tandis que sa croissance est interrompue[1].

De la même manière, il apparaît que des pensées positives génèrent des émotions agréables comme la joie ou l'enthousiasme, activent la partie antérieure de l'hémisphère cérébral gauche (le cortex préfrontal gauche) et, aussitôt, stimulent la branche parasympathique du système nerveux autonome. Il se produit alors un *relâchement* du corps, les mécanismes réparateurs de l'organisme se mettent en branle et les défenses immunitaires de première ligne sont mobilisées – en particulier les cellules immunitaires NK (*natural killer cells* ou « cellules tueuses »), activées et produites en grande quantité, capables de détruire des cellules infectées par des virus et des bactéries ou des cellules cancéreuses[2].

Il apparaît donc que les émotions occupent une place centrale dans les processus psycho-neuro-endocrino-immunologiques. La peur, l'anxiété ou la colère, par exemple, constituent de véritables signaux d'alarme survenant dans des circonstances potentiellement dangereuses pour la survie de l'individu. Peu importe si la situation alarmante est réellement vécue ou simplement imaginée; le simple fait de penser au danger ou à la frustration suffit à déclencher la cascade psychobiologique nécessaire en vue d'écarter la menace ou de répondre au besoin. L'individu ressent alors un stress *aigu* qui est absolument utile au maintien de sa vie. Ainsi, contrairement à ce que l'on pourrait penser, le stress n'est pas néfaste. Au contraire, il fait partie d'un système d'adaptation extrêmement performant et indispensable à la survie. Toutefois, les modifications endocriniennes et immunitaires qui en résultent ne peuvent pas perdurer. L'individu doit donc pouvoir agir afin de supprimer le danger et réduire la frustration; il lui faut échapper à ce qu'Henri Laborit* appelait l'« inhibition de l'action[3] ». Dans le cas contraire, le stress se prolonge; la tension devient *chronique*; une série de dérèglements finissent par fragiliser l'organisme. Une usure cardiovasculaire prématurée, une sensi-

* *Hommage à Henri Laborit.* Né le 21 novembre 1914 à Hanoi, alors en Indochine, Henri Laborit commença sa carrière médicale comme chirurgien des hôpitaux de la Marine. Il s'orienta ensuite vers la recherche fondamentale. On lui doit l'utilisation de la chlorpromazine – le premier « tranquillisant » – dans le traitement de la schizophrénie ainsi que de nombreuses autres molécules à action psychotrope. Ses travaux sur la réaction organique aux agressions ont permis d'apporter des solutions nouvelles à l'anesthésie et à la réanimation. Directeur d'un laboratoire de recherche indépendant à l'hôpital Boucicaut, à Paris, il se consacra à l'étude de la biologie des comportements. Auteur de nombreux ouvrages, dont *La Nouvelle Grille* en 1974 et *Éloge de la fuite* en 1976, ayant joué son propre rôle dans le film *Mon oncle d'Amérique* en 1980, il proposa au grand public une réflexion profondément humaniste sur les comportements humains en situation sociale. Lauréat du prix Albert Lasker pour la recherche médicale en 1957 et médaillé de l'OMS en 1972, il décéda le 18 mai 1995, à l'âge de quatre-vingts ans.

bilité accrue aux infections ou des perturbations inflammatoires responsables de réactions auto-immunes prédisposent alors l'individu à de nombreuses pathologies[4].

Mythes et réalités du stress

On considère que 75 à 90 % des consultations médicales sont motivées par des problèmes en relation avec le stress. Ces pourcentages sont impressionnants. Cependant, ne nous leurrons pas : en dehors de certaines situations aiguës comme des accidents ou des catastrophes naturelles qui peuvent provoquer une tension émotionnelle responsable d'un décès brutal[5], le stress en cause est rarement dû à un événement isolé et ponctuel. Il s'agit plutôt d'un stress persistant, répété, qui use, fragilise et prédispose à la maladie. Et, de toute évidence, ce stress intervient rarement seul. La plupart du temps, la maladie apparaît comme la conséquence d'un ensemble de causes qui, réunies, déstabilisent l'individu et favorisent l'apparition de symptômes. La maladie est un phénomène *multifactoriel.* Sa complexité invite à l'humilité.

Lorsque j'étais étudiant en médecine, il y a vingt-cinq ans, nous apprenions qu'il existait au moins une maladie causée par le stress psychologique : l'ulcère de l'estomac (plus justement appelé ulcère gastroduodénal) ou « ulcère de stress ». Plusieurs études réalisées chez l'animal prouvaient la relation entre une tension émotionnelle prolongée et l'apparition de lésions ulcéreuses au niveau de la muqueuse digestive. Et certaines observations effectuées chez l'être humain allaient dans le même sens[6]. Puis, au milieu des années 1980, notre professeur de gastroentérologie nous annonça fièrement qu'il ne fallait plus incriminer le stress dans la genèse des ulcères. La découverte d'une bactérie – *Helicobacter pylori* – au niveau des lésions ulcéreuses incitait désormais les chercheurs à privilégier une explication infectieuse de l'origine de la maladie. Notre professeur nous affirma que la psychologie n'avait aucune influence sur la santé du corps et que ce genre de théorie relevait de la croyance populaire, pas de la science. Pourtant, quelques années plus tard, des études révélèrent que 80 % des personnes ayant la bactérie au niveau de l'estomac ne développaient jamais d'ulcère[7]. La présence d'*Helicobacter pylori* n'expliquait donc pas tout. Il fallut alors envisager une explication plus complexe et considérer l'ulcère gastroduodénal comme la conséquence d'un ensemble de facteurs physiologiques et comportementaux en relation avec le stress chronique : mauvaises habitudes alimentaires, consommations d'alcool et de tabac induites par la tension psychique accompagnant le stress, affaiblissement des défenses immunitaires, réduction du flux sanguin au niveau de la muqueuse digestive, augmentation de la sécrétion acide… Tous ces éléments participent au développement des bactéries qui, dans le contexte de perturbation immunitaire lié au stress, provoquent une réaction inflammatoire intense pouvant entraîner la formation d'un ulcère dans la paroi digestive. Ulcère qui, dans certains cas, peut dégénérer en cancer[8].

Humilité, donc. La compréhension des maladies requiert une vision élargie, capable de relier, relativiser et synthétiser l'ensemble des faits. Cela est particulièrement important lorsqu'on essaie de déterminer le rôle des facteurs psychologiques dans la détérioration de la santé du corps. Ainsi, un stress émotionnel a été identifié à l'origine de pathologies aussi diverses que le diabète[9], la tuberculose[10], l'asthme[11], l'eczéma[12], la polyarthrite rhumatoïde[13], l'iléite de Crohn[14], la rectocolite ulcéro-hémorragique[15] ou l'infarctus du myocarde[16]. Cependant, cela ne veut pas dire que le stress constitue la cause exclusive de ces différentes pathologies. Dans la majorité des cas, il faut, en plus, incriminer l'intervention de facteurs génétiques, alimentaires, toxiques, infectieux ou traumatiques.

Examinons le cas du cancer, pathologie autour de laquelle Ryke Geerd Hamer a construit la « loi d'airain » qui affirme que toutes les maladies sont causées par un choc psychologique bien précis*. Depuis la plus haute Antiquité, de nombreux témoignages évoquent un lien entre certains états psychologiques et l'apparition du cancer[17]. Nous avons tous entendu l'histoire de personnes qui, peu de temps après avoir perdu un être cher, ont dû être soignées pour une tumeur cancéreuse, une leucémie ou un lymphome. Et certains patients ont eux-mêmes tendance à établir une relation de cause à effet entre un drame personnel et le déclenchement de leur maladie. Ainsi, une enquête australienne a montré que 40 % des femmes atteintes d'un cancer du sein avaient la conviction que leur tumeur était la conséquence d'un choc émotionnel[18]. Le cancer serait-il une pathologie où la psychologie intervient d'une manière prépondérante et spécifique ?

La plupart des études ayant tenté de répondre à cette question ont été réalisées à propos du cancer du sein. Parmi elles, quelques-unes ont mis en évidence une réelle augmentation du risque de développer la maladie soit après une accumulation d'événements stressants, soit à la suite d'un drame particulièrement éprouvant, comme la perte du conjoint ou d'un enfant[19]. *A priori*, ce genre de résultats pourrait donc aller dans le sens de la théorie de Hamer, qui relie l'apparition du cancer du sein à une souffrance émotionnelle en rapport avec le partenaire de vie, le père ou les enfants**. Cependant, plusieurs autres études n'ont pas réussi à mettre en évidence la moindre influence du stress ou d'un choc émotionnel sur le risque de développer une tumeur maligne au niveau du sein[20]. Il paraît donc difficile de conclure dans quelque sens que ce soit. D'autant plus que toutes ces études ont été effectuées de manière *rétrospective*, les patientes ayant été interrogées alors qu'une suspicion de cancer était déjà évoquée ou juste après l'annonce du diagnostic de la maladie. Ce détail a son importance, car on sait que les enquêtes rétrospectives peuvent être

* Voir chapitre 3, p. 107-108.
** Voir Introduction, p. 16.

faussées par un phénomène de « mémoire sélective » – une sorte de reconstruction du passé qui pourrait se révéler particulièrement présente chez les patients atteints d'un cancer. En effet, face au diagnostic d'une maladie qui rappelle la finitude de la vie, beaucoup de personnes souhaitent réussir leur existence ; de ce fait, elles pourraient mettre en avant certains aspects de leurs expériences avec l'espoir de transformer leur infortune physique en une occasion de régler de vieux problèmes non résolus et, du coup, d'alléger une part de leurs souffrances psychologiques.

On comprend donc que l'influence du stress et des souffrances émotionnelles sur l'apparition du cancer soit difficile à mettre en évidence. Pour compliquer le tout, les quelques études *prospectives* dont nous disposons aboutissent, elles aussi, à des conclusions contradictoires. Ainsi, de vastes enquêtes, effectuées au Royaume-Uni, dans les pays scandinaves et en Israël sur plusieurs dizaines de milliers de femmes veuves, divorcées, ayant perdu un enfant ou ayant un enfant atteint d'une maladie mortelle, n'ont pas montré d'influence de ces traumatismes psychologiques sur l'apparition d'un éventuel cancer du sein[21]. En revanche, une étude menée en 2003 à l'université d'Helsinki, en Finlande, concluait à un doublement du risque de développer une tumeur maligne au niveau du sein à la suite de la perte d'une relation affective, les divorces et les séparations douloureuses étant plus directement impliqués que la mort du conjoint[22]. À la différence des enquêtes précédentes, cette étude finlandaise se basait sur des interrogatoires et non sur de simples registres de faits. Un effet de mémoire sélective a-t-il entraîné une interprétation erronée des résultats ? Ou, au contraire, la méthodologie utilisée a-t-elle permis de mieux apprécier l'impact émotionnel de certains événements ? D'autres études prospectives seront nécessaires pour répondre à ces questions.

En attendant, quelle que soit la réelle influence du stress et des événements de vie sur l'apparition du cancer, aucune étude rétrospective ou prospective ne permet d'affirmer l'existence d'un lien spécifique, exclusif et absolu comme celui qui est décrit dans la «loi d'airain» de la Médecine Nouvelle Germanique. Et rien dans les acquis de la psycho-neuro-endocrino-immunologie ne permet de confirmer les théories hamériennes selon lesquelles la maladie est une «solution parfaite du cerveau» destinée à préserver la survie de l'individu*.

Actuellement, il existe un consensus scientifique pour affirmer que, si le stress intervient dans la genèse du cancer, cela se produit dans un contexte multifactoriel. Certaines études suspectent les personnalités de «type C» (introverties, soumises, réprimant leurs besoins, se sacrifiant pour éviter les conflits, ressentant de l'impuissance et vivant leur désespoir en silence)** d'être plus exposées au risque de cancer[23]. Cependant, ici aussi, la plupart des enquêtes prospectives aboutissent à des conclusions contradictoires[24]. Rien n'est donc prouvé avec certitude. Cela ne signifie pas qu'il faille abandonner les recherches pour autant, car plusieurs publications indiquent qu'une tension émotionnelle chronique peut compromettre la réparation des chromosomes[25]. Et, en 2004, une étude publiée dans la prestigieuse revue américaine *Proceedings of the National Academy of Sciences* a montré que le stress vécu de manière prolongée provoque un raccourcissement des télomères – sortes de capuchons protégeant l'extrémité des chromosomes – entraînant, de ce fait, un vieillissement prématuré des cellules[26]. Or on sait que le cancer est une maladie en rapport avec la sénescence. On peut donc redouter que le vieillissement cellulaire précipité par le stress favorise l'apparition de cancers chez des personnes de plus en plus jeunes[27]. Par ailleurs, il semble que les modifications hormonales dues au stress chronique puissent, elles aussi, participer au phénomène de cancérisation, notamment au niveau de certains organes hormonosensibles[28]. Dès

---

* Voir chapitre 3, p. 112-113.

** Voir chapitre 3, p. 99-100.

lors, on peut imaginer que des cellules fragilisées par le stress deviennent plus sensibles à divers agents cancérigènes alimentaires, toxiques ou infectieux. Une fois cancérisées, ces cellules pourraient se multiplier d'autant plus facilement que, nous l'avons vu, le stress chronique diminue les défenses immunitaires et en particulier le nombre et l'activité des cellules tueuses NK[29].

Cette hypothèse permet d'expliquer une éventuelle influence du stress *chronique* sur la genèse du cancer. Mais elle n'apporte aucun éclaircissement sur le rôle qu'un stress *aigu* ou certains conflits émotionnels pourraient jouer de manière spécifique dans le déclenchement de la maladie. Les théories de la Médecine Nouvelle Germanique ne trouvent donc pas, ici non plus, de support à leurs affirmations. D'autant qu'elles évoquent des délais très courts entre le choc psychologique incriminé et le diagnostic du cancer. Or, sur ce point, il existe un autre consensus scientifique. En effet, il est admis qu'un choc psychologique peut accélérer le développement d'un cancer déjà existant[30]; on imagine même que ce genre de traumatisme peut précipiter la cancérisation de cellules en voie de dégénérescence et constituer une sorte de goutte d'eau faisant déborder le vase déjà plein d'autres influences néfastes; mais, dans l'état actuel des connaissances oncologiques, il paraît improbable qu'une tumeur cancéreuse soit diagnostiquée quelques semaines ou quelques mois après le traumatisme émotionnel qui aurait favorisé son développement. Le temps que l'on estime nécessaire pour former une tumeur détectable ou symptomatique à partir de quelques cellules cancéreuses exclut la possibilité d'établir une relation de cause à effet aussi rapide[31]*.

---

* Personnellement, je pense que les théories actuelles sur le temps de développement des cancers ne sont pas fondées. En effet, la vitesse de croissance des métastases de certains cancers est parfois très rapide. Dès lors, il me paraît tout à fait possible qu'une tumeur cancéreuse soit détectable peu de temps après le déclenchement de sa genèse sous l'influence de différents facteurs physiques et psychologiques.

Une science de l'information

«Vous faites fausse route. L'enjeu n'est pas d'identifier les différents facteurs impliqués dans la cancérisation ou dans les autres processus menant aux maladies. Il s'agit de comprendre la raison profonde qui explique l'apparition de ces pathologies. Vous vous perdez dans des détails. C'est bien le résultat d'une pensée réductionniste. Le génie de Ryke Geerd Hamer est d'avoir compris que le départ des maladies ne se produisait pas dans la rencontre de causes multiples, fussent-elles génétiques, chimiques, infectieuses ou traumatiques, mais bien en amont de tout cela, dans un mécanisme cérébral parfaitement adapté à la survie de l'individu. Les lois décrites par la Médecine Nouvelle Germanique sont en parfaite adéquation avec la théorie de l'information. C'est une véritable révolution. Une nouvelle porte s'ouvre sur la compréhension du vivant. Tellement révolutionnaire, tellement novatrice. Il n'est pas étonnant que la plupart des scientifiques refusent de s'y intéresser. Ce serait comme devoir accepter l'idée de la rotondité de la Terre après des millénaires de croyance en sa planéité.»

Ces mots, extraits d'une lettre écrite par un biologiste, chercheur au CNRS à Paris*, résument bien la fascination qu'exercent les théories hamériennes sur certains esprits parfois très informés et très cultivés. «Je sais ce que vous allez penser, ajoute-t-il. Plus on est instruit, plus on risque de délirer dans sa volonté de tout expliquer.» Il est vrai que, parmi l'abondant courrier qui m'a été adressé ces dernières années par des admirateurs de Hamer, les théories farfelues bâties sur des raccourcis et des présupposés hasardeux n'ont pas manqué. Néanmoins, dans notre effort de compréhension des fondements scientifiques des théories psychosomatiques, la piste de la théorie de l'information, évoquée par ce biologiste, apparaît digne d'un réel intérêt.

---

* L'anonymat du biologiste est préservé, à sa demande, afin que les idées audacieuses qu'il défend ne puissent pas nuire à sa crédibilité professionnelle.

Toujours plus d'ordre

Que dit la théorie de l'information ? Tout d'abord que l'information est, avec la matière et l'énergie, une propriété fondamentale de l'univers. La matière constitue la réalité tangible d'un système. L'énergie représente la potentialité qu'il a d'effectuer un travail. L'information traduit sa capacité à s'organiser[32]. Albert Einstein a démontré que l'énergie et la matière sont convertibles ($E = mc^2$: l'énergie est équivalente à la masse de matière multipliée par la vitesse de la lumière au carré). La théorie de l'information nous apprend que l'énergie est également convertible en information. Plus un système est informé, plus il dépense de l'énergie pour s'organiser, moins il est en désordre, plus son entropie* est faible[33].

Ainsi, au commencement des temps – que nous modélisons actuellement par le big bang – le chaos était immense, l'entropie approchait l'infini, l'énergie était phénoménale et l'information pratiquement nulle. Puis, progressivement, les quatre forces fondamentales de la nature (la gravité, la force nucléaire faible, la force nucléaire forte et l'électromagnétisme) organisèrent l'univers et donnèrent naissance à la matière. C'est l'énergie qui permit ce travail d'organisation. De ce fait, l'information s'accumula au sein de la matière. Les étoiles et les planètes se formèrent. L'ordre fit place au chaos, l'entropie de l'univers diminua, jusqu'à engendrer des molécules de plus en plus complexes, capables de se répliquer, de se dupliquer, de se reproduire. Ainsi naquirent l'ARN et l'ADN, vecteurs essentiels de l'information pour les espèces vivant sur la Terre. Entourées d'une membrane, ces molécules finirent par créer des systèmes isolés – des « cellules » –, capables d'autonomie, dont la complexité se développa à mesure que l'information s'y accumulait. Un milliard d'années s'écoulèrent entre l'apparition

* L'entropie est une grandeur qui permet d'évaluer la dégradation de l'énergie d'un système. Elle caractérise le degré de désordre de ce système. Plus il y a d'ordre dans un système, moins son entropie est élevée.

des premières cellules et la formation des premiers organismes unicellulaires. Cinq cents millions d'années furent encore nécessaires entre l'apparition des premiers organismes unicellulaires et l'émergence de l'être humain. Toujours plus d'information, toujours plus d'organisation. L'évolution de la complexité suit une courbe exponentielle dont la progression semble infinie[34].

Comme l'a très bien expliqué Tom Stonier* dans son ouvrage *Information and Meaning : An Evolutionary Perspective*, plus un système est complexe, plus la probabilité d'y introduire des changements est importante et, par conséquent, plus la potentialité d'une plus grande complexité augmente[35]. Stonier désigne cette accélération comme la source d'innovations de plus en plus sophistiquées ayant permis à des systèmes vivants de devenir intelligents[36].

En termes d'information, l'intelligence d'un système traduit sa capacité à répondre efficacement aux changements de son environnement, et donc à accroître ses chances de survivre tout en multipliant ses possibilités de reproduction. Être intelligent consiste à analyser le milieu dans lequel on vit, à s'ajuster aux variations de ce milieu, à apprendre des expériences que l'on y fait et, éventuellement, à développer des stratégies susceptibles d'influencer le monde extérieur afin de ne plus avoir à s'adapter à ses fluctuations. Comme le fait remarquer Stonier, l'intelligence n'est pas un phénomène « tout ou rien ». Au contraire, il

---

* *Hommage à Tom Stonier.* Né le 29 avril 1927 à Hambourg, en Allemagne, Tom Stonier obtint son doctorat en biologie à l'université de Yale, aux États-Unis, en 1955. Après un début de carrière à New York, il publia en 1964 un premier ouvrage, *Nuclear Disaster*, basé sur un rapport rédigé pour la New York Academy of Sciences. En 1973, il fonda une école d'études pour la paix à l'université de Bradford, au Royaume-Uni. Scientifique et humaniste, il passa les vingt-cinq dernières années de sa vie à plaider pour une réforme du système d'éducation, rappelant que l'éducation représente l'investissement le plus important pour l'avenir de toutes les sociétés. Auteur de nombreux ouvrages sur l'information, il était convaincu du fait que l'introduction des ordinateurs dans la vie des gens favoriserait l'expression de talents humains encore insoupçonnés. Membre de la New York Academy of Sciences et de la Royal Society of Arts, il décéda le 15 juin 1999, à l'âge de soixante-douze ans.

s'agit d'une aptitude qui s'est graduellement développée au cours de l'évolution. Dès lors, toute une série de comportements instinctifs, transmis de génération en génération, peuvent être considérés comme faisant partie du spectre de l'intelligence. Et la présence d'un système nerveux sophistiqué n'est pas nécessaire à leur manifestation. Ainsi, certaines plantes, qui ne possèdent pas le moindre neurone, peuvent répondre d'une manière totalement différente au stimulus d'une feuille et à celui d'un insecte, après avoir clairement fait la distinction entre les deux. De la même manière, certaines limaces de mer, dont le système nerveux comporte moins de vingt mille neurones (à comparer avec celui de l'être humain, qui en compte un million de fois plus), sont capables d'apprendre à percevoir la différence entre des stimulations répétées et non dangereuses et des stimulations inhabituelles potentiellement néfastes : face aux premières, un phénomène d'habituation et de conditionnement entraîne l'inhibition de la rétraction des branchies de l'animal ; face aux secondes, automatiquement, le réflexe de contraction branchiale se réinstalle[37].

Ce qui se produit à l'échelle d'une plante ou d'un animal se manifeste déjà à l'échelle microscopique, au niveau d'une multitude de mécanismes de régulation biologique destinés à préserver l'intégrité de chacune de nos cellules et de chacun de nos organes, du plus simple au plus complexe. Une de nos cellules manque de sodium : instantanément, un appel de sel se produit à travers l'épaisseur de sa membrane. Les récepteurs sensibles au degré d'hydratation de notre cerveau enregistrent un manque d'eau : automatiquement, le centre cérébral de la soif est activé et nous ressentons le besoin de boire davantage. Si, par hasard, nous buvons trop, il se produit immédiatement une inhibition de la sécrétion d'une hormone hypophysaire appelée vasopressine et, du coup, nos reins peuvent éliminer les surplus de liquide accumulés dans l'organisme. Nous perdons du sang : spontanément, les récepteurs sensibles à la pression dans nos vaisseaux sanguins activent une cascade de réactions neurologiques et hormonales qui aboutit à la contraction des muscles tapissant la paroi des artères, à une augmentation de la sensation de soif, à une stimulation de l'appétit pour des mets salés et à la production de vasopressine par l'hypophyse, entraînant une rétention d'eau au niveau des reins[38].

Les moyens de préserver notre intégrité sont d'une incroyable ingéniosité. Grâce à leur efficacité, ils ont pu traverser les âges et se sont conservés d'une espèce à l'autre, selon une logique reposant sur un échange d'informations toujours plus abondantes. Leur intelligence, au départ destinée à permettre de s'adapter aux variations du monde extérieur, a fini par donner naissance à des supersystèmes particulièrement informés, organisés et complexes capables de transformer leur environnement afin de ne plus en être les victimes. Parmi ces supersystèmes, l'être humain représente assurément un sommet de complexité.

L'émergence du sens

« La spécificité et la précision des mécanismes d'homéostasie responsables de la survie d'un être humain dépassent les limites de l'imagination. Tout y est information. Tout y a un sens. Il existe un véritable “symbolisme biologique” dont la signification dépend de l'état interne du système qui perçoit le message. Tout ce qui se produit dans un être humain est l'expression d'un langage. Tout ce qui s'y manifeste est le fruit d'une communication. C'est prodigieux ! Par exemple, un antigène situé à la surface d'un microbe est un signal qui, capté par une cellule équipée du bon dispositif de décodage (en l'occurrence un globule blanc ayant déjà été en contact avec ce type d'antigène), devient un message plein de sens, susceptible de déclencher la production d'anticorps qui sont, eux aussi, des signaux dont l'interprétation par d'autres globules blancs mettra en branle une réaction immunitaire tout à fait efficace pour se débarrasser du microbe. L'ensemble des processus biologiques reposent sur ce genre d'échanges d'information. Nous acceptons ce fait comme une évidence lorsqu'on parle de microbes et de globules blancs ; nous avons beaucoup plus de mal à croire que cela soit possible lorsqu'on s'intéresse à des niveaux de communication plus subtils, comme ceux qui s'opèrent entre les mécanismes physiologiques et les processus de la pensée. Pourtant, il suffit d'observer notre cerveau pour comprendre que, là aussi, l'information est traitée d'une manière complexe. Tout y est langage ; tout y a du sens. Encore une fois, je vous l'assure, c'est dans la compréhension des échanges d'information que réside le génie de la découverte de Ryke Geerd Hamer. »

Ces propos assurés de mon correspondant, biologiste au CNRS à Paris, méritent quelques commentaires car, loin d'être dénués d'intérêt, ils reposent davantage, comme la plupart des affirmations concernant la Médecine Nouvelle Germanique, sur des intuitions que sur des vérifications scientifiques.

Il est vrai qu'en biologie tout est langage et communication. Et le sens de nombreux signaux biologiques dépend de l'état interne du système qui les perçoit. Ainsi, une augmentation de l'AMPcyclique – une molécule messagère que l'on retrouve dans divers processus chimiques, aussi bien chez les plantes que chez les animaux – est interprétée différemment par une bactérie comme l'*Escherichia coli* et par un organisme unicellulaire comme l'amibe *Dictyostelium discoideum*. Chez l'*Escherichia coli*, l'AMPcyclique augmente en cas de raréfaction des sources de carbone dans le milieu extérieur. Automatiquement, cela entraîne la synthèse de flagelline – une protéine qui intervient dans la fabrication des flagelles permettant à la bactérie de se déplacer pour trouver de nouvelles sources de carbone. C'est comme si l'AMPcyclique signifiait : « La nourriture n'est plus là, allons la chercher autre part. » Les colonies d'*Escherichia coli* se désagrègent et les bactéries se dispersent. Chez le *Dictyostelium discoideum*, l'AMPcyclique augmente également en cas de raréfaction de la nourriture. Cependant, au lieu que cela incite les amibes à explorer plus loin leur environnement, il s'ensuit au contraire un rassemblement des cellules, formant un agrégat d'où naissent des spores capables de survivre malgré la privation de ressources. Même molécule, autre sens, puisque chez le *Dictyostelium discoideum* l'augmentation d'AMPcyclique signifie : « La nourriture n'est plus là, ne bougeons plus et attendons des jours meilleurs »[39].

Ainsi, en biologie, le sens naît de la rencontre entre un fait précis et un contexte particulier. Cela ne se produit pas qu'au niveau chimique ou cellulaire. Pour nous en convaincre, il suffit d'observer nos vies. Un même événement peut être vécu de manière très différente en fonction du contexte dans lequel nous nous trouvons. Dans mon ouvrage intitulé *Vivre en paix**, j'ai raconté comment un même fait – l'annulation à la dernière minute d'un rendez-vous à ma consultation – pouvait déclencher chez moi deux réactions totalement opposées. À certains moments, j'accueillais cette nouvelle avec bonne humeur. D'autres fois, au contraire, j'en étais très contrarié. Une brève introspection m'avait permis de comprendre que ma bonne humeur se manifestait lorsque j'étais fatigué, comme si l'annulation du rendez-vous signifiait : « Tu vas pouvoir te reposer. » Ma contrariété, elle, naissait quand je me sentais en pleine forme pour travailler. L'annulation du rendez-vous prenait alors un tout autre sens, comme si j'entendais : « Tu vas perdre ton temps ! »

Mon correspondant biologiste a raison : tout ce qui se produit dans l'être humain est l'expression d'un langage. Tout y est information. Tout y est message. Tout y est donc appelé à prendre un sens. Nous l'avons vu, notre cerveau est organisé en trois couches superposées (le *triune brain* de Paul MacLean) qui permettent de traiter l'information avec une extrême précision**. Une première couche – notre cerveau reptilien – perçoit

* *Vivre en paix*, Paris, Robert Laffont, 2003.

** Voir chapitre 2, p. 70.

l'information physique, en provenance du corps ou de l'environnement, et y répond de manière quasi automatique, réflexe, instinctuelle, par toute une série d'ajustements physiologiques. Une deuxième couche – notre cerveau mammifère, plus communément appelé « système limbique » – traduit l'information physique en émotions, véritables signaux d'alarme qui mettent le corps en mouvement et alimentent les processus de la pensée, gérés par une troisième couche : le néocortex. Ce néocortex – le *word brain* (« cerveau verbal »), comme l'appelle MacLean – constitue notre cerveau plus spécifiquement humain. Il transforme l'information émotionnelle en sentiments à partir desquels, tenant compte de ses expériences mémorisées du passé et de ses motivations pour le futur, il élabore des idées et, finalement, manifeste des réponses à travers un langage gestuel et verbal qui exprime de nouveaux sentiments, de nouvelles émotions et de nouvelles réactions physiques. Le cerveau humain est donc un prodigieux transformateur d'information. À chaque étape de ce processus, le sens attribué à l'information se précise, s'adapte et s'enrichit. Physique, émotionnelle ou intellectuelle, celle-ci circule alors du corps à la pensée et de la pensée au corps, dans un enchaînement perpétuel, réciproque et générateur de sens.

La piste de l'alexithymie

Vue sous cet angle, la communication psychosomatique apparaît comme une évidence. « On admet qu'une sensation physique déclenche une réaction émotionnelle et, du coup, génère des sentiments traduits en mots, en pensées et en discours, fait remarquer mon correspondant défenseur des théories de Hamer. On admet aussi qu'en retour les pensées s'expriment sous la forme de sentiments traduits en mots et en émotions, à l'origine d'actions spécifiques et de réactions physiologiques précises. On a même pu montrer que chaque émotion induit des contractions musculaires particulières au niveau du visage ainsi que des mouvements corporels qui lui sont propres*. Il n'est donc pas étonnant que nos conflits émotionnels puissent se manifester à travers le corps d'une manière tout à fait précise et spécifique. Langage, communication et sens ne se produisent pas au hasard. Il existe des sortes de "codes psychocorporels" au sein de l'être multidimensionnel que nous sommes. Leur élaboration repose sur des mécanismes biologiques très concrets. Les théories de Hamer permettent d'accéder à cette "bio-logique". Tout cela est absolument rationnel. On découvre alors que ce qui n'est pas exprimé en mots finit par se manifester sous la forme de maux. Et les conflits émotionnels vécus dans l'isolement peuvent devenir très néfastes pour la santé. Il est donc important d'apprendre à se connaître et d'oser dire les contrariétés et les tensions psychologiques qui nous habitent. Cela nous évite de tomber trop souvent malades.»

Des *maux* à la place des *mots*. Ce dernier argument, avancé par mon correspondant biologiste comme une loi infaillible, illustre parfaitement le genre de généralités qu'il convient d'éviter lorsqu'on aborde la complexité des liens psychosomatiques. Car, nous allons le voir, dans les faits les interactions entre le psychisme et le corps sont beaucoup moins prévisibles qu'on pourrait le croire.

Dans les années 1970, deux psychiatres de Harvard, John Nemiah et Peter Sifneos, ont décrit un profil de personnalité caractérisé par une difficulté à identifier et à exprimer verbalement les émotions : l'*alexithymie* (du grec *a* : absence, *lexis* : mot, *thymos* : émotion)**. Plus qu'une simple difficulté à traduire les émotions en mots, ce trouble est accompagné d'une limitation de la vie imaginaire et d'une tendance à recourir à l'action pour éviter d'avoir à exprimer les émotions[40]. D'après les études, il se manifeste chez 5 à 10 %[41], voire 20 % de la population[42], plus

* Voir les travaux de Paul Ekman, chapitre 2, p. 74-75.

** Il existe une autre étymologie pour le mot «alexithymie» : du grec *alex* : éloigné de, protégé contre, et *thymos* : émotion.

fréquemment chez les hommes[43]. Cette prédominance masculine s'explique peut-être par le fait que l'éducation encourage davantage les garçons que les filles à refouler leurs émotions.

Les personnes alexithymiques sont donc véritablement coupées d'elles-mêmes. Elles ne comprennent pas la signification de leur malaise et ont beaucoup de mal à se faire comprendre par les autres. Elles sont tendues et irritables et éprouvent souvent de la frustration, de l'ennui ou une sorte de vide intérieur. Elles passent beaucoup de temps à décrire leurs sensations physiques et se plaignent de toute une série de symptômes qui n'ont pas forcément de lien avec une maladie précise. Mais, lorsqu'il s'agit de partager leurs sentiments, elles ne trouvent pas de mots ; elles sont comme enfermées en elles-mêmes. Leur isolement constitue une véritable souffrance.

Avant Nemiah et Sifneos, plusieurs chercheurs ont identifié un tableau clinique proche de celui de l'alexithymie. Ainsi, dès la fin des années 1940, le psychiatre américain Jurgen Ruesch identifia une difficulté à verbaliser et à symboliser les émotions chez des patients atteints de maladies psychosomatiques[44]. Et, dans les années 1960, les psychanalystes français Pierre Marty et Michel de M'Uzan inventèrent le concept de la « pensée opératoire » pour décrire la pauvreté de l'imaginaire et des capacités de symbolisation qui, d'après eux, accompagne une série de troubles psychosomatiques[45]. L'idée que les maux puissent remplacer les mots n'est donc pas neuve. En 1949, déjà, Paul MacLean émit l'hypothèse que cette conversion psychosomatique est la conséquence d'un déficit de transmission des informations en provenance du système limbique vers le néocortex[46]. Ne pouvant pas être intégrées au niveau néocortical, les émotions ne seraient pas traduites en mots ; la tension s'accumulerait dans le système limbique, créant un stress susceptible d'engendrer des perturbations dans la cascade psycho-neuro-endocrino-immunologique et, de là, une série de somatisations. Ainsi, à l'instar du stress chronique, l'alexithymie pourrait fragiliser le corps et le prédisposer à certaines maladies.

Très tôt, Nemiah et Sifneos ont opté pour cette explication[47]. Il est à noter qu'en 2002 une étude par résonance magnétique fonctionnelle, réalisée par la psychologue française Sylvie Berthoz, a mis en évidence chez des hommes alexithymiques des perturbations tout à fait compatibles avec une déconnexion entre le cerveau émotionnel et le «cerveau verbal»[48]. L'hypothèse de MacLean n'est donc pas dépourvue de fondements.

Ainsi, l'alexithymie représente un modèle séduisant pour qui souhaite expliquer le processus de somatisation. Néanmoins, dans les faits, on ne peut pas affirmer l'existence d'une loi aussi catégorique que celle «des maux à la place des mots» avancée par mon correspondant biologiste. En effet, on compte 20 à 50 % d'alexithymiques chez les patients atteints de maladies psychosomatiques (hypertension, infarctus, asthme, ulcères gastroduodénaux, gastrite érosive, maladie de Crohn, polyarthrite rhumatoïde), contre 5 à 20 % dans la population générale[49]. Cela veut dire que 50 à 80 % des malades souffrant de pathologies psychosomatiques n'éprouvent aucune difficulté à verbaliser leurs émotions. De plus, de nombreuses personnes alexithymiques ne présentent aucun problème de santé physique[50]. La difficulté à exprimer son mal-être en mots ne présage donc pas forcément l'apparition d'une maladie. En fait, l'alexithymie constitue seulement un facteur de vulnérabilité accrue aux maladies. Par exemple, quelques études ont mis en évidence son influence négative sur les défenses immunitaires, avec notamment une réduction des cellules NK[51]. Mais aucune enquête n'a pu établir clairement la présence d'un risque plus élevé de cancer chez les personnes alexithymiques[52].

Comme la plupart des études cherchant à montrer l'existence d'un lien psychosomatique, les enquêtes à propos du rôle pathologique de l'alexithymie pâtissent de leur caractère rétrospectif. Des études prospectives seront donc nécessaires pour préciser l'influence de la non-verbalisation des émotions sur la santé. Cependant, nous pouvons d'ores et déjà affirmer que la solitude et le stress provoqués par l'incapacité à exprimer les tensions émotionnelles en mots n'engendrent *pas toujours* un problème somatique. Et, à ce jour, aucune étude n'a pu mettre en évidence une correspondance spécifique entre la non-verbalisation d'un type particulier de tension émotionnelle et l'apparition d'un type particulier de pathologie somatique[53]. Ainsi, nous pouvons conclure que, dans les cas où le phénomène alexithymique participe à la genèse de certaines maladies, le processus pathologique en cause ne répond *pas forcément* à une logique précise et spécifique. Par conséquent, les théories de Ryke Geerd Hamer ne trouvent pas, ici non plus, d'arguments scientifiques en leur faveur.

SCIENCE OU SCIENCE-FICTION ?

Cela n'ébranle pourtant pas les certitudes de certains défenseurs de la Médecine Nouvelle Germanique, dont fait partie mon correspondant biologiste. «Le blocage de l'information émotionnelle qui se produit dans l'alexithymie n'intervient pas dans le mécanisme pathogène découvert par Hamer, m'écrit-il avec conviction. Que les choses soient bien claires : d'après les lois de la Médecine Nouvelle Germanique, les maladies ne naissent pas d'une tension émotionnelle non verbalisée, ni même d'un stress chronique. Certes, les tensions et le stress fragilisent les individus; cependant, le génie de Hamer est d'avoir compris que l'origine des pathologies se situait bien en amont de tout cela. Ainsi, de la même manière que Wilder Penfield a montré l'existence de zones cérébrales sensorielles et motrices organisées selon une cartographie représentant toutes les parties du corps, Hamer a découvert des "relais" et des "foyers" cérébraux déclencheurs des processus menant à la maladie et répartis, eux aussi, selon une cartographie précise et détaillée. Seule l'étude de cette cartographie cérébrale apportera les arguments nécessaires pour valider la géniale découverte de Hamer.»

Wilder Penfield, auquel mon correspondant biologiste fait allusion dans la conclusion de son « Plaidoyer pour la Médecine Nouvelle Germanique* », est un neurochirurgien canadien dont les travaux ont permis, dans les années 1950, d'identifier les aires sensitives et motrices du cerveau. En stimulant différentes zones cérébrales à l'aide d'électrodes, Penfield a montré que les neurones sont répartis selon une topographie, sensorielle et motrice, très précise. Projetée sur la surface du cerveau, celle-ci évoque la forme d'un corps humain – un « petit homme », ou *homonculus*, avec une bouche et des mains trop grandes[54]. « On dirait un gnome », me dit un jour l'un de mes neveux, intrigué par les dessins de Penfield. De fait, au niveau de l'« homonculus sensitif », la représentation d'une partie du corps est d'autant plus étendue que la sensibilité dans la zone corporelle correspondante est fine et complexe. Et, au niveau de l'« homonculus moteur », la surface dévolue aux différentes parties du corps est d'autant plus vaste que la motricité y est riche et développée ; par exemple, la zone représentant la main est beaucoup plus grande que celle correspondant à la jambe, et la partie reliée au pouce y est prédominante.

Les travaux de Penfield confirment l'extraordinaire précision avec laquelle le cerveau humain peut discriminer l'information sensorielle en provenance du corps et, en retour, envoyer de l'information motrice vers le corps. Les récents progrès de l'imagerie médicale permettent même d'identifier les parties du cerveau où s'opère l'intégration de ces différentes informations. Ainsi, une étude publiée en 2007 par une équipe de chercheurs du centre hospitalier universitaire Pitié-Salpêtrière, à Paris, a montré que le noyau sous-thalamique – une structure cérébrale mesurant la taille d'un haricot – est composé de trois parties : une zone émotionnelle, une zone motrice et, entre les deux, une zone associative où l'émotion et l'action

* « Plaidoyer pour la Médecine Nouvelle Germanique » est le titre que le biologiste ayant souhaité rester anonyme a donné à la lettre dont plusieurs extraits ont été cités dans ce chapitre.

sont intégrées et reliées aux centres de décision[55]. Cette découverte permet de mieux comprendre comment les émotions se traduisent en actes *volontaires* (la colère peut nous faire brandir le poing; le contentement nous donne envie de sourire) et, dans l'autre sens, comment les actes volontaires peuvent susciter des sentiments (le simple fait de brandir le poing peut rendre agressif; tenir un crayon entre les dents en évitant de le toucher avec les lèvres amène à contracter les muscles du visage comme pour sourire et déclenche un sentiment joyeux). Ainsi, plus la recherche avance, plus le traitement de l'information par le cerveau se révèle précis et spécifique.

Dès lors, existe-t-il, comme Ryke Geerd Hamer l'affirme, des structures cérébrales capables d'intégrer avec la même précision les émotions et les réactions *involontaires* des différents organes ? La question n'est pas dénuée de sens. Cependant, en admettant qu'un jour de telles structures puissent être mises en évidence, cela ne prouverait pas encore leur implication dans la genèse des maladies. Pour y parvenir, il faudrait démontrer l'existence des «foyers» et des «relais» cérébro-viscéraux décrits par la Médecine Nouvelle Germanique*.

«Vous allez me rétorquer que tout cela tient davantage de la science-fiction que de la "vraie science" écrivait mon correspondant biologiste en conclusion de sa lettre. Mais vous le savez aussi bien que moi : habituellement, la science-fiction n'est qu'une science un peu en avance sur son temps. Souvent, la curiosité de certains chercheurs finit par nous faire passer de la fiction à la réalité ! »

Espérons donc que la curiosité scientifique incitera bientôt des chercheurs à se pencher sérieusement sur les théories hamériennes. Espérons aussi que, dans un futur proche, les défenseurs de ces théories cesseront de propager ce qu'ils considèrent comme une science pour consacrer leur temps et

---

* Voir chapitre 3, p. 106-109.

leur argent à la recherche. Car, avant d'enseigner une science, il est indispensable de prouver sa pertinence.

Démasquer les illusions

Lorsque j'ai commencé à consulter en tant que psychothérapeute, j'ai été séduit par l'enseignement de certains théoriciens de la psychosomatique, dont faisait partie Ryke Geerd Hamer. Ceux-ci apportaient des réponses aux questions que je me posais face à des cas « étranges » où le psychisme semblait très impliqué dans la genèse des maladies du corps. Je trouvais alors dans l'histoire des personnes que j'accompagnais une série de faits qui s'accordaient parfaitement avec les principes enseignés dans les théories psychosomatiques. Cette concordance était parfois tellement évidente que je ne doutais absolument pas du bien-fondé de mes raisonnements. Avec le recul, à la lumière de ce que nous venons d'explorer ensemble, je suis forcé d'admettre que mon enthousiasme était synonyme d'imprudence. Je constate que cette imprudence est manifestée par de plus en plus de thérapeutes, un nombre croissant de médecins et beaucoup de patients. Persuadés de pouvoir guérir par la seule force du psychisme, ceux-ci refusent de recourir à toute forme de traitement autre que psychologique. C'est regrettable, car certains malades atteints de pathologies graves finissent par mettre leur vie en danger.

Ainsi, j'ai rencontré des patients atteints d'un cancer avec des métastases, complètement affaiblis par la maladie, désolés de s'être laissé aveugler par un fantasme de toute-puissance qui n'était, en fait, qu'une illusion. « Si j'avais su..., témoigne Kristin, une femme de cinquante ans hospitalisée pour un cancer du sein métastasé à la peau, aux os et au cerveau. Au moment du diagnostic de ma tumeur, celle-ci était au tout début de son évolution ; on pouvait encore espérer sa guérison. J'ai cru qu'en comprenant le conflit émotionnel supposé être à son origine, je pourrais faire disparaître la maladie. Je réalise aujourd'hui mon manque d'humilité. Dès le début, mes enfants ont tenté de me convaincre d'accepter l'opération et la chimiothérapie. Je ne les ai pas écoutés. Au contraire, je les ai traités avec mépris, persuadée qu'ils manquaient de spiritualité et qu'ils étaient aveuglés par leur matérialisme. Aujourd'hui, je comprends que l'aveugle, c'était moi. Je me suis trompée. Les douleurs que j'endure me le rappellent à chaque instant. Quelle leçon de vie ! Mon ego est cassé. J'apprends l'humilité. À quel prix ! »

Le fait que la croyance en une origine exclusivement psychologique des maladies se répande largement dans nos sociétés modernes oblige à en dénoncer le manque de réalisme et les dangers. En même temps, on ne peut pas nier qu'il existe des cas où le lien psychosomatique paraît évident ; le « sens biologique » de l'affection-*disease* concorde alors parfaitement avec le « sens symbolique » du malaise-*illness**, et la réalité matérielle du corps semble traduire fidèlement la réalité psychique de ce que nous appelons l'esprit. La science n'explique pas (encore) clairement ce qui se produit dans ces situations ; cependant, cela ne doit pas nous empêcher d'en témoigner, ni de continuer à nous poser des questions. Car c'est dans l'étrangeté de certaines expériences que l'on peut sonder la complexité de nos manières de penser, démasquer les pièges de nos raisonnements et éprouver les limites de nos croyances. Je vous propose donc de nous égarer loin des sentiers balisés par la science afin de nous laisser interpeller par des faits encore mal compris et pourtant régulièrement rencontrés dans la pratique thérapeutique.

* Les notions de « sens biologique » de l'affection-*disease* et de « sens symbolique » du malaise-*illness* sont abordées au chapitre 1, p. 52-54.

5

S'égarer

Le poids de l'évidence

« La recherche a perdu tout contact avec la clinique. Pour le chercheur, il ne peut être envisageable d'entendre ce que les cliniciens racontent de leurs observations au cas par cas. [...] L'état des relations entre les cliniciens et les chercheurs est strictement le même que celui entre parents et adolescents en crise. Les cliniciens savent des choses, constatent des liens et travaillent avec leurs patients, qui eux aussi notent bien qu'il n'y a pas tant de hasard que cela entre l'apparition d'un trouble somatique ou d'une poussée d'une maladie chronique et l'intensité de leurs problématiques intrapsychiques. Les adolescents considèrent leurs parents comme totalement dépassés par rapport au monde du réel. Les chercheurs n'arrivent à démontrer que peu de choses qui puissent nous être utiles en pratique clinique. Mais nous n'attendons rien d'eux, juste qu'ils nous laissent travailler comme toujours et élaborer des modèles théoriques sans la nécessité de la preuve. Les chercheurs s'enferment dans l'idée qu'ils peuvent travailler sans nous, ce qui est vrai ! Mais cette option n'a pas fait preuve d'une grande efficacité dans ce qui est des résultats de leurs recherches[1]. »

Ces propos, tenus par le psychiatre français Michel Dousse, résument bien l'agacement de certains thérapeutes, médecins, psychanalystes ou psychologues, face aux conclusions scientifiques qui minimisent l'importance du lien psychosomatique. Le fossé qui sépare la théorie de l'expérience est parfois immense. La tentation du scientifique est alors de nier la véracité des faits sous prétexte que ceux-ci ne s'expliquent pas à l'aide des acquis de la science. Pourtant, « quand le fait que l'on rencontre ne s'accorde pas avec une théorie régnante, il faut accepter le fait et abandonner la théorie[2] », écrivait déjà Claude Bernard au XIXe siècle. L'absence d'une théorie psychosomatique solide et validée scientifiquement ne devrait donc pas nous empêcher de poursuivre l'observation des symptômes de nos maladies en dehors de tout préjugé. Avec curiosité et humilité.

La logique du symptôme

Force est de constater que les manifestations du corps ne se produisent pas par hasard. Nous ressentons la faim : il s'agit là d'un signal d'alarme généré par notre cerveau en réponse à une diminution de nos réserves énergétiques afin de nous inciter à nous alimenter avant que l'épuisement ne nous en empêche. Nous avons soif : notre cerveau nous informe de la nécessité de reconstituer nos réserves d'eau avant qu'il ne soit trop tard. Nous sommes fatigués : il s'agit également d'un message venant du cerveau, destiné à nous obliger au repos afin de régénérer nos tissus et de récupérer nos forces. Nous éprouvons une douleur : c'est encore notre cerveau qui nous avertit de l'existence d'une blessure ou d'une maladie et nous force à l'immobilité afin de ne pas aggraver la situation. Nous transpirons : c'est une manière d'évacuer un trop-plein de chaleur. Nous frissonnons : c'est un moyen d'augmenter la température de notre corps. Nous éternuons : c'est un spasme réflexe, permettant d'expulser un corps étranger qui s'est introduit dans nos cavités nasales. Nous toussons : c'est encore un spasme réflexe, qui permet de chasser un corps étranger ou d'évacuer un excès de mucus hors de nos voies respiratoires. Nous vomissons : c'est toujours un spasme réflexe, déclenché afin de rejeter un aliment toxique avant qu'il n'empoisonne notre organisme. Nous évacuons des selles diarrhéiques : c'est le meilleur moyen d'éliminer l'eau contaminée par un microbe ou par un déchet toxique avant qu'elle ne soit réabsorbée par la muqueuse du côlon. Nous subissons une poussée de fièvre : celle-ci favorise la destruction des microbes et des virus. Nous nous évanouissons : cela nous permet d'éviter de vivre un événement trop stressant ou de simuler la mort face au prédateur[3].

Il existe donc bien une logique biologique des symptômes. Chez l'être humain, elle ne répond pas seulement à des impératifs d'ordre matériel ; elle est aussi soumise à des influences d'ordre psychologique. Par exemple, nous ne mangeons pas toujours en réponse à une diminution réelle de nos réserves énergétiques ; parfois, nous engloutissons de la nourriture dans le seul but de compenser un manque affectif. Le fait d'associer l'amour à une ressource alimentaire indispensable pour notre survie nous incite alors à manger plus que notre corps n'en a besoin. De la même manière, nous ne toussons pas toujours pour chasser un corps étranger hors de nos voies respiratoires, mais parfois pour nous débarrasser d'une personne envahissante ou évacuer une angoisse qui nous « prend à la gorge ». Il peut aussi nous arriver de vomir pour « recracher une nouvelle ou un fait qui nous reste sur l'estomac », ou encore de déclencher une diarrhée incoercible pour « expulser une merde que nous ne pouvons pas digérer ». Symboliquement, l'information psychique équivaut à l'information physique. Les effets qu'elle provoque sur le corps sont alors les mêmes que ceux produits par des éléments matériels. Il existe donc des situations où le « sens symbolique » concorde parfaitement avec le « sens biologique » et vice versa*. Du coup, une émotion, un sentiment, une pensée apparemment virtuelle et impalpable finit par s'exprimer physiquement d'une manière très concrète. Très précise, aussi.

L'un de mes confrères, chirurgien abdominal, a pu s'en rendre compte lorsque, appelé au chevet d'un malade pour décider d'une date d'opération, il a pris le temps d'interroger le patient en profondeur. L'homme, âgé d'une quarantaine d'années, souffrait d'une constipation chronique depuis l'enfance. Un bilan avait conclu à l'existence d'une décompensation du côlon entraînant une inertie et une dilatation de l'organe. Aucun traitement médical ne parvenait à améliorer la situation. Il fallait donc envisager une colectomie totale (ablation complète du gros intestin). À l'interrogatoire, le patient situa le début de sa constipation au moment où, âgé de treize ans, il était entré à l'internat. Dégoûté par l'état des toilettes, il préférait alors retenir ses selles jusqu'au samedi, lorsqu'il revenait chez ses parents. Étonné par ce détail, le chirurgien affirma qu'il était impossible pour un enfant de treize ans de ne déféquer qu'une seule fois par semaine, à moins d'y être entraîné depuis la petite enfance. Le patient éclata alors en sanglots. Car le praticien avait vu juste : sa constipation avait débuté beaucoup plus tôt, à l'âge de sept ans, à la suite d'un abus sexuel commis par son oncle et nié par sa mère. L'enfant s'était senti sali et trahi, humilié. Il avait décidé de se replier sur lui-même et de « ne plus rien livrer aux autres » ; c'était sa manière de préserver son intégrité, sa façon de survivre à l'atrocité. Devenu adulte, jamais il n'avait établi de lien entre sa constipation et le traumatisme vécu dans son enfance. Pourtant, un travail psychothérapeutique l'aida à pardonner à son oncle abuseur. Peu de temps après qu'il eut manifesté son pardon par une visite sur la tombe de ce dernier,

* Les notions de « sens biologique » de l'affection-*disease* et de « sens symbolique » du malaise-*illness* sont abordées au chapitre 1, p. 52-54.

ses ballonnements et ses douleurs abdominales s'améliorèrent significativement. À ce jour, si son côlon garde des séquelles importantes, il a pu échapper à une intervention chirurgicale. Et, surtout, il vit débarrassé d'un immense poids de souffrances physiques et psychologiques.

Parfois, le « sens biologique » de l'affection-*disease* s'accorde avec le « sens symbolique » du malaise-*illness* selon une logique qui apparaît clairement en lien avec les réflexes de survie de l'individu et, plus largement, avec les adaptations évolutives de son espèce. Ainsi, lorsque je pratiquais la chirurgie urologique, je rencontrais de nombreux patients qui se plaignaient d'éjaculation précoce. Chaque fois, ce symptôme ruinait leur sexualité. Ils vivaient un véritable drame, une situation d'échec. Pourtant, dans le monde animal, le fait d'éjaculer rapidement est plutôt la règle. Et pour cause : l'acte sexuel est un moment de grande vulnérabilité, laissant les partenaires sans défense et beaucoup moins vigilants à la présence d'éventuels prédateurs. Il convient donc d'en finir vite. Seules les espèces ayant peu d'ennemis peuvent se permettre de prendre du temps pour s'accoupler. Les humains font partie de ces espèces privilégiées ; néanmoins, s'ils ne se sentent pas en sécurité, si l'acte sexuel est pour eux une source de stress, l'éjaculation précoce constitue une réponse tout à fait appropriée à la situation. Le « sens biologique » du symptôme correspond alors au « sens symbolique » que le patient peut lui attribuer. Rassurés par le caractère biologique de cette explication, bon nombre de mes patients éjaculateurs précoces acceptaient de réfléchir aux causes de leur stress psychologique et, bien souvent, ils finissaient par venir à bout de leur « handicap ».

Des grilles de lecture symbolique

Ainsi, une série de réflexes très anciens, en lien avec la survie des individus, engendrent des symptômes « fonctionnels » qui constituent autant de messages pleins de sens, quelle qu'en soit la cause physique ou psychologique. À partir de cette constatation, certains thérapeutes n'hésitent pas à conclure que la logique des symptômes s'applique à *toutes* les manifestations corporelles. Pour eux, il existe *toujours* une concordance entre le «sens biologique» et le «sens symbolique» des pathologies. Je me souviens d'une femme qui était persuadée de ce que la congestion nasale dont elle souffrait était la conséquence de son aversion contre son employeur. «Lorsqu'on ne veut pas sentir quelque chose ou quelqu'un, me dit-elle, on se bouche le nez. Ma congestion nasale produit le même effet.» La conclusion est sans doute un peu hâtive, mais qui sait? De la même manière que l'on peut développer une rhinite allergique vis-à-vis d'une substance particulière, on peut peut-être manifester une réaction nasale congestive vis-à-vis d'une personne spécifique. Le pouvoir de la pensée est une réalité. Ainsi, des cas d'allergie ont déjà été observés à la suite de simples suggestions, sans la moindre présence de l'allergène[4]. Néanmoins, conclure que *toutes* les congestions nasales sont destinées à nous protéger de ceux que l'on ne «peut pas sentir» paraît manquer de nuance et de subtilité.

Ce genre de raccourcis constitue pourtant la base de plusieurs grilles de lecture symbolique des symptômes actuellement très en vogue[5]. Celles-ci nous proposent un décodage psychologique des problèmes physiques fondé sur des constatations empiriques. Lorsqu'on en examine le contenu, on constate que leurs déductions sont souvent en rapport avec l'utilité des différentes parties du corps et la fonction des différents organes qui le constituent. Par exemple, dans la plupart des grilles de lecture symbolique, les maux du genou sont considérés comme la conséquence d'une difficulté à «se mettre à genoux», d'un manque d'humilité, d'une inflexibilité, ou d'une incapacité à rebondir pour réorienter sa vie[6]. Les maladies d'un organe complexe comme le foie sont, quant à elles, attribuées à la dégradation de ses fonctions métaboliques et immunitaires, dont la finalité est traduite en termes psychologiques. Ainsi, d'après les différentes grilles de lecture symbolique des symptômes, le foie a plus ou moins de mal à éliminer les toxines et à rester en bonne santé selon que l'on parvient ou pas à bien définir ses limites, à distinguer ce qui est bon ou mauvais pour soi, à ne pas « se laisser empoisonner » par les autres, à rester en contact avec ses besoins essentiels, à exprimer sainement sa colère, sans la retourner contre soi sous forme de honte ou de culpabilité, sans non plus agresser autrui, mais simplement en affirmant qui on est[7].

Un examen attentif des grilles de lecture des symptômes permet aussi de constater que celles-ci sont influencées par la culture dans laquelle elles sont échafaudées. Dans certains cas, les théories élaborées dans une culture particulière se propagent aux autres cultures, créant une sorte de consensus symbolique des maladies. Ainsi, par exemple, plusieurs grilles de lecture des symptômes produites récemment en Occident associent la colère aux maladies hépatiques. Or cette association de la colère au foie existe depuis des millénaires dans les préceptes de la médecine chinoise[8].

Dans d'autres cas, des divergences culturelles peuvent engendrer des contradictions et des confusions qui alimentent d'interminables débats entre spécialistes. Le plus bel exemple est sans doute celui de la symbolique des latéralités du corps. Dans la tradition occidentale, le côté droit est relié à l'action, à la raison et à l'archétype masculin du père ; le côté gauche est associé à la contemplation, à l'intuition et à l'archétype féminin de la mère. Cette manière de penser s'accorde parfaitement avec la physiologie, puisque le côté droit du corps est commandé par l'hémisphère cérébral gauche, plus rationnel, tandis que le côté gauche est sous l'influence de l'hémisphère cérébral droit, plus intuitif. Certains thérapeutes férus de symbolique corporelle attribuent donc les problèmes physiques survenant au niveau du côté droit à des conflits psychologiques en lien avec le rapport au père ou à toute forme d'autorité et, inversement, ils considèrent que les affections localisées du côté gauche sont la conséquence de soucis domestiques et intimes évoquant une relation plus maternelle aux événements. Néanmoins, en pratique, plusieurs thérapeutes affirment observer tout le contraire. Pour eux, les symptômes localisés du côté gauche révèlent des problèmes en lien avec la masculinité et ceux du côté droit sont causés par des difficultés en rapport avec des problématiques plus féminines. En cela, ils rejoignent les enseignements de la médecine chinoise, qui relie le côté gauche du corps au yang – énergie d'action plutôt masculine – et le côté droit au yin – énergie passive et plus féminine. La contradiction est donc de taille et, de ce fait, on peut s'interroger sur la validité de telles théories.

Pour Philippe Dransart, médecin homéopathe et auteur d'un ouvrage intitulé *La maladie cherche à me guérir*, cette contradiction n'est qu'apparente. À condition, toutefois, de considérer les faits derrière leurs apparences. En effet, la théorie psychanalytique nous a appris que le conscient ne répond pas aux mêmes règles que l'inconscient. Carl Gustav Jung, par exemple, insistait sur le fait que l'homme porte en lui une part féminine, de la même manière que la femme abrite en elle une part masculine. La sagesse taoïste nous enseigne la même chose en affirmant qu'il y a du yin dans le yang et du yang dans le yin. Dransart pense donc que, dans le domaine du conscient, le côté droit du corps correspond effectivement à l'archétype masculin de l'action et de la raison, tandis que le côté gauche traduit plutôt l'archétype féminin de la contemplation et de l'intuition. En revanche, dans le domaine du non-conscient – celui que la maladie vient exprimer et révéler au conscient –, c'est le contraire qui se produit : les symptômes du côté droit démasquent la part féminine de l'individu ; ceux du côté gauche manifestent sa part masculine et tous les problèmes en rapport avec l'action, l'image paternelle et les symboles de l'autorité[9].

Pour qui souhaite écouter

Sans adhérer à ces théories un peu trop alambiquées pour être soumises à l'analyse rationnelle et scientifique, il paraît évident qu'un certain nombre de symptômes dépendent de la manière dont nous utilisons notre corps. Or les attitudes et les mouvements de notre corps sont conditionnés par notre psychologie. Il n'est donc pas étonnant de rencontrer des personnes épuisées et souffrant de douleurs dorsales après avoir « trop poussé dans la vie » ou « trop porté les autres ». Celui qui déclare « j'en ai plein le dos » ne le fait pas gratuitement. Pour s'en persuader, il suffit de le regarder marcher, penché en avant comme pour attraper un objet invisible qui lui échappe, ou de le voir les épaules relevées, les mâchoires serrées et les muscles lombaires contractés, comme pour résister à la charge d'un poids écrasant.

Il est important de prendre conscience de nos mauvaises habitudes « psychocorporelles », car il faut pouvoir les modifier afin d'éviter l'usure qui fragilise notre corps. La même chose se produit pour une série d'habitudes alimentaires ou de dépendances envers des substances toxiques. « On mange comme on pense », a l'habitude de dire mon ami Raghubir Sangh, médecin indien, spécialiste de l'ayurvéda*. J'ajouterais que l'on ne consomme pas de drogue ou d'alcool sans raison. Les dégâts corporels engendrés par ces addictions sont autant de signes d'une détresse psychologique profondément inscrite dans la chair. Ignorer cette réalité psychocorporelle revient à se priver de l'espoir de soulager la souffrance, tant physique que psychique.

Il faut donc écouter le corps ; il raconte tant de notre âme. Cependant, on a beau savoir l'importance d'être attentif aux signes du corps, on a beau avoir vécu leurs avertissements dans notre propre chair, il n'est pas facile d'éviter le piège de la surdité. On croit avoir compris les messages. On pense avoir tiré les leçons. Et, pourtant, humilité est de constater que l'on a bien du mal à se débarrasser de nos vieux schémas de pensée.

* Je parle longuement de Raghubir Sangh, médecin ayurvédique, dans *La Solution intérieure : vers une nouvelle médecine du corps et de l'esprit, op. cit.*

Très vite, on reprend nos anciennes habitudes. On oublie d'écouter *le corps que nous sommes**. On omet de s'écouter.

Je me rappelle mon inconfort psychologique et physique lorsque, après avoir passé plus de dix années à pratiquer la chirurgie en milieu universitaire, j'ai commencé à me sentir à l'étroit dans mon existence. Ma manière de vivre n'était plus cohérente avec mes aspirations les plus profondes. J'étais nerveux, irritable, contracté, stressé. Et pourtant je continuais à opérer, à enseigner et à effectuer des recherches en laboratoire, dix à douze heures par jour, week-ends compris, comme si tout allait bien. Je vivais une tension intense que mon corps semblait supporter même si, émotionnellement, je souffrais chaque jour un peu plus. Et puis, un matin, je constatai la présence de plaques d'eczéma sur mon visage. Puis sur mon dos. Et, finalement, sur tout mon corps. « Tu dois être bien mal dans ta peau », me dit, sur le ton de la boutade, un ami dermatologue dont l'épouse était psychanalyste. Quelques semaines plus tard, je me réveillai les yeux rouges et gonflés. Un autre de mes amis, ophtalmologue, diagnostiqua une conjonctivite. « Qu'est-ce que tu refuses de voir dans ta vie ? » me demanda-t-il. À l'époque, je n'entendis pas les remarques et les questions de ces deux médecins. J'étais à mille lieues de penser que, moins d'un mois après, je mettrais un terme à ma carrière chirurgicale. Pour rétablir la cohérence perdue, m'avouai-je à moi-même. Pour me donner la liberté d'être celui que je n'avais pas encore découvert. Pour naître. Ou renaître.

Avec un peu de recul, j'ai compris la pertinence des symptômes que mon corps avait manifestés. Car, de toute évidence, j'avais été très mal dans ma peau et j'avais passé beaucoup de temps à refuser de voir que j'étais le seul à pouvoir apporter une solution à mon mal-être. Eczéma et conjonctivite avaient donc du sens. Pour moi, tout au moins. Cependant, dans

* Avoir un corps ou être ce corps. La question est débattue au chapitre 2, p. 67-68.

le contexte où j'avais vécu, d'autres symptômes auraient pu, eux aussi, avoir un sens. En fait, n'importe quel signe physique aurait pu être interprété comme un message destiné à me faire prendre conscience de mes frustrations et de mon besoin de cohérence. Par exemple, si ma fatigue et mon stress m'avaient entraîné à commettre une imprudence dont la conséquence aurait été une fracture du bras, un ami orthopédiste m'aurait peut-être demandé pour quelle raison je me coupais le bras. Et, si je m'étais cassé la jambe, il aurait pu me demander pourquoi je refusais d'avancer. Ses questions auraient eu le même impact que celles de mes amis dermatologue et ophtalmologue. À condition, toutefois, que j'accepte d'y apporter une réponse ; que je souhaite, enfin, *écouter la signification* de mon inconfort. Je devrais plutôt dire : que je souhaite *donner un sens* à mon inconfort. Nous verrons plus loin que cette nuance a son importance*.

En mettant un terme à ma carrière chirurgicale, je me jurai de ne plus jamais oublier qui j'étais, de toujours respecter mes besoins essentiels. Je connus alors une période de profond bien-être. Mon eczéma et ma conjonctivite disparurent pour ne plus jamais réapparaître. Ce ne fut, hélas, pas le cas de ma tendance à dépasser mes limites et à travailler trop. Huit ans après avoir quitté l'hôpital, j'avais publié deux ouvrages, je prononçais beaucoup de conférences et je recevais un grand nombre de patients en consultation. Inévitablement, je vécus à nouveau l'inconfort, le stress et la tension. Je redevins triste et irritable. Une douleur à l'épaule droite m'incita alors à consulter un acupuncteur. « C'est votre foie, me dit-il. Auriez-vous une bonne raison d'être en colère ? » Quelques minutes après la séance d'acupuncture, je ressentis de violentes douleurs dans le flanc gauche, causées par l'élimination de petites pierres dans les urines. Forcé d'arrêter mes activités pendant plusieurs jours, je réalisai combien je manquais de temps et d'espace dans ma vie.

---

* Voir chapitre 7.

Cette prise de conscience provoqua chez moi une immense colère. Je souhaitais écrire *La Solution intérieure* et j'étais fâché contre moi-même de ne pas m'offrir l'occasion d'y parvenir. Je décidai donc de consacrer quelques mois à ce projet. La douleur à l'épaule disparut. Depuis, elle se manifeste encore de temps à autre, lorsque je ne respecte pas mon besoin de temps et d'espace. La théorie chinoise qui associe le foie et la colère n'était donc pas dénuée de sens. Pour moi, faut-il préciser à nouveau. Car il est très possible que, dans le contexte de frustration où j'étais, une autre théorie m'aurait également aidé à identifier la cause de mon mal-être. Par exemple, un thérapeute aurait pu me dire que ma douleur à l'épaule était due au fait que je portais trop de choses dans ma vie, et que cette douleur se situait du côté droit parce que je niais les besoins de ma part féminine, mon aspiration à la passivité, mon inclinaison à la contemplation et ma capacité à l'intuition. Cette affirmation aurait eu, elle aussi, tout son sens.

Quoi qu'il en soit, le message de ces différentes expériences n'a pas suffi à préserver mon bien-être puisque, peu de temps après la parution de *La Solution intérieure*, je suis retombé dans le piège de l'hyperactivité. Trois semaines de conférences à travers le Québec finirent par épuiser mes réserves, déjà bien entamées par une année consacrée à en donner un peu partout en Europe. Je prononçai donc une dernière conférence, à Laval, pratiquement aphone. Et, à peine rentré en Belgique, je tombai malade, terrassé par une grippe qui me cloua au lit durant quinze jours. « Tu n'as pas respecté tes besoins », me fit remarquer mon ami Raghubir Sangh. Fort de sa science ayurvédique, il m'expliqua que mon extinction de voix était la conséquence d'un dysfonctionnement du cinquième *chakra*, le *chakra* de la gorge, en lien avec la conscience des besoins. « C'est par là que l'on avale la nourriture, c'est par là que l'on engouffre l'air, me dit-il. C'est la gorge qui permet d'appeler à l'aide et de dire son manque. C'est elle qui s'ouvre lorsqu'on bâille à cause de la faim, de la fatigue ou de l'ennui. »

Cette explication ayurvédique n'est pas dépourvue de sens. Elle « colle » même assez bien avec la réalité de mon expérience. Néanmoins, ici aussi, il faut pouvoir relativiser la véracité de la théorie proposée. En effet, on peut aussi attribuer la faiblesse de ma voix à un usage trop intensif de mes cordes vocales, dans des conditions climatiques inhabituelles et un contexte de grande fatigue. Ce qui est, remarquons-le, une autre manière d'exprimer le fait que je n'ai pas respecté mes besoins. « Le corps finit toujours par dire *la* vérité, commente Raghubir. Peu importent les mots que nous utilisons pour la traduire dans *nos* vérités. »

Quant à la grippe dont j'ai souffert au retour du Québec, on peut imaginer, démonstration psycho-neuro-endocrino-immunologique à l'appui*, que le virus qui en était responsable a bénéficié pour se développer de circonstances particulièrement favorables, créées par le stress et la fatigue. Cependant, il paraît tout à fait possible qu'en une autre saison la tension et l'épuisement m'aient exposé à d'autres ennuis, par exemple à un accident ou à une dépression. Ainsi, que les messages du corps soient symboliques ou pas, ils expriment une réalité que nous ne pouvons pas ignorer. Un langage qu'il faut écouter. Il semble donc important de faire ce que j'écris (écouter et respecter le corps) et surtout pas ce que je fais (croire que l'on peut dépasser les limites du corps) !

De troublantes constatations

On voit à travers le récit de ces quelques expériences personnelles que nos symptômes sont interprétés en fonction du contexte dans lequel ils surviennent**. Et, dans un contexte particulier, des symptômes différents peuvent recevoir la même

* Voir chapitre 4.

** Nous avons vu (chapitre 4, p. 143-145) qu'en biologie le sens naît de la rencontre entre un fait et un contexte particulier.

interprétation. Comme si, à l'occasion d'une souffrance physique, une problématique psychologique sous-jacente cherchait à être conscientisée, verbalisée et communiquée à tout prix. Cela ne prouve absolument pas que cette problématique psychologique soit la cause réelle du symptôme. Le sens attribué à la maladie ne révèle pas forcément sa cause. Car l'*interprétation* d'un fait n'équivaut pas forcément à son *explication*. Même si, dans certains cas, la valeur symbolique de ce fait traduit parfaitement la signification du contexte dans lequel il se produit.

Une hernie lombo-sacrée

Depuis l'âge de vingt ans, Michael fait des affaires. Des affaires prospères qui lui permettent de vivre confortablement, entouré de son épouse et de ses trois enfants, dans un petit manoir de la région parisienne. La vie est belle. Sauf que, professionnellement, ce n'est pas tous les jours facile. « Récemment, j'ai dû batailler ferme pour décrocher un gros contrat, me dit-il. À un moment des négociations, mon associé, qui était aussi mon meilleur ami, m'a trahi. Ce fut un coup dur. Mais, finalement, j'ai remporté cette guerre ! » Michael éprouva alors une grande satisfaction. Pas longtemps, hélas, car, le lendemain de la signature du contrat, il ressentit subitement une douleur vive dans le bas de son dos. Un scanner de la colonne lombo-sacrée permit de diagnostiquer une hernie discale entre la cinquième vertèbre lombaire et le sacrum. Décidé à échapper à une intervention chirurgicale, il consulta un ostéopathe.

D'emblée, le thérapeute lui demanda ce qu'il vivait de « sexuellement difficile ou honteux ». Michael n'en crut pas ses oreilles. « L'ostéopathe avait visé en plein dans le mille. Car, depuis mon mariage, je vis un enfer. J'ai une double vie. J'aime mon épouse mais je suis aussi attiré par des hommes. Cette situation est intenable. D'autant plus qu'il y a quelques mois je suis tombé amoureux d'un garçon. »

Refusant de se confier à l'ostéopathe, Michael s'adressa à un masseur ayurvédique. Celui-ci lui expliqua que la région lombo-sacrée était le siège du second *chakra*, le *chakra* de la sexualité et de la créativité. « Connaissez-vous des difficultés d'ordre sexuel ? lui demanda le masseur. Votre volonté est-elle contrariée ? » Ces mots rejoignaient ceux de l'ostéopathe. La « coïncidence » était troublante. Cependant, à nouveau, Michael esquiva la question.

Ébranlé, il décida alors de consulter un thérapeute spécialisé en « décodage psychobiologique » des maladies. Ce dernier lui affirma que les hernies lombo-sacrées sont généralement la conséquence de « conflits de dévalorisation sexuelle » ou de « coups bas qui sapent à la base et provoquent un sentiment de trahison[10] ». Cette fois, il ne pouvait plus s'agir d'un hasard. Non seulement l'explication du thérapeute concordait avec la problématique sexuelle de Michael, mais en plus elle décrivait parfaitement le sentiment de coup bas et de trahison qu'il venait d'éprouver.

Convaincu d'avoir affaire à des « sorciers maléfiques », Michael retourna voir le neurochirurgien qui avait diagnostiqué sa hernie. En entendant ses explications psychosomatiques, le médecin leva les yeux au ciel et s'exclama : « Vous n'allez tout de même pas croire à ces élucubrations de charlatans ! Ne me dites pas que vous souhaitez à tout prix mêler le psychologique à cette malheureuse affaire de hernie. Tout au plus peut-on imaginer que la tension musculaire due à votre stress a entraîné un mauvais positionnement de votre colonne vertébrale et, du coup, une fragilité de la jonction lombo-sacrée. De là à échafauder des théories sur une sexualité difficile ou un sentiment de trahison, c'est absolument ridicule ! »

Sauf que, pour Michael, les explications des thérapeutes avaient du sens. « Précisément le sens que j'aimerais donner à ma souffrance, me confia-t-il. En effet, si je pouvais solutionner mon ambiguïté sexuelle, je serais le plus heureux des hommes. Et si je n'avais pas eu à vivre la trahison de mon associé, je pourrais envisager d'arrêter enfin de me battre. Car, à quarante-cinq ans, je suis fatigué.»

Construction *a posteriori* ou véritable lien psychosomatique ? Devant de telles corrélations, la question peut se poser. Cependant, quelle que soit la réponse, il y a fort à parier que celle-ci ne créerait pas de consensus. Et pour cause : les théories de la symbolique des symptômes continuent à défier l'entendement. Pour ma part, depuis que j'ai entendu le récit de Michael, j'interroge sur leur sexualité tous les patients que je rencontre avec une douleur lombo-sacrée. La plupart du temps, les confidences que je recueille sont truffées de problèmes sexuels. Évidemment, je suis conscient que cela ne veut rien dire. Car qui n'a pas de problèmes avec sa sexualité ? Surtout lorsqu'on lui donne l'occasion d'en parler !

Une alopécie

En science, le scepticisme est une qualité. Néanmoins, parfois, il faut pouvoir se laisser impressionner par la «magie des événements». Il y a quelques années, une mère se présenta à ma consultation accompagnée de sa fille, âgée de douze ans. L'adolescente portait un foulard sur la tête. «Julia n'a plus de cheveux ni de sourcils, m'expliqua la femme. Elle les a perdus une première fois à l'âge de dix-huit mois. À l'époque, mon mari et moi nous disputions tout le temps. Les cheveux de Julia ont repoussé peu après son troisième anniversaire. Puis elle les a perdus une seconde fois, à l'âge de neuf ans. Mon mari voulait nous emmener vivre à l'étranger. Je n'étais pas d'accord. Finalement, il est parti seul. C'est à ce moment-là que Julia a reperdu ses cheveux. Depuis, ils n'ont pas repoussé.»

Au cours de cette première rencontre, tout à coup la maman de Julia déclara que, pour elle, l'alopécie de sa fille n'était pas un problème. «Je la trouve très jolie comme elle est, me dit-elle. D'ailleurs, lorsque j'étais enceinte, je rêvais d'avoir un bébé chauve. J'avais tapissé les murs de ma chambre de photos de beaux nourrissons joufflus, sans un cheveu sur la tête.» L'alopécie de Julia était-elle un moyen pour elle de «rester le bébé de sa maman»?

L'hypothèse ne paraissait pas complètement insensée. En effet, depuis que Julia avait perdu ses cheveux pour la seconde fois, ses parents avaient divorcé. «Mon mari et moi nous sommes finalement décidés à nous séparer, me dit la mère. Nous aurions dû le faire depuis longtemps mais nous n'osions pas, pour Julia. Et puis, un jour, en lisant son journal intime, nous avons découvert que notre enfant souffrait de notre mésentente. En fait, elle souhaitait notre séparation. La décision fut donc plus facile à prendre. Mon mari a fait sa vie à l'étranger. Moi, j'ai gardé ma fille.» L'alopécie de Julia semblait donc révéler une souffrance. Une peur, aussi. Car, chaque fois que ses parents avaient traversé une crise importante, elle avait perdu ses cheveux. Et, depuis la séparation du couple, elle entretenait une relation fusionnelle avec sa mère. Sans un cheveu sur la tête, comme les beaux bébés chauves des fantasmes de sa maman.

Ce récit, presque trop beau pour être vrai, pourrait constituer une interprétation anecdotique s'il n'était pas corroboré par d'autres cas d'alopécie eux aussi en rapport avec une crainte de la séparation et de la perte. Ainsi, Brian Broom, professeur d'immunologie et responsable du programme d'enseignement post-gradué de Mind-Body Healthcare à l'université d'Auckland en Nouvelle-Zélande, raconte qu'il a commencé à soupçonner l'intervention de problèmes de séparation et de perte dans l'alopécie lorsqu'il a rencontré un jeune garçon âgé de six ans qui avait perdu ses cheveux, une première fois, à l'âge de deux ans, au moment où il avait dû quitter sa famille d'origine pour être placé dans une famille d'accueil. Par la suite, les cheveux de l'enfant avaient repoussé, jusqu'au jour où, âgé de cinq ans, il avait dû aller à l'école. Il perdit alors tous ses cheveux, très rapidement. N'ayant aucun traitement à proposer, Broom conseilla aux parents adoptifs de l'enfant de consulter un psychothérapeute spécialisé et, au bout de six semaines de thérapie, les cheveux du garçon repoussèrent complètement[11].

L'efficacité d'une psychothérapie centrée sur des problèmes de séparation et de perte dans l'alopécie ne prouve évidemment pas que *toutes* les alopécies sont dues au même genre de cause, ni même que, pour les cas guéris par la thérapie, une séparation ou une perte a réellement été *la* cause de la chute des cheveux. Il est tout à fait possible que les séances de psychothérapie provoquent un effet de suggestion à l'origine de la repousse capillaire. L'intervention du psychothérapeute serait alors comparable à un acte de sorcellerie, pareil à ceux que l'on pratique dans les sociétés traditionnelles. Néanmoins, cette remarque sceptique paraît un peu tirée par les cheveux. De fait, il n'est pas plus « délirant » d'imaginer un conflit émotionnel dû à une séparation ou à une perte comme étant cause de l'alopécie que d'invoquer un effet de suggestion à l'origine de sa guérison. À force de couper les cheveux en quatre, il ne faudrait pas inventer des raisons pour nier certaines évidences, sous prétexte que l'on n'arrive pas à expliquer comment elles peuvent se produire.

Des maladies auto-immunes

L'étrangeté et le mystère font partie de la vie professionnelle de tout thérapeute. Du moins de ceux qui acceptent d'ouvrir les yeux sur l'immensité du « phénomène humain ». Bien entendu, il serait regrettable que, à défaut de parvenir à comprendre certains faits d'une manière scientifique, on recoure d'emblée à des explications psychosomatiques sans fondement. Cependant, il serait tout aussi dommage que, par défiance vis-à-vis des théories psychosomatiques, on refuse d'écouter ce que disent les patients. Car derrière leurs mots se cache une réalité qui, parfois, défie l'entendement mais, toujours, traduit une vérité, *leur* vérité.

La première fois que je pris vraiment conscience de la valeur de cette vérité, ce fut aux États-Unis, face à Patrizia, une jeune femme âgée de dix-neuf ans dont le foie avait été entièrement détruit par une hépatite auto-immune. La maladie s'était déclarée peu de temps avant le décès de son père, un ingénieur en aéronautique qui avait sombré dans l'alcoolisme au point de développer une cirrhose hépatique. Heureusement, Patrizia avait pu bénéficier d'une transplantation du foie. Hélas, deux ans plus tard, elle commença à se plaindre de violentes diarrhées. Une autre maladie auto-immune fut diagnostiquée : une rectocolite ulcéro-hémorragique. « J'en ai assez, écrivait-elle dans son journal intime. Je me fais chier. La vie me fait chier, les autres me font chier. » Patrizia ne croyait pas si bien dire. Ses diarrhées devinrent incoercibles. Elle ne pouvait plus sortir de chez elle tant ses besoins de déféquer étaient imprévisibles, fréquents et urgents. Et, de manière systématique, la situation s'aggravait lorsqu'elle était stressée. Notamment chaque fois qu'elle rencontrait sa mère.

« J'ai passé toute mon enfance à essayer de satisfaire mes parents en jouant les petites filles modèles, me dit-elle. Pendant ce temps, mon père détruisait son foie dans l'alcool et ma mère n'arrêtait pas de nous faire la leçon, à lui et à moi. J'ai supporté tout cela sans rien dire. Tout cela, pour rien ! » Patrizia me raconta aussi qu'elle avait toujours connu son père souffrant de coliques et de violentes diarrhées. « Au point de, parfois, devoir changer de pantalon plusieurs fois par jour, précisa-t-elle. Souvent, ma mère en profitait pour l'humilier. Je la déteste pour cela. Je la déteste aussi parce que je sais qu'à ses yeux je ne serai jamais la fille parfaite dont elle rêvait. Surtout pas à présent que je suis handicapée par cette rectocolite. Tant pis pour elle, il faudra bien qu'elle m'accepte comme je suis ! »

Le message de Patrizia était clair. D'autant plus clair que son corps semblait le traduire mots à maux. Son père avait développé une cirrhose hépatique ; elle avait manifesté une hépatite auto-immune. Son père souffrait de coliques et de diarrhées ; elle subissait les symptômes d'une inflammation intestinale auto-immune. Son père avait été humilié par son épouse ; elle se croyait méprisée par sa mère. Son père avait été emporté par la mort ; elle avait décidé de survivre. Quitte à se détruire pour y arriver.

De nombreuses séances de thérapie avaient été nécessaires avant que Patrizia puisse exprimer sa vérité avec autant d'assurance. Au départ, elle ne disait presque rien. Elle ne parvenait pas à parler de ses sentiments. Son imagination semblait inhibée. Un mot aurait pu résumer la situation : l'alexithymie*. Les maux ne remplacent pas toujours les mots, nous l'avons vu. Néanmoins, dans une histoire comme celle de Patrizia, il paraît difficile de faire l'impasse sur cette hypothèse. D'autant plus que, ayant réussi à exprimer verbalement ses émotions, la jeune femme a connu une réelle amélioration de ses symptômes.

Et pourtant, le doute persiste. Car il ne faut pas se leurrer : lorsqu'un thérapeute rencontre un patient, inévitablement, dès les premiers instants, il échafaude une hypothèse à propos de la problématique qui motive la consultation. Les bons thérapeutes sont particulièrement aptes à écouter entre les mots, à repérer les éléments sensibles d'un discours, à établir des associations entre les différents faits relatés par le patient et à construire un mythe qui restructure l'expérience chaotique de celui qui souffre. En ce sens, les bons thérapeutes possèdent des qualités très semblables à celles des bons guérisseurs**. Selon la théorie psychanalytique, les associations libres et spontanées constituent le meilleur moyen d'accéder au langage de l'inconscient. Cependant, les associations effectuées par le thérapeute ne sont pas forcément les mêmes que celles que pourrait faire le patient. En d'autres mots : l'inconscient du thérapeute ne dit pas forcément la même chose que celui du patient. Le thérapeute doit donc être prudent. Son hypothèse doit rester une hypothèse. Il doit rester à l'écoute du patient jusqu'au bout de ce que celui-ci a à dire. Sinon, son hypothèse devient une théorie. Et une théorie se

* Voir chapitre 4, p. 146-150.
** Voir chapitre 1, p. 42.

transforme souvent en une projection sur la réalité du patient. La manière dont le thérapeute pose ses questions, l'attention plus ou moins importante qu'il prête à certaines réponses, ses insinuations et ses suggestions participent alors à la construction d'une histoire très différente de celle du patient.

Une paralysie

Il n'est pas facile de rester neutre en écoutant quelqu'un nous raconter son histoire. Souvent, nous entendons dans le discours de l'autre des vérités auxquelles il ne semble pas avoir accès. Cela nous paraît terriblement frustrant et nous sommes tentés d'ouvrir les yeux de notre interlocuteur sur ce que nous considérons comme des évidences. C'est précisément ce qu'un bon thérapeute devrait éviter de faire. Surtout s'il souhaite explorer la dimension psychosomatique de ses patients.

Je me rappelle ici Hélène, rencontrée au cours d'un dîner chez des amis. D'emblée, je fus interpellé par la tristesse que l'on pouvait lire dans ses yeux. «Je vis un véritable cauchemar, m'avoua-t-elle. Mon amant a rompu la relation que nous avions, en secret, depuis neuf ans. Une semaine plus tard, je me suis retrouvée paralysée des deux jambes. Une maladie virale ou auto-immune, une sorte de syndrome de Guillain-Barré, disent les médecins. Depuis, j'ai retrouvé une partie de ma mobilité mais je reste très handicapée. Normalement, j'aurais dû récupérer beaucoup plus. Il semble que mon cas soit atypique. J'ai consulté de nombreux spécialistes. Ils sont tous assez perplexes quant à l'évolution de cette maladie.»

Hélène me parla de sa passion pour la montagne. Une passion qu'elle partageait avec son ex-amant. Ensemble, ils avaient gravi de nombreux sommets, un peu partout dans le monde. «L'homme que j'aimais était marié, me dit-elle. Je l'aurais suivi n'importe où. Mais, pour lui, l'effort n'était jamais assez important. Lorsqu'il a voulu m'emmener dans la cordillère des Andes, j'ai refusé. Le sommet qu'il voulait gravir me paraissait au-delà de mes forces. Et puis j'en avais assez. Depuis des années, il me promettait de divorcer et nous en étions toujours au même point. Le drame, c'est que mon refus l'a décidé à me quitter. J'ai cru mourir de chagrin. Je me suis sentie abandonnée. J'étais redevenue la petite fille de dix ans que j'étais à la mort de mon père. C'était affreux.»

En écoutant le récit d'Hélène, j'ai eu beaucoup de mal à ne pas associer sa paralysie à la blessure d'abandon dont elle témoignait. Cependant, je me gardai bien de lui faire part de cette hypothèse. Plus tard dans la soirée, au détour d'une autre conversation, elle me dit, en parlant de son ex-amant : «Il m'a coupé les jambes. Si seulement il pouvait revenir, je crois que j'irais mieux. Je n'en peux plus de porter tout, toute seule. Mes enfants, mes parents, mes amis, et même mon ex-mari. J'aimerais que l'on s'occupe de moi. C'est mon tour d'être portée par les autres.» Ces propos m'apparurent comme une sorte d'aveu caricatural. En effet, quel meilleur moyen pour être porté par autrui que de ne plus pouvoir marcher ?

Depuis cette soirée, Hélène et moi échangeons une correspondance régulière. Je lui ai recommandé de consulter un psychothérapeute pour travailler sur sa blessure d'abandon. Progressivement, elle a compris qu'au lieu de dépendre du soutien d'autrui elle doit apprendre à ne pas s'abandonner et à créer par elle-même ce dont elle a besoin pour vivre heureuse. Cela n'a pas amélioré ses symptômes. En revanche, elle a gagné une autonomie que jamais elle n'avait connue auparavant, même du temps où elle se déplaçait facilement.

Ainsi, les mots et les maux de certaines personnes semblent révéler à la fois la cause et le sens de leur maladie. Comme beaucoup de pathologies, la paralysie d'Hélène est probablement la conséquence de plusieurs facteurs. Cependant, ce qu'elle raconte ne s'apparente pas à une interprétation *a posteriori*. Le choc émotionnel qu'elle a vécu paraît réellement impliqué dans sa paralysie. Et le symbolisme de ses symptômes apparaît comme une expression parfaite de la souffrance psychologique éprouvée peu de temps avant qu'elle perde l'usage de ses jambes. Cette dernière constatation reste, pour moi, la plus intrigante.

Des cancers

Dix années de pratique en tant que psychothérapeute ont suscité chez moi beaucoup plus de questions que dix années passées à exercer la chirurgie. Et pour cause : observer un cancer sur un cliché de scanner, ouvrir le ventre du patient, palper sa tumeur, pratiquer l'exérèse de l'organe malade et refermer la plaie chirurgicale est un ensemble d'actes concrets, posés dans un contexte tangible et prédictible, avec des résultats visibles et quantifiables. Écouter un patient raconter son histoire, l'accompagner dans l'expression de ses émotions, sonder les abîmes de son inconscient et l'aider à alléger sa souffrance constitue une aventure bien moins certaine. Lorsque celle-ci mène aux confins des territoires psychosomatiques, l'incertitude fait place au doute, voire à la confusion.

Que faut-il penser de l'histoire de Pierre, un étudiant en médecine chez qui un cancer de l'estomac a été diagnostiqué trois mois après la mort de son frère aîné ? Je me souviens qu'à l'époque je ne savais pas très bien comment réagir devant la détresse d'autrui, surtout quand il s'agissait d'un compagnon de cours. Pourtant, je pris mon courage à deux mains et je lui rendis visite chez lui. C'était quelques jours avant son décès. Je n'avais alors aucun intérêt pour les théories psychosomatiques. Je n'en connaissais tout simplement pas l'existence. C'est donc sans aucune arrière-pensée que je demandai à Pierre quel avait été pour lui l'événement de son existence le plus difficile à vivre. Sans hésiter, il me répondit que c'était la mort de son frère. « Tu sais, il s'est suicidé, m'avoua-t-il. Je ne l'ai jamais digéré. Je ne le digérerai jamais. »

Que faut-il penser du témoignage de Sarah, une femme de soixante ans opérée d'un cancer de l'ovaire qui continue à produire des métastases malgré des cures de chimiothérapie intensive ? « L'une de mes amies prétend qu'il y a sûrement une raison psychologique à mon cancer, me dit-elle. Cela m'étonnerait beaucoup. Je suis cartésienne, je ne vois pas comment un problème psychologique pourrait provoquer une maladie comme la mienne. Ce qui est fou, c'est que la remarque de mon amie fait son chemin en moi. Du coup, il m'arrive de chercher une cause émotionnelle à mon problème. Je n'en vois aucune. J'adore la vie, je suis heureuse, j'ai envie de m'amuser. En fait, il n'y a qu'un seul nuage dans le ciel bleu de mon existence. Mais il est de taille. C'est ma fille. Elle m'empoisonne la vie. Elle n'est jamais contente. Elle est jalouse et toujours prête à déclencher des conflits avec son entourage. Je ne sais pas comment faire pour qu'elle soit heureuse. C'est épuisant. Quelques mois avant que je tombe malade, elle m'a fait une grosse crise. Je ne supporte plus ses caprices. Elle me rend malade. Elle me tue ! »

Que faut-il penser des confidences d'Annie, une femme de quarante-deux ans, mère de trois enfants, chez qui un cancer du pancréas a été diagnostiqué peu de temps après que son père se fut remis d'une hépatite ? « J'étais jaune comme un citron, explique-t-elle. Durant son hépatite, mon père était jaune aussi. C'est un homme terriblement égoïste. J'ai passé mon temps à essayer de lui faire plaisir. J'ai tout sacrifié pour lui. Lorsqu'il était malade, j'ai délaissé ma famille pour passer le maximum de temps auprès de lui. À présent, il est tout à fait guéri. Il m'appelle tous les jours au téléphone pour me dire qu'il pense à moi, que ma maladie le rend malheureux. Il m'assure que je vais guérir. Il minimise mon cas en me rappelant que lui aussi a souffert d'une jaunisse. C'est insensé. Jamais il ne me demande comment je me sens. Jamais il ne me demande si j'ai besoin de quelque chose. Il ne parle que de lui. De son inquiétude, de sa souffrance, de sa maladie. Et moi, je ne dis rien. Comme d'habitude, je nie ma frustration. Et pourtant, en parlant de tout cela, je me rends compte que je suis terriblement en colère contre lui. Faudra-t-il que je meure pour qu'il fasse attention à moi ? »

Comme beaucoup de patients, Pierre, Sarah et Annie ne se sont pas rendu compte du poids de leurs mots. Et, soucieux de ne pas leur imposer une interprétation personnelle de leur discours, je ne me suis pas permis d'y attribuer un sens. L'important, nous le verrons plus loin, est sans doute que chacun puisse découvrir le sens qu'il souhaite donner à ses expériences*. En attendant, il paraît légitime de se poser la question suivante : avoir un cancer de l'estomac et ne pas digérer le suicide de son frère, ou bien ne pas digérer le suicide de son frère et, du coup, avoir un cancer de l'estomac ? En d'autres termes : peut-on envisager un lien psychosomatique de cause à effet dans ce genre de cas particulièrement troublants ? Avoir une fille dont l'attitude nous rend malade et déclencher un cancer de l'ovaire – organe hautement symbolique de la maternité. Se sacrifier pour un père atteint d'une jaunisse et devenir toute jaune à cause d'un cancer du pancréas – organe lié à la conscience de soi dans de nombreuses traditions orientales. Contenir une énorme colère et constater que le cancer du pancréas s'étend jusqu'au foie – organe relié à l'émotion de la colère dans la médecine chinoise. Ce genre de raisonnements donne le vertige.

Nous avons vu que la recherche médicale réfute la possibilité d'une logique symbolique des maladies et, en particulier, du cancer**. De plus, il ne faut pas négliger le fait que, en venant me consulter, les patients dont je parle ici ont entrepris une démarche psychologique qui influence probablement la construction de leur discours. Linda Garro, professeur d'anthropologie à l'université de Californie, à Los Angeles, a démonté les mécanismes de cette construction. Pour elle, il convient plutôt de parler d'une *reconstruction narrative*. Une sorte de réaménagement des faits dicté par le besoin du malade de restaurer la cohérence dans son histoire brusque-

* Voir chapitres 6 et 7.

** Voir chapitre 4.

ment perturbée par la maladie. Le passé est donc remémoré en fonction d'une compréhension du présent et d'une attente pour le futur. Et les acquis culturels du malade à propos des causes de sa maladie peuvent intervenir dans la narration de sa « légende personnelle »[12]. Ainsi, il est tout à fait possible que Sarah et Annie m'aient consulté avec le projet, non conscient, de retrouver une cohérence dans leur histoire. Elles auraient alors sélectionné des faits de leur existence compatibles avec une explication causale de leur problème de santé. Et, influencées par l'idée actuellement répandue que le cancer survient à la suite d'un traumatisme psychologique, elles auraient spontanément évoqué leur détresse émotionnelle en regard de leur souffrance physique. Il faut bien admettre que cette hypothèse vaut celle, tout aussi audacieuse, qui postule l'existence d'un lien psychosomatique et symbolique à l'origine des maladies.

De ce point de vue, le cas de Pierre est moins facile à comprendre. En effet, le jeune étudiant en médecine n'a pas consulté de thérapeute. On ne peut donc pas le soupçonner d'avoir eu le désir non conscient de trouver un interlocuteur pour rétablir la cohérence de son histoire de cancer de l'estomac. Néanmoins, en me confiant son incapacité de digérer la mort de son frère, il a peut-être inconsciemment voulu répondre à une interrogation détectée dans mes yeux. Car je dois bien reconnaître qu'en lui rendant visite je ne cherchais pas seulement à lui rendre hommage. Je souhaitais aussi me rassurer et comprendre comment un garçon de mon âge pouvait attraper une maladie mortelle. Peut-être a-t-il répondu à de petits signes d'interrogation, d'approbation ou de désapprobation apparus sur mon visage au cours de notre conversation. En effet, nous le savons tous, une conversation est une sorte de danse où les deux partenaires se guident mutuellement pour créer une harmonie, un équilibre et une cohérence. Il n'empêche que la symbolique de l'estomac reste, dans ce cas d'« indigestion psychologique », très troublante.

Des cancers du sein

Autre symbolique troublante : celle du sein, observée dans les nombreux cas de cancer mammaire que j'ai rencontrés au cours de mes consultations.

Attentif à ne pas influencer les patientes avec mes propres informations, j'ai pris l'habitude d'entamer notre premier entretien en leur demandant quel est le problème qui leur pèse le plus dans leur existence. De manière absolument étonnante, la majorité d'entre elles me confient alors des souffrances émotionnelles en rapport avec la préoccupation de nourrir les autres ou le besoin d'alimenter un projet qui leur tient particulièrement à cœur.

« Je n'en pouvais plus de materner, me dit Ava, une chirurgienne dévouée à ses patients et partagée entre le rôle de mère et celui d'épouse. Non contente d'être la mère de mes enfants, je suis aussi une mère pour mon mari et pour mes patients. Je vais finir par y laisser ma peau. Mon cancer me fait voir ce qui est important pour moi. Je ne veux plus nourrir tout ce monde. Je veux vivre ma vie de femme. Je veux être libre ! »

« Le plus difficile pour moi est d'accepter la mort de mon beau-père, me confia Bernadette. Je sais que c'est ridicule, mais je me suis occupée de lui comme une mère. Le jour de son décès restera le plus sombre de toute mon existence. Depuis, j'ai attrapé ce cancer du sein ; peu de temps après ce deuil, d'ailleurs. Mais, en comparaison, ce fut peu de chose. En même temps, c'est étrange, je ressens une grande colère contre mon beau-père. À la mort de ma belle-mère, il m'avait confié son fils en me disant que désormais je serais une mère pour lui. C'était un peu comme si mon mari était devenu mon fils et que moi j'étais devenue l'épouse de mon beau-père. Il n'est pas étonnant que je confonde tous mes rôles. Épouse et mère, pour moi, c'est la même chose. Je veux que cela change. Je me rends compte qu'il va falloir que je me débarrasse des cendres de mon beau-père.

Depuis son incinération, elles sont dans le tiroir de ma table de nuit. Je commence à me dire que ce n'est pas leur place.»

«L'événement le plus pénible que j'ai eu à vivre est la mise en faillite de l'entreprise que je dirigeais, me raconta Marie, une femme d'affaires redoutée sur la place de Paris. Je m'étais tellement investie dans cette aventure. Mon entreprise était pour moi comme un bébé. Quelques mois après cet échec, je suis tombée malade. Aujourd'hui, je m'en veux d'avoir sacrifié mes enfants à ma carrière. Le côté positif de tout cela, c'est que mon fils et ma fille se débrouillent tout seuls dans la vie. Je ne peux pas en dire autant de mon mari. Il compte tellement sur moi. Avant mon cancer, c'est moi qui faisais vivre notre famille. C'est moi qui ai toujours fait vivre tout le monde. Cela a commencé dans le ventre de ma mère. J'avais un frère jumeau que j'ai nourri à la suite d'un syndrome transfuseur-transfusé [une anomalie du placenta qui aboutit à une diminution de l'alimentation sanguine d'un des deux jumeaux au profit de l'autre]. Par la suite, j'ai continué à protéger ce frère jumeau. Je me suis battue pour réussir dans la vie. J'en ai fait profiter mon père, mon frère et mon époux. J'ai toujours donné. Je n'ai jamais demandé. Je suis épuisée.»

«Tout s'est toujours bien déroulé dans ma vie, me dit Sophie, une scénariste de quarante-trois ans. Jusqu'au jour où ma compagne et moi avons décidé de recourir à l'insémination artificielle à partir du sperme d'un même donneur anonyme. L'idée était que nous porterions chacune un enfant. Car nous vivions en couple depuis de nombreuses années, mais nous souhaitions être mères. Ma compagne est tombée enceinte et a mis au monde une magnifique petite fille. Chez moi, la grossesse n'a pas eu lieu. Deux ans plus tard, nous avons décidé d'avoir un deuxième enfant. Le gynécologue qui nous suivait m'a déclarée trop âgée pour tenter une nouvelle insémination. C'est donc ma compagne qui a porté notre deuxième enfant. Une autre magnifique petite fille. Tout s'est bien déroulé, j'aurais dû être heureuse et pourtant, depuis, je me sens profondément déprimée. Je n'arrive pas à me situer par rapport à ces deux petites filles, nées de la rencontre des ovules de ma compagne et du sperme d'un inconnu. Nos enfants portent le nom de ma compagne. Je n'arrive pas à trouver ma place dans cette histoire. Chaque fois que notre fille aînée ramène des formulaires scolaires à remplir, ma compagne inscrit son nom sur la ligne prévue pour le patronyme de la mère. Et moi ? Où dois-je inscrire le mien ? Six mois après la naissance de notre seconde fille, j'ai palpé une boule dans mon sein. À l'annonce du diagnostic de mon cancer, j'ai pensé que cela m'était bien égal car, de toutes les façons, je n'aurai jamais besoin de mes seins pour nourrir qui que ce soit. »

Des témoignages comme ceux d'Ava, de Bernadette, de Marie et de Sophie sont-ils le fruit d'une coïncidence ? Trahissent-ils l'existence d'un lien psychosomatique non encore élucidé par la science ? Ou, plus simplement, sont-ils le résultat d'une reconstruction du passé destinée à évacuer une problématique non résolue et à permettre la redéfinition d'un rôle assumé trop longtemps au prix d'une trop grande souffrance ? Les travaux de Linda Hunt, anthropologue à l'université du Michigan, vont dans le sens de cette dernière hypothèse.

En effet, au cours d'une étude réalisée dans les services d'oncologie des trois principaux hôpitaux de la ville de Santo Domingo au Mexique, Hunt a collecté une série de cas illustrant la façon dont certains patients relient leur maladie à une problématique personnelle dans le but de trouver une solution à leur difficulté de vie[13]. Ainsi, Isabela, une femme âgée de soixante-huit ans, mère de treize enfants, atteinte d'un cancer du col utérin, établit un lien très clair entre sa maladie et ses grossesses multiples. Depuis l'ablation complète de son utérus, elle déclare souffrir de brûlures vaginales qui l'empêchent de céder au désir sexuel de son mari. Un désir auquel elle s'est soumise pendant des années, contrainte, parfois même abusée. « Huit jours après mes accouchements, mon époux exigeait d'avoir une relation sexuelle avec moi. C'est pourquoi j'ai eu un enfant tous les ans, chaque année, treize fois de suite. À présent, je ne veux plus qu'il me touche car j'ai bien trop peur d'avoir mal.» Sans porter atteinte aux codes de sa culture, Isabela a donc réussi à échapper à ses obligations matrimoniales. Simplement en incriminant sa sexualité dans l'origine de sa maladie[14].

De la même manière, Roberto, âgé de vingt-cinq ans et célibataire, est parvenu à se soustraire au rôle de «père de famille» qu'il jouait depuis des années vis-à-vis de ses parents, de ses cinq frères et sœurs, de son beau-frère alcoolique et de ses neveux et nièces. Atteint d'un cancer du testicule, le jeune homme avait besoin d'une intervention chirurgicale dont le coût dépassait largement les moyens de sa famille, d'autant plus qu'il était le seul à rapporter un peu d'argent. Au début, il ne voulut pas se faire opérer, préférant disparaître plutôt que causer un souci à ses proches. Mais, après réflexion, il finit par accepter l'intervention chirurgicale, pensant «pouvoir travailler encore plus après l'opération». Roberto culpabilisa d'avoir été une charge pour sa famille. «Par ma faute, ils sont devenus encore plus pauvres», raconte-t-il. Cependant, un an après avoir été opéré, complètement guéri, le jeune homme ne parvenait pas à retravailler comme avant. Pour lui, la raison était évidente : son cancer du testicule lui avait fait perdre de la force et de la virilité. Ainsi, tout en préservant sa réputation de «bon fils», sans contester le modèle social dans lequel il avait grandi, Roberto se permit de ne plus devoir porter les siens[15].

Les observations de Linda Hunt nous laissent penser que, dans le contexte actuel d'une augmentation de l'incidence des cancers du sein, de nombreuses patientes profitent de leur maladie pour dénoncer un problème de plus en plus répandu en Occident, à savoir le cumul des rôles joués par les femmes. Bonne mère, bonne épouse, bonne amante, bonne maîtresse de maison, bonne employée, bonne entrepreneuse. Professionnellement dynamique et performante, physiquement mince et soignée, psychologiquement enthousiaste et toujours de bonne humeur. La pression subie par les femmes est énorme. Il n'est donc pas étonnant qu'elles cherchent à redéfinir leur projet. Et la maladie est sans conteste une bonne occasion de le faire, en particulier lorsque l'organe touché est un sein – symbole suprême de la féminité. Néanmoins, ici aussi, évitons les conclusions hâtives : n'évacuons pas trop vite la possibilité que le stress dénoncé par ces patientes soit réellement impliqué dans la genèse de leur maladie. Car, nous l'avons vu, même si le stress ne paraît pas intervenir de manière aussi spécifique et symbolique que pourraient le laisser croire des histoires comme celles d'Ava, de Bernadette, de Marie et de Sophie, certaines études nous incitent à redouter son rôle dans la fragilisation des chromosomes et la vulnérabilité des cellules à certains agents cancérigènes*.

Une nouvelle maladie

Quoi qu'il en soit, une conclusion paraît s'imposer : outre qu'elles permettent aux médecins d'identifier certains stress psychologiques impliqués dans l'apparition des maladies, les théories psychosomatiques semblent aussi servir de prétexte aux malades pour évoquer leurs difficultés existentielles. En structurant leur récit d'une manière particulière, les patients utiliseraient alors leur maladie comme une métaphore de leur mal-être. Or, dans nos sociétés contemporaines, le stress, la solitude et la détresse affective ne cessent de croître. Il n'est donc pas surprenant de constater que de plus en plus de patients relient leurs problèmes physiques à leurs souffrances psychologiques. Peu importe que ces dernières soient réellement en cause dans la genèse des pathologies ou non. Peu importe que le « sens biologique » de l'affection-*disease* corresponde véritablement au « sens symbolique » du malaise-*illness***.

---

* Voir chapitre 4, p. 137-138.
** Voir chapitre 1, p. 52-54.

L'important est de pouvoir parler de soi. Et, comme nous l'avons déjà relevé dans les propos d'Anne Harrington, professeur d'histoire de la science à Harvard, souvent « le langage du corps et de la maladie physique est le langage le plus acceptable que nous ayons pour parler de la souffrance* ». Cela paraît d'autant plus vrai que, nous l'avons vu également, le corps représente une source idéale de métaphores du fait qu'il constitue une réalité tangible qui permet de faire comprendre des concepts abstraits dans des termes plus concrets**.

Le corps parle-t-il, ou bien permet-il de parler ? La nuance est importante. Car affirmer que *le corps parle* implique que la souffrance psychologique évoquée par le patient est la cause, ou l'une des causes, de ses symptômes physiques. Dire que *le corps permet de parler* laisse la porte ouverte à l'idée que le mal-être exprimé à l'occasion de la maladie n'est pas forcément en cause dans la genèse de celle-ci. Dans l'état actuel des connaissances scientifiques, cette deuxième proposition paraît plus juste. Même si, osons le dire encore une fois, certains symptômes physiques traduisent parfaitement la souffrance psychologique évoquée dans les reconstructions narratives des patients et si, du coup, on est tenté d'établir certains liens psychosomatiques de cause à effet sans attendre la démonstration scientifique de leur véracité.

Depuis une quinzaine d'années, une nouvelle maladie nous interpelle précisément au sujet de cette distinction entre le « corps qui parle » et le « corps qui permet de parler » : la *fibromyalgie*. Caractérisée par la présence de points sensibles au niveau des insertions tendineuses, cette pathologie est associée à des douleurs chroniques et diffuses, à des troubles du sommeil et à de la dépression. Statistiquement, elle touche plus souvent les femmes que les hommes. Ses causes ne sont pas connues et aucun marqueur biologique ne permet d'en confirmer le

---

* Voir chapitre 1, p. 46, et chapitre 2, p. 64.
** Voir chapitre 2, p. 72-78.

diagnostic. Pourtant, cliniquement, les patients souffrent au point de ne plus pouvoir se déplacer. Ils mentionnent une fatigue permanente et, bien souvent, leur handicap contraste avec l'hyperactivité qui était la leur avant le déclenchement de la maladie.

Véritable défi pour la science du XXIe siècle, la fibromyalgie a fait l'objet d'une définition officielle de la part de l'Association américaine de rhumatologie[16]. À l'interrogatoire, ceux qui en souffrent font volontiers état d'événements vécus de manière traumatisante[17]. Néanmoins, aucun lien de cause à effet entre un choc psychologique particulier et l'apparition des symptômes n'a pu être démontré avec certitude[18]. Certains psychiatres ont donc conclu qu'il s'agit d'une forme moderne de conversion hystérique*. D'autres considèrent plutôt la fibromyalgie comme une forme de dépression chronique. L'Organisation mondiale de la santé résume l'imprécision de la situation en parlant de maladie rhumatismale « non spécifique ».

« Après des années de galère et des dizaines de consultations médicales, un diagnostic a finalement été posé sur mes étranges symptômes, raconte Esther, une patiente fibromyalgique dont j'ai rapporté les propos au début de ce livre**. Je n'avais plus de vie, et pourtant je ne me plaignais jamais. Même les jours où, percluse de douleurs dans les jambes, j'étais obligée de rester au lit. Depuis mon enfance, je ne me permettais pas d'exprimer le moindre inconfort. Cela m'aurait paru indécent quand on sait que mes deux parents ont perdu leurs frères, leurs sœurs et leurs propres parents, tous morts dans les camps de concentration de l'Allemagne nazie. À force d'afficher un grand sourire, même quand les douleurs me donnaient envie de pleurer, j'ai fait croire à mon entourage que je n'étais pas malade. En même temps, je reprochais à mes parents de ne pas entendre ma souffrance. J'ai pris conscience de cette contradiction le jour où

* Le concept de « conversion hystérique » est abordé au chapitre 3, p. 94-96.
** Voir Introduction, p. 20-22.

ma mère m'a demandé de lui rendre service alors que je pouvais à peine marcher. Ce jour-là, je me suis plainte et ma mère m'a répondu que je n'étais pas malade, elle pensait que j'exagérais. Cela m'a rendue folle de rage. Je ne veux plus utiliser mes souffrances physiques pour exprimer ma détresse psychologique. À présent, je parle, j'apprends à dire non, je dis mes limites, je ne suis plus tout le temps au service des autres, je pense aussi à moi et à mon bien-être.»

Le corps fibromyalgique d'Esther a-t-il parlé ? Ou bien Esther a-t-elle profité de la fibromyalgie de son corps pour parler ? Personne ne pourra répondre à ces questions tant que des causes objectives ne seront pas identifiées pour expliquer cette maladie. «Le recours aux explications psychosomatiques témoigne de notre ignorance des vraies raisons de la maladie», me dit un rhumatologue absolument convaincu de l'absence d'une quelconque influence du psychisme sur la santé du corps. Je me permis de lui faire remarquer que, en ce qui concerne la fibromyalgie, jusqu'à preuve du contraire, nous devons continuer à envisager la possibilité de voir figurer le stress chronique et les souffrances psychologiques parmi les «vraies raisons» de la maladie. Car, dans certains cas, le corps parle peut-être plus qu'il ne permet de parler. «Libre à vous de penser cela, me répondit mon confrère en haussant les épaules. Chacun ses croyances !»

D'une croyance à l'autre

Nos croyances sont conditionnées par les connaissances de la culture dans laquelle nous évoluons. Or notre culture contemporaine et occidentale s'est construite autour d'une approche matérialiste et scientifique de la réalité. Et l'immense pari sur lequel repose la science depuis plus de trois siècles est de pouvoir, un jour, expliquer *toute* la réalité en se référant aux éléments physiques, chimiques et biologiques qui sont supposés la constituer. « J'ai la conviction que, quand la physiologie sera assez loin avancée, le poète, le philosophe et le physiologiste se comprendront tous[19] », écrivait Claude Bernard. Force est de constater que, là où la science matérialiste apporte un nouvel éclairage, les anciennes croyances s'éclipsent, emportant avec elles leur lot d'explications immatérielles et surnaturelles. Et, chaque fois que des causes objectives peuvent être identifiées pour expliquer le fonctionnement normal et pathologique de l'être humain, automatiquement les théories subjectives se décomposent et fondent comme neige au soleil.

Verrier Elwin (un missionnaire anglais dont Jawaharlal Nehru sollicita l'expérience de terrain pour trouver des solutions aux problèmes ethniques apparus juste après l'indépendance de l'Inde[20]) raconte comment, chez les Muria (une tribu indienne au sein de laquelle les jeunes garçons et les jeunes filles partagent un dortoir commun appelé *ghotul*), le petit nombre de grossesses des adolescentes est expliqué par l'influence d'une divinité protégeant les jeunes filles de toute conception durant les trois premières années qui suivent l'apparition de leurs règles. « Il doit y avoir des siècles d'observation derrière cette foi dans un intervalle stérile[21] », écrit Elwin. Le même phénomène a été observé dans d'autres tribus encourageant la liberté sexuelle des adolescentes, par exemple chez les Ifugao des Philippines, chez les Masai d'Afrique de l'Est ou chez les Trobriandais des atolls coralliens, au large de la Papouasie-Nouvelle-Guinée. Les théories inventées pour expliquer cette bizarrerie rivalisent d'originalité : une augmentation de l'afflux sanguin au niveau des organes génitaux provoquerait la stérilité des adolescentes ; les jeunes filles posséderaient un pouvoir d'éjaculation qui permettrait de chasser le sperme introduit dans leur vagin ; le mélange de spermes provenant de plusieurs partenaires entraînerait une inhibition de leur fertilité ; la trop faible fréquence des coïts avec un même partenaire empêcherait la fécondation de se produire… À court d'imagination, certains anthropologues ont même envisagé des différences raciales pour élucider le mystère. Un mystère d'autant plus incompréhensible que, dans les tribus concernées, il ne semble pas y avoir de recours à des moyens contraceptifs particuliers, ni d'augmentation du nombre des avortements ou des infanticides[22].

Pourtant, l'explication du phénomène observé par Elwin n'a rien de mystérieux. En effet, on sait aujourd'hui qu'après l'apparition des premières règles, durant quelques mois, voire quelques années, les cycles menstruels de la femme ne sont pas tous accompagnés d'une ovulation, et donc pas tous propices au déclenchement d'une grossesse. Ainsi, il existe une sorte de protection naturelle des adolescentes dont la démonstration en termes scientifiques permet de reléguer les théories anthropologiques évoquées ci-dessus au rayon des élucubrations. En notant toutefois au passage que, parmi toutes les explications proposées, celle des Muria n'est pas la plus farfelue. De fait, déclarer qu'une divinité protège les adolescentes durant les trois premières années après le début de leurs règles décrit une réalité où le concept de la « divinité » pourrait aisément être remplacé par celui de la « nature ». La croyance des Muria apparaît donc moins délirante que celles qui postulent une éjaculation vaginale permettant de rejeter le sperme après le coït, l'antagonisme des spermes provenant de partenaires multiples ou une prédisposition raciale à l'infertilité.

Dans leur volonté d'expliquer tous les phénomènes observés d'une manière scientifique et matérialiste, certains chercheurs s'égarent dans des démonstrations alambiquées dont le caractère matérialiste est indéniable mais la qualité scientifique contestable. Parler d'éjaculation vaginale, d'antagonisme des spermes ou de différences raciales pour élucider la raison d'une absence de grossesse chez des jeunes filles ayant des rapports sexuels réguliers n'a rien de scientifique. Il s'agit en fait d'une démarche pseudo-scientifique, en ce sens qu'elle recourt à des explications habituellement utilisées par la science mais, en même temps, ne repose sur aucune vérification objective de ces explications. Or une pseudo-science n'est jamais une science; elle est toujours une croyance. De la même manière, nous avons vu qu'affirmer l'existence d'une «loi d'airain» supposée expliquer l'origine psychologique de toutes les maladies ne peut en aucun cas être considéré comme un acte scientifique mais doit être assimilé à l'élaboration d'une croyance pseudo-scientifique*. En évoquant l'intervention de «foyers» cérébraux dans le déclenchement des pathologies sans en démontrer l'existence d'une manière irréfutable, la Médecine Nouvelle Germanique de Ryke Geerd Hamer ne se positionne pas en tant que théorie scientifique mais simplement en tant que croyance. Une croyance matérialiste en l'existence d'un lien psychosomatique. Une croyance qui remplace d'autres croyances, plus anciennes, non ancrées dans les concepts biologiques et, de ce fait, moins séduisantes pour nos esprits avides de démonstrations scientifiques.

«L'histoire humaine n'est qu'une succession de croyances, me dit, un jour, Arnulfo Olivares, un guérisseur mexicain auprès de qui j'ai appris à relativiser les concepts de la guérison**. Même la science, dans son effort pour comprendre la réalité au-delà des croyances, reste prisonnière de certaines idées et de certaines influences culturelles. Croire nous permet d'organiser notre pensée. Détruire une croyance et la remplacer par une autre nous permet de faire évoluer nos idées. Échafauder des croyances est donc indispensable. Inéluctable, même. Vivre sans croyances est impossible. Cela reviendrait à perdre tous nos repères, à plonger dans l'obscurité et le chaos. Or personne ne peut progresser bien loin dans le brouillard. Personne ne peut survivre longtemps dans la tempête. Certains scientifiques espèrent démonter et annihiler toutes les croyances de l'humanité. Heureusement, ils n'y parviendront pas, puisque la science elle-même ne peut évoluer sans hypothèses, sans thèses et sans croyances. Empêcher les humains de croire serait une grave

* Voir chapitre 3, p. 119.

** Je parle longuement d'Arnulfo Olivares dans *La Solution intérieure : vers une nouvelle médecine du corps et de l'esprit*, *op. cit.*

erreur. Ce serait, tout simplement, les empêcher d'être humains ! »

Depuis des millénaires, le phénomène de la croyance est au cœur des débats philosophiques et religieux. Depuis peu, la science s'y intéresse également. Et, nous allons le découvrir ensemble, certaines études révèlent qu'il existe un véritable avantage biologique – un avantage évolutif – à croire que les événements de l'existence ont un sens. En particulier lorsque la maladie introduit le doute dans notre vie.

6

Évoluer

Le besoin de croire

Du doute à la croyance

Charles Sanders Peirce est probablement le plus grand des philosophes nés aux États-Unis. Surnommé l'« Aristote américain » en raison de ses connaissances encyclopédiques et de sa démarche analytique, il fut, dans la seconde moitié du XIXe siècle, à l'origine du pragmatisme – une doctrine qui se réfère à la valeur pratique d'un concept pour en définir la véracité. Pour le pragmatisme, est vrai ce qui réussit ; la vérité absolue n'existe pas, elle est nécessairement choisie en fonction d'intérêts subjectifs. Auteur prolifique, Peirce fut aussi l'un des pères de la sémiotique – une méthode qui étudie les processus de la signification, c'est-à-dire la production, la codification et la communication des signes et des symboles[1].

Pour Peirce, l'être humain est un animal symbolique. En donnant un sens à son existence, il dépasse sa condition animale ; il devient à la fois l'interprète des signes qu'il découvre dans le monde et le créateur des symboles qui façonnent les sociétés et influencent l'histoire de l'humanité. Dans cette perspective, les croyances des individus tiennent une place primordiale, puisque ce sont elles qui orientent leurs désirs et motivent leurs actions. Plus une croyance est forte, plus elle influence les comportements. L'état de croyance est une source d'apaisement, d'équilibre et d'inspiration ; à l'opposé, l'état de doute génère un trouble et un malaise qui inhibent les projets et les actions.

Dans un texte écrit en 1877 et intitulé *Comment se fixe la croyance*[2], Peirce considère nos croyances comme une réponse au doute, une manière de quitter le chaos et de retrouver l'équilibre. Cependant, le philosophe n'est pas dupe : il souligne aussi que, dès qu'une croyance apparaît, automatiquement le doute se réinstalle. Car si quelqu'un d'autre ne croit pas ce que nous croyons, c'est qu'il existe de bonnes ou de mauvaises raisons de douter du bien-fondé de notre croyance. Le doute nous oblige alors à chercher une nouvelle réponse, à trouver une autre vérité et à adhérer à une nouvelle croyance. Que celle-ci soit objectivement vraie ou fausse importe peu, pourvu qu'en vertu de la logique pragmatique elle nous permette d'échafauder des raisonnements ingénieux et de poser des actions efficaces.

Soucieux de comprendre l'origine de nos croyances, Peirce distingue quatre grands modes d'élaboration des convictions. Pour commencer, il apparaît que, très souvent, nos idées proviennent de la répétition de ce que nous croyons déjà. Nous œuvrons alors selon une « méthode de ténacité » qui nous permet de nous attacher à notre opinion. Cet attachement peut se transformer en obstination, voire en mauvaise foi, et nous inciter à nier l'existence de certains faits qui contredisent notre croyance. Souvent aussi, nos convictions se fondent sur des théories qui plaisent à la raison. Cette « méthode d'*a priori* » promeut alors de nouveaux concepts au prétexte de leur vraisemblance. Peu importe qu'ils soient démontrables, du moment qu'ils paraissent possibles. S'il se trouve des incrédules pour contester le bien-fondé de ces concepts, un troisième mode d'élaboration des convictions, appelé « méthode d'autorité », permet d'installer la croyance par la manipulation intellectuelle, le chantage émotionnel ou la contrainte physique. C'est ainsi que certaines croyances métaphysiques, adoptées par quelques-uns sur la foi en leur vraisemblance, ont fini par être imposées de gré ou de force au plus grand nombre sous la forme de religions d'État, de doctrines politiques ou d'idéologies communautaires. Enfin, Peirce identifie une quatrième voie d'élaboration des croyances : la « méthode scientifique ». Une voie qu'il considère comme supérieure aux autres, en ce sens qu'elle ne fait pas appel aux sentiments mais plutôt à des règles rigoureuses qui permettent aux chercheurs de remettre continuellement en cause leurs conclusions. La croyance scientifique est donc relative. Et le travail de la science est d'établir les croyances les plus vraisemblables à un moment donné de l'histoire, dans un effort sans fin pour connaître la réalité.

Comparée aux méthodes de ténacité, d'*a priori* et d'autorité, la méthode scientifique apparaît moins naturelle pour l'esprit humain. Disons même qu'elle est moins séduisante. En effet, la méthode de ténacité évite de perdre du temps en controverses ; les croyances qu'elle perpétue permettant d'agir en confiance, elle se révèle pratique et efficace. La méthode d'*a priori*, quant à elle, conforte les penseurs dans leurs certitudes ; elle les flatte dans leur ego et les dispense de l'effort d'une remise en cause. Enfin, la méthode d'autorité permet d'organiser les foules ; elle assure un ordre social, décharge l'individu du poids du doute et de la réflexion. Comme le fait remarquer le philosophe québécois Raymond-Robert Tremblay dans une excellente analyse du texte de Peirce, la méthode scientifique est lourde ; ses résultats sont incomplets et continuellement remis en chantier ; ses conclusions ne sont pas forcément rassurantes pour les individus en quête de certitudes. Il n'est donc pas étonnant que la plupart des gens préfèrent conserver des croyances héritées de la tradition, renforcées par l'habitude ou même imposées par des pressions extérieures, au lieu d'obtenir la preuve que leurs convictions sont conformes à la réalité. De plus, la méthode scientifique n'apporte pas de réponse à la question des valeurs, ni à celle du sens de la vie. D'un point de vue psychologique et spirituel*, il paraît donc difficile de renoncer à un certain nombre de croyances acquises par des voies non scientifiques. « Notre équilibre personnel autant que les impératifs de l'action s'y opposent[3] », écrit Tremblay.

Charles Sanders Peirce a pourtant raison lorsqu'il nous invite à relativiser nos croyances. Car, en admettant que celles-ci sont faillibles, nous reconnaissons que, tôt ou tard, toutes les opinions doivent être questionnées par le doute. Et nous en avons probablement tous fait l'expérience : douter est indéniablement le meilleur moyen d'éviter de fâcheuses erreurs de jugement.

Des illusions causales

Parmi la multitude de nos croyances, celles qui définissent les causes de ce qui nous arrive se révèlent particulièrement utiles. En effet, la déduction de liens causaux entre différents événements nous permet d'en anticiper les conséquences négatives et, de ce fait, nous donne la possibilité d'augmenter nos chances de survie. On peut donc affirmer que notre capacité à établir des associations causales représente un avantage en termes d'évolution. En tant qu'êtres humains, nous avons appris à utiliser cet atout pour dominer notre environnement et nous protéger d'autres espèces. Cependant, tout avantage a ses limites. C'est ainsi que certaines associations causales peuvent être totalement erronées ; ce que nous considérons comme des liens de cause à effet ne sont parfois que des illusions. Cela n'est pas sans danger, car croire aux illusions empêche de considérer

* Le mot « spirituel » désigne ici le besoin typiquement humain de donner un sens aux expériences de l'existence et de comprendre l'« esprit des choses ».

la réalité ; du coup, les chances d'identifier les vraies causes de ce qui nous arrive diminuent et nous sommes privés de la possibilité de remédier à certains faits potentiellement néfastes. Nos croyances à propos des associations causales doivent donc, elles aussi, être soumises au questionnement par le doute recommandé par Charles Sanders Peirce.

« Les seules choses que nous ayons intérêt à perdre, ce sont nos illusions, me dit une patiente qui, à quatre-vingt-dix ans, se préparait à mourir des suites d'un cancer de la glande thyroïde. Or l'être humain est très performant lorsqu'il s'agit de s'illusionner. » C'est un fait. Néanmoins, le phénomène n'est pas exclusivement humain ; il se produit aussi chez les animaux. Ainsi, une étude réalisée sur des pigeons a montré que ces oiseaux peuvent se leurrer d'une manière spontanée, sans l'influence du moindre système de sanction ou de récompense. Le dispositif expérimental de cette étude était très simple : des graines à manger étaient distribuées juste après l'illumination d'un disque coloré installé près de la mangeoire. Après quelques répétitions de cette façon de procéder, les pigeons se mirent à picorer le disque chaque fois que celui-ci s'éclairait, sans qu'aucune nourriture leur ait été délivrée après le déclenchement de l'illumination. Les oiseaux semblaient donc avoir établi un lien de causalité entre deux événements totalement étrangers l'un à l'autre. L'association entre la distribution de nourriture et l'éclairage du disque était tellement forte qu'ils finissaient par confondre les graines et le disque, au point de picorer le disque. De toute évidence, cette association s'était établie sur la simple base de l'antériorité de l'illumination du disque par rapport à l'arrivée de la nourriture, car lorsque le disque s'éclairait après la distribution des graines, les pigeons n'y accordaient plus du tout le même intérêt[4].

Force est de constater que les relations de causalité auxquelles nous croyons ne reposent pas toujours sur des bases rationnelles. Très souvent, la charge émotionnelle des événements mis en relation intervient dans l'élaboration de notre croyance. Nous l'avons vu : la signification que nous attribuons aux expériences de notre vie dépend des circonstances dans lesquelles nous les vivons. Ces circonstances peuvent être extérieures ou intérieures. Elles dépendent alors de notre état physique, émotionnel et intellectuel*. Ici aussi, l'expérimentation animale nous éclaire sur un phénomène dont nous sommes rarement conscients. Ainsi, une étude réalisée chez des rats a montré comment ces animaux déclenchent un rejet ou une attraction pour un breuvage en fonction des circonstances dans lesquelles ils l'ont bu la première fois. Les rats qui avaient bu du jus de raisin juste avant de subir un empoisonnement par une substance toxique refusaient d'en boire à nouveau par la suite ; ils associaient donc la boisson ingérée au produit responsable de leur empoisonnement. En revanche, ceux qui avaient bu du jus de raisin au moment de la récupération spontanée d'un empoisonnement développaient une préférence pour cette boisson, à laquelle ils attribuaient des vertus bénéfiques[5].

Il apparaît donc qu'une cause peut être désignée de manière totalement erronée. Dans le cas des rats, le jus de raisin n'était ni un poison ni un remède. Cependant, en termes de survie, il vaut parfois mieux considérer une cause de manière erronée et s'en méfier inutilement plutôt que de ne prendre aucune précaution et devenir exagérément vulnérable.

La nécessité d'espérer

Un avantage évolutif

Identifier les causes de ce qui nous arrive ne permet pas seulement de prendre certaines précautions pour accroître notre espérance de vie. Cela permet aussi de rationaliser des situations dont l'absurdité est intolérable pour nos esprits avides de compréhension. Nous pensons alors pouvoir exercer un contrôle

* Voir chapitre 4, p. 144-145.

sur les événements de notre existence. Réelle ou illusoire, cette espérance génère en nous des émotions agréables et, du coup, met en branle une cascade d'effets psycho-neuro-endocrino-immunologiques très positifs pour notre survie, en particulier lorsque nous sommes malades*.

Pour apprécier l'importance vitale de ce phénomène, il suffit de nous rappeler que des épreuves comme celle de la maladie génèrent un stress accompagné de peur, d'anxiété ou de colère. Nées dans les couches plus anciennes de notre cerveau, ces émotions désagréables servent de signaux d'alarme pour aider l'organisme à réagir. Le corps est mis sous tension, prêt à fuir ou à combattre ; le système immunitaire est stimulé ; une série de modifications hormonales permettent de mobiliser l'énergie nécessaire à la défense de l'organisme. Cependant, nous l'avons vu : si le stress se prolonge, la peur, l'anxiété et la colère perdurent ; les perturbations neurologiques, immunitaires et hormonales associées à l'état d'alerte empêchent la mise en route des mécanismes de récupération et de réparation du corps ; l'individu s'épuise et la guérison de la maladie est compromise. Il est donc indispensable de pouvoir échapper à l'emprise du stress et des émotions désagréables. Raisonner, prendre du recul et relativiser les événements permet d'y arriver. Identifier des causes, inventer des explications et donner du sens, aussi. Effectué dans la partie la plus récente de notre cerveau (le cortex préfrontal), cet effort de rationalisation permet de générer des sentiments agréables comme l'enthousiasme, la joie ou l'espoir. Ceux-ci déclenchent le relâchement du corps, la stimulation des défenses immunitaires et la mise en route des mécanismes de réparation nécessaires pour guérir.

« Si nous avons la capacité d'être heureux, c'est parce que, à un moment de l'histoire, cela a augmenté les chances de survie de notre espèce[6] », affirme Barbara Fredrickson, directrice du laboratoire de recherche sur les émotions positives de l'univer-

---

* Voir chapitre 4.

sité du Michigan. En d'autres mots, notre aptitude à penser positivement et à générer des émotions agréables constitue un avantage évolutif qui nous permet de nous adapter aux événements stressants de notre existence. « Celui qui a un pourquoi qui lui tient lieu de but, de finalité, peut vivre avec n'importe quel comment », écrivait Friedrich Nietzsche. Dans le cas de la maladie, notre capacité à lui trouver une explication, notre tendance à lui donner un sens se révèlent être un excellent moyen de garder l'esprit combatif et confiant. C'est aussi une bonne façon de maintenir le corps dans un état propice à la guérison.

Des émotions comme médicaments

Depuis que la recherche s'y intéresse, les preuves de l'influence positive des émotions agréables sur la guérison s'accumulent. Ainsi, des études ont montré que le visionnage de films humoristiques entraîne une augmentation de la production d'anticorps IgA dans la salive, un accroissement de l'activité des cellules immunitaires NK dans le sang et un ensemble de modifications biologiques dont les effets se révèlent bénéfiques après un infarctus du myocarde, en cas d'allergies, chez des patients asthmatiques ou chez des personnes souffrant d'arthrite rhumatoïde[7]. De la même manière, le fait de tenir un journal et d'y épancher ses difficultés émotionnelles génère un apaisement psychologique et des émotions agréables à l'origine d'une amélioration symptomatique et biologique chez des malades souffrant d'asthme ou de rhumatisme chronique[8]. Par ailleurs, des étudiants qui écrivent leurs états d'âme de manière régulière sont de meilleure humeur, tombent moins souvent malades et ont un système immunitaire plus performant ; en effet, après un test de vaccination contre l'hépatite B, il apparaît que leur production d'anticorps est augmentée de manière significative par rapport à celle d'étudiants qui ne pratiquent pas ce genre d'« écriture émotionnelle »[9].

« J'ai décidé d'être heureux parce que c'est bon pour la santé », écrivait Voltaire. Des enquêtes prospectives, réalisées sur des périodes de vingt ou trente ans, indiquent qu'une attitude optimiste permet de vivre plus longtemps et en meilleure santé[10]. Plusieurs études confirment ces conclusions : l'optimisme améliore la qualité des défenses immunitaires[11], favorise la survie après un infarctus[12], et, d'une manière générale, réduit le nombre de jours de maladie chez ceux qui le cultivent au quotidien[13]. L'effet protecteur des émotions agréables semble même se manifester dans des situations critiques, comme un cancer ou une infection par le virus du sida. Ainsi, une étude réalisée à l'université de Westminster, à Londres, a montré que des patients séropositifs capables de conserver un bon moral maintenaient plus longtemps leur immunité cellulaire et, de ce fait, connaissaient une progression plus lente de la maladie[14]. Le même genre d'étude effectué à l'université de l'Iowa a montré que des femmes atteintes d'un cancer de l'ovaire avaient des cellules NK plus actives lorsqu'elles parvenaient à faire face positivement à leur maladie[15]. Et une étude réalisée au National Cancer Institute de Bethesda, près de Washington, a conclu que des patientes soignées pour un cancer du sein avaient, elles aussi, des cellules NK plus combatives lorsqu'elles réussissaient à garder un moral positif[16].

« La nature a tout prévu, constate Vincent, un jeune neurochirurgien atteint d'une tumeur au cerveau. Après avoir inventé les émotions désagréables pour nous avertir des dangers qui mettent notre vie en péril, elle a créé les émotions agréables pour nous protéger des dégâts causés par nos propres défenses. Il n'est pas bon de rester trop longtemps empêtré dans la peur et l'angoisse. Il faut pouvoir contrebalancer la négativité par un peu de positivité. En tant que patient, je ressens les effets de ce subtil équilibre au plus profond de ma chair. Certains jours, épuisé par la chimiothérapie, rongé par l'inquiétude, je suis découragé, je me laisse emporter dans un cercle vicieux d'idées noires et de douleurs physiques. Pourtant, il suffit parfois d'une bonne nouvelle pour inverser complètement ce processus négatif. Comme la fois où l'oncologue qui s'occupe de moi m'annonça que ma tumeur avait diminué de taille. J'étais au fond de mon lit, anéanti par la fatigue, et, subitement, j'ai senti une énergie incroyable surgir des profondeurs de mon ventre et envahir progressivement tout mon être. Quelques heures après, j'étais joyeux et en bien meilleure forme physique. Le lendemain, je me suis levé. J'avais l'impression de revivre.»

D'une manière ou d'une autre, nous avons tous fait l'expérience que décrit Vincent. Il ne faut pas forcément avoir été confronté au cancer pour savoir que les émotions agréables aident à traverser les épreuves de la vie. Quelle que soit la raison de ces émotions «positives», l'important est qu'elles puissent se manifester dans notre existence.

Je me souviens ici de Véronique, une jeune femme atteinte d'un cancer du côlon. «Je vis pour voir mes enfants grandir, me dit-elle. Leurs rires m'aident à endurer l'inconfort physique et psychologique de ma maladie. J'ai besoin d'imaginer que je serai encore là, avec eux, dans un an. Dans cinq ans. Dans dix ans!» Quelques mois après ces confidences, Véronique apprit que son fils, âgé de six ans, était atteint d'un ostéosarcome au bras gauche. «Au début j'ai eu très peur, m'avoua-t-elle. Puis je me suis dit qu'il fallait réagir. J'étais convaincue que mon petit garçon allait guérir. Cela m'a donné du courage. Curieusement, j'étais comme portée par un sentiment joyeux. Je m'imaginais débarrassée de mon cancer du côlon et j'imaginais mon enfant guéri de sa tumeur osseuse. Lorsque, après six mois de traitement, le médecin m'annonça qu'il fallait amputer le bras de mon fils, j'ai cru mourir. Mais, une fois encore, je me suis accrochée à ma conviction. C'était le seul moyen de ne pas sombrer définitivement. J'en ai ressenti la nécessité dans tous mes muscles, dans tous mes os, jusqu'au plus profond de chacune de mes cellules. J'étais persuadée que cette amputation sauverait mon garçon.» Huit mois plus tard, Véronique put arrêter ses traitements. Elle dépensa alors son énergie sans compter avec l'espoir que son fils guérisse lui aussi. Puis, subitement, l'état de la jeune femme se dégrada. «Mon souhait le plus cher était de voir mes enfants grandir, me dit-elle à nouveau alors que je lui rendais visite à l'hôpital. Quand l'oncologue de mon fils m'a avoué qu'il ne guérirait pas, tout s'est effondré. Tout s'est effondré en moi et autour de moi. Je n'ai plus d'espoir. Que puis-je faire? Ma vie n'a plus de sens.» En quelques semaines, le corps de Véronique fut envahi par les métastases. Elle décéda deux mois avant son petit garçon.

Cet espoir qui fait vivre

Il n'existe sans doute pas de sentiments plus néfastes pour la santé que ceux de l'impuissance et du désespoir. Au début des années 1980, Martin Seligman, professeur à l'université de Pennsylvanie et promoteur d'une «psychologie positive» – en référence à l'importance qu'il accorde aux pensées positives et aux émotions agréables –, réalisa une expérience de laboratoire qui prouve l'influence délétère de l'impuissance et du désespoir chez l'animal*. En effet, après avoir greffé des cellules malignes chez des rats en vue d'induire la formation d'une tumeur cancéreuse, Seligman répartit les animaux en trois groupes. Dans le premier, les rats ne se virent infliger aucune épreuve particulière; 54 % d'entre eux mobilisèrent suffisamment de défenses immunitaires pour rejeter la tumeur. Dans le deuxième groupe, les rats furent soumis à des chocs électriques auxquels il leur était impossible d'échapper; le nombre des animaux capables de rejeter la greffe cancéreuse chuta à 27 %. Enfin, dans le troisième groupe, les animaux reçurent la possibilité d'éviter les décharges électriques en actionnant un petit levier; 63 % d'entre eux finirent par rejeter la tumeur et survécurent à

* À la même époque, Henri Laborit considérait l'«inhibition de l'action» comme un facteur impliqué dans la genèse de nombreuses pathologies. Voir chapitre 4, p. 132.

l'expérience. Il apparut donc que la déficience immunitaire à l'origine de la progression des tumeurs était davantage provoquée par le sentiment d'impuissance et le manque d'espoir des rats que par le stress dû aux chocs électriques[17].

«Au début, j'avais besoin de croire qu'une issue favorable était possible, raconte Wilson, un homme de vingt-sept ans traité pour un cancer des poumons avec de nombreuses métastases. Cela m'a aidé à supporter l'opération et les différents traitements qui m'étaient imposés. M'imaginer guéri me donnait une force incroyable. Puis j'ai dû accepter une réalité moins réjouissante, car les métastases qui dévorent mon corps ne me laissent plus vraiment envisager une guérison complète et définitive de la maladie. Je ne me fais pas beaucoup d'illusions. Pourtant, j'ai encore besoin de croire. Je ne peux pas m'empêcher d'espérer. Certes, mon espérance s'est transformée. Cependant, elle m'est indispensable pour affronter les difficultés que je rencontre au quotidien. Aujourd'hui, j'espère que tout ce que je vis a un sens. J'espère que toute cette souffrance servira à quelque chose. Je ne crois pas en Dieu. Je n'attends pas une autre vie après celle-ci. J'aimerais simplement encore apprendre ce qu'est la vie. Tant que je suis en vie.»

«J'ai toujours pensé que les êtres humains s'inventaient des raisons d'espérer, car cela les aide à vivre, confie Lydie, une femme de cinquante-six ans atteinte de sclérose latérale amyotrophique – une maladie neurologique qui évolue vers la paralysie de tous les muscles et finit par empêcher de respirer. Lorsque j'ai appris le diagnostic de ma maladie, j'ai consulté un thérapeute qui m'a assuré que celle-ci était en rapport avec un "problème de verticalité", une impossibilité à tenir debout dans la vie. Pendant un temps, cette explication un peu simpliste m'a convenu. Elle m'a permis d'espérer exercer une influence sur la progression de la maladie. Le thérapeute avait été formel : si je parvenais à régler mes difficultés existentielles, j'arriverais à stabiliser les dégâts. Il faut croire que je ne suis pas allée suffisamment loin dans mon travail psychologique car, six mois plus tard, ma situation s'est nettement aggravée. En fait, je refuse de porter une quelconque culpabilité dans cette détérioration. Quoi qu'en pense ce thérapeute. D'ailleurs, je ne crois plus en ses théories. Curieusement, moi qui n'avais jamais envisagé l'existence d'une divinité, j'ai commencé à lire la Bible, puis le Coran, et quelques livres sur le bouddhisme. Une partie de moi refuse de croire à toutes ces fables, que je considère comme des pansements posés sur la souffrance humaine. Et pourtant, si je suis tout à fait honnête avec moi-même, je dois bien avouer qu'une autre partie de moi a envie d'y croire. J'en suis là. En attendant… »

Les années passées à accompagner des personnes souffrant dans leur corps m'ont appris qu'il n'y a pas de vie sans espoir. Peu importe la raison d'espérer que chacun imagine, pourvu que chacun en ait une. Peu importe que celle-ci change au fil des expériences de la vie, pourvu que l'on puisse échapper au doute, à la peur et au chaos. Pourvu que l'on puisse agir, ne pas subir. Pourvu que l'on puisse continuer à avancer, à se porter, à supporter.

L'importance de donner un sens

Logothérapie

Supporter l'insupportable. Le neuropsychiatre autrichien Viktor Frankl n'avait pas quarante ans lorsqu'il fut déporté vers le camp d'Auschwitz. Son témoignage vaut toutes les études scientifiques destinées à prouver l'influence positive de l'espoir sur la santé.

« L'important n'était pas ce que nous attendions de la vie, mais ce que nous apportions à la vie, écrit-il dans son ouvrage *Découvrir un sens à sa vie*, publié en 1946, quelques mois après sa libération. Au lieu de se demander si la vie avait un sens, il fallait s'imaginer que c'était à nous de donner un sens à la vie à chaque jour et à chaque heure[18]. »

Trois années passées en captivité ont appris à Frankl qu'il faut une *raison de vivre* pour résister à l'absurde. « Malheur à celui qui ne trouvait plus aucun sens à sa vie, qui n'avait plus de but, plus de raison d'aller de l'avant. Il était condamné[19]. » Ainsi, parmi les prisonniers d'Auschwitz, de Dachau ou de Mauthausen, les plus aptes à survivre étaient ceux qui avaient un projet à réaliser après leur libération. Et, contrairement à ce que l'on pourrait imaginer, les plus robustes n'étaient pas les mieux équipés pour résister aux humiliations, aux frustrations et aux abus quotidiens. Les prisonniers moins vigoureux avaient souvent une vie intérieure plus riche, une sensibilité et une spiritualité qui leur permettaient d'échapper à l'enfer de la détention. Frankl raconte comment, alors qu'il était atteint de fièvre typhoïde, il décida de prendre des notes afin de préparer un livre. « Je suis sûr que les efforts que j'ai déployés dans les sombres baraquements d'un camp de concentration bavarois m'ont aidé à surmonter les dangers d'une attaque cardiovasculaire[20] », écrit-il dans l'ouvrage qu'il s'était promis de rédiger s'il survivait à la maladie. « Je peux témoigner de l'aptitude incroyable de l'être humain à défier les pires conditions imaginables », affirme-t-il encore avec la légitimité de celui qui a traversé l'épreuve.

À sa sortie du camp, Frankl découvre que son épouse, ses parents et son frère sont morts en déportation. Il reprend alors sa pratique de neuropsychiatre à Vienne et propose à ses patients en proie au « vide existentiel » une réflexion basée sur la raison, la liberté et la responsabilité de chacun face à sa vie. Une approche humaniste qu'il baptise « logothérapie » (du grec *logos* : la parole, le discours, la rationalité). « Ce n'est pas le sens global de la vie qui importe, mais bien celui que lui attribue une personne à un moment donné de sa vie. » La proposition de Frankl est exigeante. « Chaque personne fait face à une question que lui pose l'existence et elle ne peut y répondre qu'en prenant sa propre vie en main, précise-t-il. C'est donc à l'individu de décider s'il doit interpréter son but dans la vie en termes de responsabilité envers la société ou envers sa propre conscience »[21].

« Comment peut-on dire oui à la vie, en dépit de tout ? Comment la vie peut-elle conserver son sens en dépit de tous ses aspects tragiques ? » La réponse que Frankl apporte à ces questions est digne du pragmatisme de Charles Sanders Peirce. « Ce qui compte, c'est de tirer le meilleur parti possible de chaque situation[22] », affirme-t-il. Et, fort de son expérience de prisonnier et de neuropsychiatre, il distingue trois grands moyens de donner un sens à l'existence, trois grandes raisons de continuer à vivre. « La première consiste à accomplir une œuvre ou une bonne action. La seconde consiste à connaître et aimer quelque chose ou quelqu'un. La troisième consiste à assumer dignement une souffrance inévitable[23]. »

Le message de la logothérapie est fondamentalement optimiste : l'être humain possède en lui le pouvoir de « transformer une tragédie personnelle en victoire, une souffrance en une réalisation[24] ». Pour son inventeur, cette approche psychothérapeutique « s'éloigne de la psychanalyse dans la mesure où elle considère que l'être humain cherche avant tout à donner un sens à sa vie plutôt qu'à satisfaire uniquement ses besoins et ses instincts ou à s'adapter à la société et à son environnement[25] ». Viktor Frankl invite donc à dépasser les principes de Freud, basés sur la « volonté de plaisir », ou encore ceux de Nietzsche, organisés autour de la « volonté de puissance », pour explorer une dimension qu'il considère comme plus spécifique à notre humanité, une ambition qui paraît propre aux êtres humains : leur « volonté de sens ».

Les exigences de la liberté

« Il est dangereux d'enseigner que l'être humain est “uniquement” le produit des conditions biologiques, psychologiques et sociologiques, ou encore de son hérédité et de son environnement, écrit Frankl. Une telle vision de la personne incite à croire qu'on est la victime d'influences extérieures ou de circonstances internes. Certes, la personne humaine est limitée, tout comme sa liberté. Elle n'est pas libre par rapport aux conditions qui l'entourent mais elle peut prendre position à leur égard. L'être humain n'est pas complètement conditionné ; il a le choix d'accepter les conditions qui l'entourent ou de s'y opposer. En d'autres mots, il ne fait pas qu'exister, mais il façonne lui-même sa vie à chaque moment. Ainsi, chaque être humain possède la liberté de changer à chaque instant. Cependant [cette liberté] risque de devenir arbitraire si elle n'est pas exercée avec responsabilité. La responsabilité et la liberté sont comme les deux faces d'une même médaille : aussi importantes l'une que l'autre[26]. »

Confronté à la question du sens, chacun a la liberté de choisir *le* ou *les* sens qu'il souhaite attribuer aux expériences heureuses ou malheureuses de son existence. Affligé par la maladie, chacun a la possibilité d'identifier certaines causes, d'interpréter certains signes et de privilégier certaines explications qui orientent sa réflexion et influencent ses réactions. Chacun a la possibilité de s'en tenir au « sens biologique » de l'affection-*disease* qui l'accable ou d'y attribuer, en plus, un « sens symbolique » en exprimant son malaise-*illness*. Peu importe que ces différents sens concordent ou non ; leur existence témoigne de la profondeur et de la complexité humaines. Chacun a aussi le choix d'ajouter à sa réflexion une question à propos du « sens collectif » que peut avoir sa maladie-*sickness* pour lui-même et pour l'ensemble de sa communauté*. En apportant de multiples sens à nos souffrances, notre existence acquiert une ampleur inespérée. Tout à coup, notre projet de vie prend une dimension inattendue, une direction inexplorée.

« Si les êtres humains ne peuvent pas s'empêcher d'attribuer un sens aux événements de leur existence, me dit un jour une dame qui assistait à l'une de mes conférences, s'il existe un

* Les notions de « sens biologique » de l'affection-*disease*, de « sens symbolique » du malaise-*illness* et de « sens collectif » de la maladie-*sickness* sont abordées au chapitre 1, p. 52-54.

avantage évolutif à croire que les maladies ont un sens, si ce sens engendre un espoir bénéfique pour la guérison, s'il est important de respecter la liberté de chacun de choisir le sens qui lui convient, si la liberté du sens est aussi la liberté d'orienter son chemin de vie, alors pourquoi démystifier les croyances de certaines personnes qui relient leur maladie à des causes exclusivement psychologiques ? Pourquoi tenter de prouver que ces croyances ne reflètent pas la réalité ? À force d'ignorer la psychologie, la philosophie et la spiritualité, la science ne risque-t-elle pas de priver certains malades du formidable pouvoir de la pensée sur le corps ? Ne devrions-nous pas accepter les théories psychosomatiques comme des remèdes aussi efficaces que ceux des sorciers et des guérisseurs qui, bien avant nos médecins contemporains, ont aidé l'humanité à affronter d'énormes difficultés ? Ne faut-il pas se rallier à la pensée pragmatique qui considère comme "vrai" ce qui est efficace ? »

C'est précisément là que réside le problème. Car l'efficacité des théories psychosomatiques n'est pas aussi probante qu'on pourrait l'espérer. Ainsi, même dans les cas où une cause psychologique se révèle clairement impliquée dans la genèse d'une maladie, le fait d'y remédier ne suffit pas toujours à éliminer la pathologie. Cela s'explique aisément puisque, nous l'avons vu, la plupart des affections sont d'origine multifactorielle. De plus, dans des situations où la cause première de la pathologie paraît exclusivement psychologique, certains dérèglements physiques ne parviennent pas à se corriger d'eux-mêmes, malgré la suppression des tensions émotionnelles supposées les avoir déclenchés. L'ampleur des perturbations biologiques exige alors une correction chimique ou physique, parfois même de manière urgente.

Il est vrai que la psychologie, la philosophie et la spiritualité* sont généralement absentes du discours et des stratégies de la

* La spiritualité désigne ici aussi (voir note p. 196) le besoin typiquement humain de donner un sens aux expériences de l'existence et de comprendre l'« esprit des choses ».

médecine scientifique. Il faut certainement le regretter car, de toute évidence, ces approches essentielles pourraient aider les patients à conserver ou à retrouver la santé. En incluant ces aspects de l'expérience humaine dans ses pratiques, la médecine augmenterait sensiblement l'efficacité de ses remèdes et de ses technologies, tant pour prévenir que pour guérir les maladies. C'est donc là que se situe l'enjeu d'une médecine véritablement pragmatique. Cependant, le pragmatisme est étroitement lié au réalisme. Or la réalité est plus vaste que nos croyances ne nous permettent de l'imaginer. Il n'y a donc pas lieu d'ignorer des théories qui attirent notre attention sur l'influence du psychisme sur la santé. En même temps, il n'est pas question de réfuter les acquis scientifiques qui prouvent l'implication de facteurs héréditaires, toxiques, infectieux ou traumatiques dans l'apparition des maladies. Comment pouvons-nous espérer agir efficacement sur la réalité si nous en occultons une partie ? Nos croyances sont partiales, restreintes et relatives. Il est donc justifié de les démystifier. C'est ainsi que s'effectue un travail vraiment scientifique.

Le besoin de croire et la nécessité d'attribuer un sens aux événements de l'existence apparaissent comme des avancées évolutives sur le chemin emprunté par l'espèce humaine. Un chemin au bout duquel nous imaginons être capables de nous affranchir des conditions de notre environnement. Comment pouvons-nous espérer exercer cette liberté si celle-ci n'est pas nourrie par un effort constant visant à connaître plus de la réalité ? La prochaine étape de notre évolution exige probablement la connaissance d'une réalité plus réelle, l'élaboration de croyances moins relatives, la compréhension d'une vérité plus vraie. C'est là qu'intervient le précieux outil qu'est notre intelligence.

Connaître plus de la réalité constitue peut-être le sens de l'évolution de notre espèce. Disons plutôt : *l'un des* sens que l'humanité peut choisir d'attribuer à son expérience. Car, comme Viktor Frankl le rappelle, nous avons la liberté de choisir. Et tout choix s'accompagne d'une responsabilité. Ainsi, plus nous souhaitons être libres, plus nous sommes responsables des actes que nous posons. La liberté que nous convoitons a ses exigences. Elle réclame une intelligence éclairée, capable de démasquer les illusions de la pensée et de déjouer les pièges des croyances erronées. Elle demande que nous restions en lien constant avec la perception de la réalité la plus complète possible et que, lorsque certaines divagations intellectuelles nous en éloignent, nous revenions, toujours, au « bon sens ». Face à la maladie, nous ne pouvons donc pas limiter notre réflexion au « sens biologique » de l'affection-*disease* ; nous devons, en plus, considérer le « sens symbolique » du malaise-*illness* et ne pas oublier le « sens collectif » de la maladie-*sickness*. Nous devons nous efforcer d'explorer les vastes territoires qui s'étendent au-delà de nos croyances. « Car, au-delà des multiples sens attribués par l'être humain à ses expériences, on découvre ce qui est l'essence. On goûte à l'essentiel. » C'est ce que me dit un jour Nobue*, une guérisseuse japonaise avec laquelle je m'entretenais des délires collectifs qui nous empêchent d'évoluer.

---

* Voir chapitre 9, p. 278.

TROISIÈME PARTIE

Retour au bon sens

7

Aider

Quel chemin emprunter ?

Donner un sens à la maladie tout en restant relié à la réalité. Expliquer le chaos qui se manifeste dans notre existence et garder suffisamment de discernement pour ne pas se perdre dans les pièges de notre imagination. Interpréter les signes de la vie sans trahir les principes fondamentaux qui la gouvernent. Et, au-delà de nos illusions, expérimenter ce qui est essentiel dans notre condition. Ce n'est pas facile. Surtout lorsque, malades, nous connaissons la peur, la douleur et le doute. Car, bien souvent, nous utilisons des mots pour éviter de ressentir nos maux ; nous refoulons nos émotions en inventant des raisons. Habitués à contrôler le monde à l'aide de nos idées et de nos concepts, nous avons tendance à théoriser notre expérience. Nous interprétons. Nous expliquons. Mais sommes-nous certains de traduire fidèlement ce que nous percevons, ce que nous ressentons ?

Le fil de l'histoire

La première fois que je me suis posé cette question, j'avais dix ans. J'étais un enfant mais, quel que soit notre âge, il est difficile de rester insouciant face à ce qui paraît incohérent. Or, soudainement, un soir de Noël, je pris conscience du fait que certaines personnes sont capables d'agir en contradiction avec les principes supposés motiver leur action*. Les écrans de télévision et les journaux de mon enfance en témoignaient (et en témoignent encore) tous les jours : des êtres humains peuvent tuer d'autres êtres humains au nom de l'amour. Cela me parut totalement incohérent. Je pensai alors que ces assassins ne ressentent probablement pas la douleur provoquée par la séparation définitive de deux êtres. Autrement, ils ne pourraient pas tuer ; ils ne pourraient pas supporter cette souffrance, ni pour eux-mêmes ni pour autrui. Un peu plus tard, j'ai compris que le fait d'occulter nos perceptions, de refouler nos émotions et de nier nos sentiments nous permet d'échafauder des raisonnements totalement désincarnés. Des constructions intellectuelles qui, très souvent, sont une réponse à nos peurs et tentent de justifier les pires horreurs. Ainsi, il n'est pas besoin d'être un adulte pour s'apercevoir que, privé de sa sensibilité, l'être humain peut devenir un monstre, pour lui-même et pour les autres.

Ma réflexion à propos de nos refoulements émotionnels s'est poursuivie sur les bancs de la faculté de médecine lorsque j'ai découvert l'existence du concept de *triune brain* de Paul MacLean** et, un peu plus tard, celle de la théorie des « marqueurs somatiques » d'Antonio Damasio***. Nous l'avons vu : pour ces deux chercheurs, la pensée naît dans les perceptions du corps. À travers les différentes couches de notre cerveau, l'information physique en provenance de l'organisme

* Je raconte le déroulement de cette soirée de Noël dans mon ouvrage *Vivre en paix*, *op. cit.*

** Voir chapitre 2, p. 70, et chapitre 4, p. 145.

*** Voir chapitre 2, p. 71.

ou de son environnement est traduite en émotions, puis en mots, en sentiments, en idées et en discours. Une pensée en lien avec la réalité ne peut donc pas simplement naître d'une autre pensée. Elle doit s'abreuver à la source des informations tangibles et être enracinée dans le vécu de l'expérience. Elle doit être alimentée de perceptions physiques et de ressentis émotionnels. Sinon, elle risque d'inventer des raisons très éloignées de *la* raison. Et, coupée de la vérité du corps, elle devient complètement irrationnelle. Ainsi, l'histoire phylogénique* de notre cerveau semble indiquer *le* sens de nos prises de conscience : d'abord physiques, ensuite émotionnelles et finalement intellectuelles.

Jeune médecin, je pensais déjà que le « bon sens » dépend avant tout du respect d'un certain ordre dans la succession des étapes du processus qui construit la pensée. La découverte des travaux du psychologue américain Arthur Janov ne fit que renforcer ma conviction**. Pour Janov, le refoulement constitue *la* défense biologique fondamentale contre la douleur. Il existe des souffrances de première, deuxième ou troisième ligne, selon que le traumatisme responsable de la douleur s'est produit à un niveau instinctuel, émotionnel ou intellectuel. Chaque niveau de refoulement s'effectue dans une couche cérébrale bien précise : les souffrances de première ligne sont contenues dans les engrammes du cerveau reptilien, celles de deuxième ligne dans les engrammes du système limbique, et celles de troisième ligne dans les engrammes du néocortex. Mémorisées dans les couches les plus anciennes du cerveau, les souffrances de

* La phylogenèse retrace l'évolution d'une espèce et met en évidence ses liens avec d'autres espèces. Dans le cas du cerveau humain, les trois couches décrites par MacLean révèlent la sophistication croissante du traitement de l'information qui s'est opérée au cours du temps, à travers une couche reptilienne (tronc cérébral, mésencéphale, hypothalamus, ganglions de la base), une couche mammifère (système limbique) et une couche plus spécifiquement humaine (néocortex).

** Je parle longuement des travaux d'Arthur Janov dans mon ouvrage *La Solution intérieure : vers une nouvelle médecine du corps et de l'esprit*, *op. cit.*

première ligne se manifestent par des troubles physiques – par exemple, des colites ou des palpitations – qui, plus tard au cours de la vie, resurgissent lors d'épisodes anxieux ou de maladies dont la cause initiale est oubliée depuis longtemps. Aucune larme ni aucun mot ne peuvent exprimer des souvenirs aussi anciens, seulement des symptômes physiques, car la mémoire de première ligne n'est ni émotionnelle, ni intellectuelle ; elle est instinctuelle. La mobilisation des souvenirs douloureux doit respecter la chronologie des engrammes cérébraux et remonter couche après couche jusqu'à l'origine de la souffrance. En sensibilisant le patient à l'extrême, une thérapie dite « primale » permet d'atteindre des souvenirs préverbaux en lien avec des événements survenus durant la toute petite enfance, au moment de la naissance ou même pendant la grossesse[1].

La vérité du corps

L'observation de certaines thérapies primales conduites par Arthur Janov dans son Primal Center de Venice, en Californie, m'a convaincu : caché derrière les remparts de nos discours, il y a en chacun de nous un abîme de souffrances. Il faut donc pouvoir franchir les défenses de nos mots pour comprendre la vérité de nos maux. Il faut suivre le fil de notre histoire dans le bon sens pour en comprendre tout le sens. Or, durant les premières années de ma pratique de la psychothérapie auprès de personnes souffrant de pathologies physiques, il m'est apparu que de nombreux malades effectuaient leur quête de sens à l'envers. Au lieu d'écouter les messages de leur corps, ils plaquaient des explications toutes faites sur leurs symptômes. Ils récitaient des théories apprises dans des livres ou bien répétaient les paroles entendues dans la bouche d'un « gourou » du symbolisme des maladies. Mais jamais ils n'avaient accès à leur propre vérité.

Face à cette situation, j'ai décidé de proposer aux patients qui me consultent des réunions en groupe afin d'explorer une approche plus personnelle de leur maladie. Abordées comme une expérience ponctuelle par les uns, comme un complément au travail psychothérapeutique individuel par les autres, ces séances collectives sont souvent l'occasion de prises de conscience inattendues. La dynamique qu'elles génèrent est particulièrement utile pour les personnes ayant un profil alexithymique*. En effet, en écoutant les autres exprimer leurs ressentis, chaque participant peut apprendre les mots qui conviennent pour exprimer ses propres sensations. Il découvre que les êtres humains partagent des expériences communes et que les émotions sont des messages importants à entendre, à exprimer et à communiquer. Cela facilite la levée du refoulement alexithymique. Les tensions corporelles et émotionnelles de certains patients se relâchent. Leurs douleurs physiques et psychologiques s'apaisent[2]. Ainsi, une étude réalisée chez des patients alexithymiques ayant présenté un infarctus du myocarde a mis en évidence un effet bénéfique des séances de thérapie en groupe, tant sur leurs symptômes d'alexithymie que sur leur évolution cardiologique[3].

Chacun des groupes que j'anime est constitué d'une dizaine de personnes. Chacune de ces personnes amène dans le cercle que nous formons son histoire, sa souffrance, une maladie, des symptômes. Étalé sur une période de deux ou trois jours, notre travail commun commence par un tour de cercle, un échange de paroles. « Il faut toujours entrer par la porte qui est ouverte », m'a enseigné Barbara Ann Brennan, une guérisseuse américaine qui a fondé plusieurs « écoles de guérison », en Floride, en Allemagne et au Japon[4]. En Occident, au XXIe siècle, la pensée et le discours constituent souvent la porte ouverte sur l'intimité de l'autre. Se présentent alors des cancers débutants, des cancers avancés, des scléroses en plaques, toutes sortes de maladies inflammatoires et chroniques, de l'asthme, des allergies, des ulcères gastriques, de l'eczéma, du psoriasis, des cœurs

* Voir chapitre 4, p. 146-150.

fatigués, des intestins irrités, des poumons usés, des membres paralysés. Du doute, de la peur. De la révolte, de la rage. Du découragement. De l'espoir, de la force. Des projets. Beaucoup de mots, de longues phrases. Quelques silences aussi. C'est précisément ces temps vides de mots qui ouvrent la voie vers les couches plus profondes de l'être. Il faut alors oser affronter le vide, arrêter d'occuper le temps et l'espace avec des idées et des concepts, abandonner la défense du bavardage, laisser surgir l'émotion, accepter la vulnérabilité, et prendre conscience de l'inconfort auquel on tente d'échapper. « Pleurer atteste du plus grand des courages, celui de souffrir[5] », écrit Viktor Frankl.

Ainsi, progressivement, chacun des participants baisse la garde. « J'ai eu l'impression de me débarrasser d'une armure, un véritable carcan dont, sans m'en rendre compte, j'étais prisonnière depuis très longtemps. Trop longtemps. » C'est ce que me dit une jeune femme atteinte de la maladie de Parkinson à la fin de notre premier tour de parole. Une certaine douceur s'installe au sein du groupe. La confiance se lit dans les yeux humides des participants. Une sorte de fluidité transparaît dans l'expression des regards. Comme si une information figée s'était remise à circuler. Comme si les émotions déliaient plus facilement les langues et, en même temps, relâchaient davantage les corps. « La fluidité : c'est le bon mot, m'écrivit un homme atteint de fibromyalgie. J'avais oublié à quel point cette impression est agréable. Je m'aperçois aussi combien j'en suis privé. »

C'est alors le moment de soutenir le processus de « refluidification » en y impliquant le corps d'une manière active. Des exercices respiratoires, des mouvements réalisés dans la pleine présence à soi-même et, finalement, un abandon à la danse aident à prendre conscience du plaisir de certaines zones corporelles tendres, souples et ouvertes, ou de la douleur d'autres parties crispées, raidies et fermées. « Ces exercices corporels m'ont appris à dissocier ce qui est confortable de ce qui est inconfortable. J'ai senti où se situait la maladie dans mon corps. J'ai senti là où c'était facile et là où ce ne l'était plus », me dit une dame souffrant de polyarthrite. «Les Anglo-Saxons ne se trompent pas lorsqu'ils parlent de *dis-ease*, commente l'ami rhumatologue dont je vous ai parlé plus haut*. La maladie est une perte d'aisance – une perte d'*ease*, un manque de fluidité, quelque part dans notre corps et/ou dans notre esprit.»

La voie de l'art

Prendre pleinement conscience de son corps permet de court-circuiter la domination de la pensée et du discours. L'acte est «méditatif», dans le sens où il focalise l'attention, apaise l'activité du mental et libère un espace pour ressentir les manifestations physiques de l'émotion. Après qu'ils ont respiré profondément et se sont abandonnés à la danse, j'invite donc les participants aux séances en groupe à s'allonger et, en pleine conscience, à prendre le temps d'*être*, de sentir, de ressentir, simplement. D'une façon absolument naturelle, ce temps de repos permet de libérer davantage d'émotion, davantage d'information qui demande à être manifestée à l'aide de mots ou de gestes.

L'enjeu est alors de continuer à éviter les pièges de la pensée, toujours prête à expliquer, à démontrer, à théoriser. Si l'on veut échapper au conditionnement des idées toutes faites et des discours appris sur la maladie, il faut pouvoir laisser l'émotion s'exprimer en toute liberté, sans mots, à travers la spontanéité du corps. Proposer d'imprimer cette émotion dans la matière est un bon moyen d'y parvenir. Par exemple, en offrant de la terre glaise aux mains de ceux qui viennent de reprendre contact avec eux-mêmes.

«Naturellement, j'avais envie de partager mon expérience, témoigne Veronica, une jeune femme atteinte d'un cancer du sein. J'avais envie d'expliquer aux autres les moments inouïs que je venais de vivre en ayant pleinement conscience de mon

* Voir chapitre 1, p. 53.

corps. Ces sensations oubliées. Ces impressions nouvelles. Ma respiration que je m'étais réappropriée. La souplesse de mon corps, mais aussi ses limites. La relation différente avec mon sein récemment opéré. J'avais aussi envie de dire que je connaissais la cause de mon cancer. Un thérapeute spécialisé en décodage des maladies m'avait aidée à comprendre pourquoi j'étais tombée malade. J'étais certaine que mon cancer était dû aux problèmes que j'ai rencontrés au travail avec un homme qui ressemble à mon père et que j'ai protégé comme une mère. C'est tout cela que j'avais envie d'expliquer aux autres participants du groupe. Je me suis donc sentie très frustrée lorsque vous m'avez demandé de garder le silence, de rester concentrée sur les sensations de mon corps et de laisser mes mains trouver leur chemin dans la terre glaise, sans les y aider par la pensée. »

Pétrir la glaise. Creuser la profondeur de sa douleur. Appuyer la force de sa rage. Lisser la douceur de sa tristesse. Imprimer les tâtonnements de son espoir. Oser l'ampleur de ses désirs. « Je ne croyais pas y arriver, confie Justin, un chef d'entreprise brisé par l'annonce d'un cancer de la prostate. J'étais convaincu de n'avoir aucun talent artistique. Je me demandais ce que j'allais pouvoir réaliser à partir d'une masse de terre humide et informe. Et puis j'ai découvert avec surprise que mes doigts bougeaient tout seuls. À un moment, je me suis dit que ce qu'ils créaient était enfantin, puéril, stupide. Je me suis jugé. Cela a rompu mon élan. Heureusement, vous m'avez encouragé à me concentrer à nouveau sur ma respiration. En revenant aux sensations de mon corps, progressivement, mes doigts se sont déliés et j'ai retrouvé le plaisir de créer. Oui, c'était un plaisir. »

Pétrir la glaise, tel le dieu Khnoum, « le maître de l'eau fraîche », divinité à tête de bélier du panthéon de l'Égypte ancienne. Khnoum, le potier, assis devant son tour, en train de façonner le corps de l'être humain et son double, le *ka*, avec le limon du Nil. Khnoum, le créateur des formes physiques et psychiques.

Les «œuvres» qui naissent sous les doigts des participants aux séances en groupe sont surprenantes. Intrigantes. Émouvantes. Réunies au centre du cercle, elles dégagent une énergie à la fois pesante et vibrante. Une information tantôt triste, tantôt gaie. Une nostalgie et un espoir. «On dirait des objets fabriqués par des enfants», remarque Justin. C'est précisément l'enfant qui vit à l'intérieur de chacun de nous qui s'exprime dans un exercice comme celui de la terre glaise. Spontanément, sans jugement, sans peur, sans restriction, sans inhibition. Il y a là des figurines humaines courbées, torturées, creusées, recroquevillées, ou au contraire redressées, libérées, expansées; des objets plus abstraits, disloqués, lézardés, entaillés, piqués, trapus ou étalés, lisses ou rugueux; des formes concaves ou convexes, pointues ou rondes; des cœurs, des soleils, des couteaux, des larmes, et toutes sortes d'images symboliques; des «mots de terre», comme les a nommés Serge, un participant atteint d'une leucémie. De véritables chefs-d'œuvre. Et, sur le visage des personnes réunies autour de ces productions artistiques, des larmes ou un sourire apaisé.

«J'ai l'impression d'avoir dit ce que je n'arrivais pas à dire, ce que je ne parvenais pas à me dire, ce que je n'osais pas m'avouer à moi-même, confie Henri, un patient souffrant de polyarthrite rhumatoïde. Et là, tout à coup, voir ce petit bonhomme de terre tout déformé devant mes yeux me fait prendre conscience qu'il s'agit d'une partie de moi. La couronne que j'ai posée sur sa tête me fait comprendre mon désir d'être reconnu pour mes talents. Les pinceaux que j'ai glissés dans ses mains me montrent à quel point j'ai envie de peindre. La peinture est toute ma vie, depuis ma plus tendre enfance. Mon père n'a pas voulu me laisser embrasser une carrière artistique. Du coup, je n'ai jamais peint. Je me suis contenté d'admirer la peinture des autres. Et, aujourd'hui, alors que mes mains sont déformées par la maladie, alors que je peux à peine tenir un crayon entre mes doigts, j'ai décidé de peindre. J'ai décidé de montrer aux autres ce que j'ai dans le cœur. Je ne passerai pas à côté de ma vie.»

Invités à poser des « mots de lettres » sur leurs « mots de terre », les participants commentent alors leur production artistique. Et, souvent, ils découvrent une part insoupçonnée de leur vérité. Ils donnent un sens inédit à leur expérience. Ils identifient une direction inexplorée de leur existence. « J'avais tellement envie d'expliquer ce que mon thérapeute m'avait fait comprendre à propos de mon cancer du sein, redit Veronica. J'étais tellement persuadée d'avoir mis le doigt sur la cause de cette maladie. J'étais tellement certaine que le sens de mon infortune résidait dans la nécessité de clarifier mes relations avec mon collègue de travail. Et puis, tout à coup, en contemplant le sein que j'ai façonné dans la terre glaise, je découvre que mon cancer révèle beaucoup plus qu'un simple problème relationnel avec un homme qui me rappelle mon père. Lorsque je regarde le petit enfant que j'ai sculpté sur la face creuse de ce sein en terre, les larmes montent dans mes yeux et je réalise à quel point j'aurais aimé être mère. La chaîne brisée qui accompagne cet enfant me montre combien j'ai peur de perdre mon conjoint. En parlant, je prends conscience de ma crainte : le fait de ne pas avoir d'enfant avec mon mari m'expose au danger d'être abandonnée par lui. Je sais que c'est stupide de penser cela mais c'est ce que je pense. C'est ce que j'ai toujours pensé. Je n'osais simplement pas me l'avouer. Je me rappelle qu'un jour, ayant des soupçons à propos de la fidélité de mon époux, j'ai dit à une amie que je préférais avoir un cancer plutôt qu'être trahie par celui que j'aime. Je m'entends encore le dire. C'est idiot, car mon mari est l'homme le plus aimant et le plus fidèle qui puisse exister. Pourtant, j'ai peur. J'ignore si cette peur est à l'origine de mon cancer. Mais, si je dois donner un sens à ce que je vis, je crois qu'il faut que j'arrête d'avoir peur. Il faut que j'apprenne l'autonomie. J'en ai besoin. J'en ai envie. »

Le retour à l'essentiel

Écouter les malades commenter les matérialisations en terre glaise de leurs souffrances et de leurs espérances, c'est comme pénétrer dans une caverne remplie de trésors. Au-delà des théories psychosomatiques, des grilles de lecture symbolique des maladies et des affirmations psychologisantes, on découvre la richesse des individualités, la profondeur des intimités, la singularité des personnalités. Chaque être est unique. Chaque histoire est spécifique. Chaque projet est magnifique.

Je propose alors aux personnes qui participent aux séances en groupe de dessiner sur du papier la façon dont elles se voient au présent et dont elles aimeraient se voir dans le futur. En dessous du dessin représentant leur vision pour l'avenir, je leur demande d'écrire quels sont les moyens qu'elles pensent devoir mettre en œuvre pour concrétiser leur souhait et – c'est la chose la plus importante – quelle est la promesse qu'elles se font à elles-mêmes pour parvenir à manifester leur intention dans la réalité matérielle de leur existence.

La plupart des dessins produits par les participants évoquent des « archétypes » au sens où l'entendait Carl Gustav Jung : des représentations issues du grand réservoir de l'inconscient collectif de l'humanité ; des images reliées aux mouvements, aux gestes et aux sons d'un langage préverbal ; des signes inspirés par la nature ou par le corps. S'affichent alors des silhouettes étroites, déformées, nouées, habitées de masses sombres et denses ; des sols desséchés, des arbres morts, des ciels gris ; des poings serrés, des regards vides, des bouches fermées : « moi aujourd'hui », malade et affligé. Puis apparaissent des corps déployés, des bras et des jambes détendus, des yeux brillants, des sourires éclatants ; des cœurs scintillants ; de la terre grasse, de l'herbe verte, des fleurs de toutes les couleurs, des arbres feuillus, des ciels bleus et des torrents d'eau ; la mer ; des soleils, des arcs-en-ciel ; de grandes maisons aux volets ouverts, des enfants, des chiens et des oiseaux : « moi demain », guéri et libéré.

« Tout cela est très primitif », s'étonne Lionel, un professeur de latin et de grec atteint d'une iléite de Crohn. Enfantin et primitif. Comme ce qui est essentiel en nous. Comme ce qui est éminemment vrai et vivant. Il y a là du calme et de la tempête, des vagues de flux et de reflux, des monts et des vallées, des spirales pareilles à des galaxies, des rayonnements semblables à des astres en fusion ; des lenteurs et des accélérations, des effleurements et des creusements, des interrogations et des affirmations, des questions et des exclamations. De l'art à l'état brut. Un langage effectivement « primitif » dans le sens où, nous l'avons vu, à l'origine, dans l'histoire de la communication, les gestes ont précédé les mots*. Un langage universel dont les images, vécues dans l'expérience sensorielle ou empruntées à la nature, deviennent des symboles partagés par tous. De parfaites métaphores de l'aisance ou de la souffrance. Des signes de la bonne ou de la mauvaise santé.

« Avant d'interroger mon corps et ma maladie à travers le mouvement, la méditation et l'expression artistique, j'étais convaincu que mon iléite de Crohn était la conséquence d'une trahison professionnelle non digérée, explique Lionel. J'avais exploré tout cela avec un médecin spécialisé en symbolique du corps humain. Je cherchais par tous les moyens à éviter de nouvelles trahisons et je vivais dans la hantise de ne pas arriver à digérer toutes les blessures que j'avais identifiées durant mon travail psychothérapeutique. Cela me stressait énormément. Je me rends compte que cela m'empêchait de vivre. Depuis, j'ai découvert qu'à force d'échafauder des théories on risque de délirer, dans le sens latin du verbe *delirare*, qui veut dire extravaguer, perdre la raison, sortir du sillon. Sortir du sillon. Le sillon du "bon sens", qui respecte la primauté de l'information corporelle et émotionnelle sur celle que fabrique notre intellect. J'ai découvert que ma vie réclame quelque chose de beaucoup plus important que la compréhension intellectuelle d'une éventuelle cause psychologique de ma maladie. Ma vie a besoin de vie, tout simplement. »

---

* Voir chapitre 2, p. 73-75.

En lien avec la vie

Laisser les perceptions et les émotions informer la réflexion permet d'échapper aux conditionnements intellectuels et aux explications stéréotypées que l'on a tendance à plaquer sur l'expérience de la maladie. Les patients qui y parviennent témoignent tous d'un même souhait : ils désirent se réconcilier avec la vie. Leur souffrance devient l'occasion de mieux comprendre ce qu'est la vie. Leur infortune se transforme en une opportunité de percer le mystère des principes indispensables à l'expression d'une pleine vitalité.

« Moi demain », guéri et libéré. Les dessins des malades représentent les conditions d'une bonne santé. Les corps y sont déliés, détendus, expansés ; les visages souriants, pétillants, étincelants ; les mains ouvertes, les torses bien droits, les pieds stables et ancrés dans la terre ; les fleurs chatoyantes, les arbres verdoyants, les torrents bouillonnants. Tout y est fluide, confiant et cohérent. Tout y est éminemment vivant.

Fluidité

Rien ne symbolise mieux la vie que l'eau. Ce liquide primordial est à l'origine du vivant. Il recouvre les trois quarts de la surface terrestre et représente la même proportion dans notre organisme. Il remplit nos cellules, circule dans nos vaisseaux sanguins et lymphatiques, et véhicule la plus grande partie de l'information à travers toutes les parties de notre corps. Nous baignons dedans depuis le jour de notre conception jusqu'à notre naissance. Nous ne pouvons survivre sans nous en abreuver régulièrement, indéfiniment. La vie en nous et autour de nous est eau. L'eau est vie. L'eau est vive. Elle contourne les obstacles, érode les barrages, se faufile dans les moindres interstices. Rien ne l'arrête. L'eau est vivante.

L'eau est fluide. Cette fluidité lui permet de s'infiltrer partout. Elle est le garant de notre vitalité. Car, sans fluidité, les molécules et les cellules ne pourraient pas s'acquitter de leur mission. L'information biologique ne pourrait pas remplir sa fonction. Aucune liaison ne s'opérerait, aucun lien ne se formerait, aucune vie ne se manifesterait. Car la vie, c'est aussi, et avant tout, des liens. Des jonctions souples, mobiles, labiles, capables de se faire, de se défaire et de se refaire pour construire le tissu du vivant. Car la vie, c'est également du mouvement et du changement ; de la variabilité et de l'adaptabilité ; de l'évolution et des révolutions.

Les propriétés et les potentialités de l'eau constituent des métaphores parfaites pour traduire les habitudes et les aptitudes vitales de notre corps et de notre esprit. De fait, nous savons que nos contractures, nos tensions et nos fermetures physiques sont à l'origine de restrictions et de blessures pathologiques. De la même manière, nous pressentons que nos obsessions, nos fixations et nos inhibitions psychologiques favorisent l'apparition de certaines affections dites « psychosomatiques ». Si la fluidité est source de bonne santé, la rétention et la rigidité mènent souvent à la maladie. Il n'est donc pas étonnant de voir tant de malades aspirer à retrouver leur souplesse physique et psychique.

« Toutes ces années passées à me taire, à porter un masque. Toutes ces années à contenir ma rage et ma douleur. Si seulement je pouvais ôter ce masque, bouger mon corps sans avoir mal et danser », dit Florence en contemplant la femme qu'elle a modelée dans la terre glaise. Son visage est lisse, sans traits ; ses membres sont raides, sans vie. Comme ceux de Florence, atteinte du syndrome de Goujerot-Sjögren – une maladie auto-immune qui touche les glandes lacrymales et salivaires, entraîne une sécheresse de la bouche et des yeux, et provoque des ulcérations de la cornée, une perte de souplesse de la peau, des douleurs inflammatoires au niveau des articulations, de multiples dérèglements organiques et une grande fatigue. Depuis son plus jeune âge, Florence donne le change. Un père militaire, absent, avare de compliments, imposant sa maîtresse à son épouse et à ses enfants. Une mastoïdite à l'âge de trois ans, opérée trois fois. Puis de multiples interventions chirurgicales aux pieds et les premières ulcérations de la cornée. Un mariage raté, un mari alcoolique. Jamais elle ne s'est plainte. « J'ai somatisé », dit-elle avec un sourire crispé, les yeux protégés derrière de grandes lunettes noires. « Je me fiche de savoir si mon Goujerot-Sjögren est la conséquence de toute cette souffrance non exprimée. Cependant, je ne peux pas rester indifférente lorsque je découvre la rigidité de ma figurine en terre glaise. C'est bien moi : raide et sèche, sans fluidité. Anxieuse, toujours sur le qui-vive, inhibée par la peur, découragée avant de commencer. Je regarde la vie s'écouler comme un fleuve sans jamais m'y baigner. Je traverse mon existence sans vraiment la vivre. J'ai l'impression d'être au balcon en train d'admirer un défilé de beaux militaires sous mes fenêtres, j'aimerais les rejoindre mais je me l'interdis. C'est à pleurer. Même si mes yeux restent secs, désespérément secs. »

Intuitivement, Florence a compris quel est le bon sens à suivre pour retrouver un peu de la fluidité qui lui manque tant. « Si seulement je pouvais bouger mon corps et danser », dit-elle avec dépit. Je lui ai donc proposé de se faire masser, de fréquenter un cours de tai-chi et de s'inscrire dans un club de danse. Bouger, délier, libérer le corps et la psyché. Arrêter d'avoir peur. Ne plus se défendre. Oser. Faire confiance. C'est tout le sens de son histoire. Souvent, en examinant ce qui nous fait défaut, nous pouvons donner une nouvelle impulsion à notre projet. En explorant ce que nous avons négligé, nous trouvons la direction à suivre pour le reste de notre existence.

Confiance

Rien n'est plus nécessaire que la confiance pour avancer dans la vie. La plupart des participants aux séances en groupe témoignent de craintes et d'inhibitions qui les empêchent de se réaliser. Leurs peurs les paralysent. Ils sont incapables de créer la vie qui leur convient vraiment. « Je n'étais pas conscient de ma frustration, avoue Henri, atteint de polyarthrite rhumatoïde. J'ai eu tellement peur de déplaire à mon père. Il était plus commode pour moi d'oublier mon envie de peindre que d'assumer la désapprobation paternelle. J'ai donc reporté mon désir sur les œuvres des autres. Je me suis mis à collectionner des tableaux. J'admirais le talent des artistes. J'étais convaincu de n'en avoir aucun moi-même. Et, à force de me dévaloriser, j'ai perdu toute confiance en moi, dans tous les domaines. Ma vie sentimentale est un échec, ma vie professionnelle n'est pas une réussite non plus. J'ai passé mon temps à me protéger et à me défendre. Je n'ai pas compris les règles du jeu. »

Le jeu dont parle Henri est celui de la confiance. La confiance en soi. Mais pas seulement. La confiance en la vie, aussi. Le jeu n'est pas facile car une bonne part de notre personnalité s'est forgée en réponse à des peurs. Des peurs dont, nous l'avons vu, Wilhelm Reich a identifié les stigmates corporels*. Des peurs qui se résument à une grande crainte : celle de l'anéantissement. Notre crainte de mourir est immense, elle est inhérente à notre instinct de conservation. Du coup, une grande partie de notre énergie est consacrée à développer des stratégies de survie. Et, pourtant, « survivre n'est pas vivre », me faisait remarquer un chaman colombien rencontré à l'école de Barbara Ann Brennan à Miami.

Survivre consiste à se défendre. Cela crée de la rétention et de la rigidité. Vivre nécessite de faire confiance. Automatiquement, cela favorise la fluidité et la vitalité. « J'ai dû apprendre à ne plus commencer mes phrases par des "oui mais", raconte Lionel, le professeur de langues anciennes atteint de la maladie de Crohn. J'ai découvert que derrière chacune de mes objections se cachait une peur. Recourir aux "oui mais" témoigne d'une intention négative. C'est une manière d'éviter ce que nous craignons. C'est rester en dehors de l'expérience. Ce

* Voir chapitre 3, p. 102-104.

faisant, nous nous privons de la possibilité de changer, d'évoluer, de vivre, tout bêtement. J'ai dû apprendre à dire “oui et” ; à rester ouvert à ce qui se présente dans mon existence ; à aborder la vie d'une manière plus positive ; à vivre, tout naturellement. »

La négativité dont parle Lionel ne masque pas seulement de grandes peurs. Elle cache aussi d'immenses frustrations, et donc d'importants besoins. Souvent, je propose aux personnes que j'accompagne de se soumettre à un petit exercice qui consiste à remplir quatre colonnes sur une feuille de papier : une colonne pour les *formules négatives* du genre « oui mais cela ne pourra pas se réaliser », « ce n'est pas possible », « il ne comprendra pas » ; une colonne pour les *peurs* qui se cachent derrière la négativité, par exemple : « j'ai peur que cela ne puisse pas se réaliser », « je crains que cela ne soit pas possible », « je redoute qu'il ne comprenne pas » ; une colonne pour les *frustrations* engendrées par le constat négatif, des aveux du genre : « j'ai besoin que cela se réalise », « j'ai besoin que cela soit possible », « j'ai besoin qu'il comprenne » ; et, enfin, une colonne pour la *colère* suscitée par ces besoins non satisfaits, par exemple : « je veux que cela se réalise, je ne vois pas pourquoi je ne serais pas la bonne personne pour le réaliser » ou « je veux qu'il comprenne, je vais tout faire pour que cela soit le cas, après tout pourquoi ne pourrais-je pas arriver à me faire comprendre ! ». Cet exercice « négativité-peur-frustration-colère » est particulièrement efficace pour débloquer des situations figées*.

De la négativité à la colère : parcourir ce chemin demande de la confiance. Le tout est alors de parvenir à exprimer sainement sa colère, sans agressivité ni culpabilité. Dans l'affirmation de soi, tout simplement. Mon expérience auprès des malades atteints de pathologies lourdes et chroniques m'a appris que la colère est une formidable énergie au service de la

* L'exercice « négativité-peur-frustration-colère » est présenté de manière détaillée dans mon ouvrage *Le Travail d'une vie*, Paris, Robert Laffont, 2001, p. 127-131.

vie. Exprimée de manière non agressive, elle devient *la rage qui nous fait vivre**. Et, manifestée à travers nos actes, elle se révèle une ressource indispensable au maintien de notre cohérence.

Cohérence

Rien n'est plus indispensable à la vie que la cohérence. Sans elle, le vivant ne pourrait pas se manifester, se déployer et se perpétuer. Elle est une condition obligatoire de la réussite vitale. Car elle permet de mobiliser toute l'énergie disponible au service d'une intention. Elle permet de diriger toutes les forces existantes dans une direction. Peu importe alors que l'intention soit positive ou négative, s'il est cohérent, le projet a des chances d'aboutir.

Respecter le « principe de cohérence » est un gage de succès. Ainsi, dans la nature, chaque système biologique requiert des conditions particulières pour exister. Lorsque ces conditions sont remplies à tous les niveaux d'organisation, le système fonctionne parfaitement. Tout étant relié par les liens du « tissu vivant », lorsque l'ensemble des systèmes biologiques fonctionne correctement, la vie prolifère d'une manière fluide et harmonieuse. Si un élément à un niveau d'organisation se met à dysfonctionner, l'incohérence se fait jour, la fluidité et l'harmonie sont rompues, la vitalité du « tissu vivant » diminue, des signaux d'alarme se manifestent, des symptômes apparaissent et des maladies surgissent. Plus la complexité d'un système est importante, plus le risque d'y introduire de l'incohérence est grand ; il existe de nombreuses circonstances susceptibles de perturber les rouages de l'organisation biologique, qui sont autant d'occasions de provoquer des conditions pathologiques.

La même chose se produit dans les sociétés humaines. En effet, pour que le projet d'une communauté réussisse, il faut

* Le thème de la « colère, rage de vivre » est abordé dans mon ouvrage *La Solution intérieure : vers une nouvelle médecine du corps et de l'esprit*, *op. cit.*, p. 104-108.

une grande cohérence entre les principes de sa philosophie fondatrice, les intentions de chacun de ses membres et les actes posés par ceux-ci. Ainsi, la civilisation de l'Égypte ancienne doit son impressionnante longévité à la cohérence entre les institutions pharaoniques, le message religieux et le respect des principes d'ordre et d'éthique, symbolisés, nous l'avons vu, par la figure divine de Maât*. L'expansion des grands empires de l'histoire humaine n'a été possible que grâce à la cohérence entre des idéaux guerriers et dominateurs, l'ambition de grands personnages charismatiques et les besoins des populations sur lesquelles ils régnaient. Lorsque la cupidité et la luxure remplaçaient la rigueur et le courage militaire, lorsque l'intérêt des chefs dépassait celui des peuples, lorsque les moyens utilisés pour gagner ne correspondaient plus au message supposé les justifier, inévitablement l'incohérence provoquait l'effondrement des puissances, l'anéantissement des dictatures et l'appel à une redéfinition des valeurs de la civilisation en déclin.

« La cohérence est une arme redoutable, explique Maechi Malee, une nonne bouddhiste rencontrée à Chiang Mai, en Thaïlande. Sa force déplace des montagnes. Lorsqu'elle sert le bien, elle donne naissance à des actions extrêmement positives ; elle manifeste de la bonne santé. Hélas, elle peut aussi servir de mauvaises intentions ; ses effets sont alors dévastateurs. Dans ces cas, des intentions mal clarifiées et des actions contradictoires finissent par créer de l'incohérence ; le chaos s'installe comme une maladie ; et, du coup, les systèmes néfastes implosent, s'écroulent et disparaissent. Ainsi, certaines crises sont nécessaires. Certaines maladies sont bénéfiques. »

De nombreux participants aux séances en groupe disent exactement la même chose. « Avec le recul, je considère mon infarctus comme un cadeau de la vie, affirme René, un homme d'affaires à la retraite. J'ai passé ma vie à me battre contre la vie. Il fallait agir, produire, créer, réaliser ; toujours plus, toujours

---

* Voir chapitre 1, p. 52.

plus vite. Deux fois par an, épuisé, je prenais des vacances. Puis je reprenais le cours infernal de mon existence, en déclarant que c'était de la folie, que j'allais y laisser ma peau, mais qu'il n'était pas possible de faire autrement. Je croyais que la vie était un combat, que le monde était dangereux, qu'il fallait tout contrôler. Motivé par ma croyance, je vivais à cent à l'heure, suivant une logique très cohérente. Et tout me réussissait. Lorsque la pression était difficile à supporter, je disais assurer ma retraite, je prétendais préparer un futur plus doux, je me promettais un repos bien mérité ; toujours plus tard. Jusqu'au jour où j'ai ressenti une horrible douleur dans la poitrine. J'ai cru mourir. Il s'en est fallu de peu. Aujourd'hui, je réalise que ma peur et mes croyances dirigeaient mon existence. Si ma santé ne m'y avait pas obligé, je n'aurais sans doute jamais adopté un autre mode de vie. Mon cœur m'a rappelé à l'ordre. Il continue de le faire car, régulièrement, je retombe dans le piège de mon hyperactivité. Je triche avec mon cœur. Je triche avec moi-même. Je triche avec la vie. Or la vie ne supporte pas la tricherie. Le problème, c'est qu'on se croit plus fort que la vie. On imagine pouvoir affirmer que l'on veut vivre en paix tout en faisant la guerre. Tout en *se* faisant la guerre. L'incohérence est douloureuse. Les pincements dans ma poitrine me demandent de choisir : continuer à m'abîmer en courant après des chimères, ou bien respecter enfin les besoins essentiels de mon corps et de mon âme. »

Comme toutes les crises, la maladie est une occasion de changer, une opportunité d'évoluer. Une invitation à grandir. Cela suppose de ne pas la considérer uniquement du point de vue de ses aspects négatifs. Certes, elle est une source d'inconfort, de douleurs, de limitations et de doutes ; une période dangereuse où nous risquons de perdre beaucoup. Mais elle peut aussi se révéler une expérience enrichissante, un temps propice à la réflexion, un moment favorable pour redéfinir nos priorités, une période chaotique pouvant conduire à la création d'un ordre différent.

La plupart de ceux qui cherchent à comprendre le sens de leur maladie au-delà des théories stéréotypées se rendent compte que la bonne santé réclame une cohérence sincère entre les pensées, les paroles et les actes. Savoir ce que l'on pense vraiment, discerner si les idées que l'on a sont la conséquence de la peur ou de la confiance, clarifier son intention. Dire ce que l'on pense. Agir en accord avec ses idées, faire ce que l'on a dit. La cohérence est difficile à maintenir, pour tout le monde. Elle requiert un effort permanent. Elle nécessite une vigilance constante, une rigueur sans faille. « Si ma maladie a un sens, je crois pouvoir dire que c'est celui de m'inciter à plus de cohérence, dit Florence, les yeux endoloris par la maladie de Goujerot-Sjögren. J'aimerais retrouver ma fluidité et ma confiance. J'aimerais remettre de la beauté dans ma vie. »

Un sentiment de beauté

Après avoir organisé des dizaines de séances en groupe destinées aux malades en quête de sens, après avoir contemplé des centaines d'œuvres en terre glaise et des milliers de dessins représentant « moi aujourd'hui » et « moi demain », je reste émerveillé par tant de beauté. De la beauté plastique, bien sûr. Mais aussi, et surtout, de la beauté d'âme, de la beauté d'esprit. La plupart du temps, cette grâce se trouve cachée derrière les peurs et les défenses. Il faut alors l'apprivoiser, lui donner envie de se déployer, lui permettre d'irradier. Elle se manifeste dans les corps en mouvement, dans les yeux émus, dans les doigts qui pétrissent la glaise et tracent des lignes de couleur sur le papier.

Je ne peux m'empêcher de penser aux Indiens Navajo qui dessinent des peintures de sable sur le sol du *hogan* afin de restaurer la beauté perdue et rétablir *hozho* – la santé, qu'ils assimilent à la beauté*. Je me rappelle aussi la sagesse des Aborigènes de Lombadina, dans les Kimberleys australiens, qui

* Voir chapitre 1, p. 50-51.

associe l'harmonie, la justesse, la vérité, l'équilibre et la beauté*. Réalisées dans la fluidité, la confiance et la cohérence, les productions artistiques des malades dégagent cette beauté, synonyme de bonne santé. Elles prouvent que l'art et la quête de sens qui l'accompagne constituent une part non négociable de l'aventure humaine. Un moyen essentiel pour rester en vie.

Des raisons d'exister

Trouver ou donner un sens aux expériences de l'existence est un besoin fondamental pour l'être humain. Pourtant, cette nécessité est souvent sous-estimée. Ainsi, dans sa théorie de la motivation humaine, publiée en 1943, le psychologue américain Abraham Maslow distinguait cinq niveaux de besoins répartis selon une hiérarchie bien précise. Des *besoins physiologiques* liés au maintien de l'équilibre biologique de l'individu et indispensables à sa survie : de l'air, de l'eau, de la nourriture, la possibilité d'éliminer des selles et des urines, du repos, de la chaleur. Des *besoins de sécurité* : un abri, des limites, de la stabilité, des ressources, des protections, un environnement rassurant, un accès à l'aide et aux soins. Des *besoins de reconnaissance et d'appartenance sociale* : de l'affection, des relations, le sentiment d'être accepté, l'intégration à un groupe. Des *besoins d'estime* : du respect pour soi-même, du respect de la part des autres, de l'indépendance, des responsabilités, de la liberté. Enfin des *besoins de réalisation personnelle* : la possibilité d'apprendre, d'exploiter ses potentialités, de se développer, d'évoluer, de se reproduire et de participer à l'évolution du monde[6]. Par la suite, Maslow ajouta à sa liste des besoins esthétiques et des besoins intellectuels ; cependant, il ne créa pas de catégorie indépendante pour y inscrire le *besoin de sens*[7]. Cet « oubli » est peut-être dû au fait que l'ensemble des besoins

* Voir chapitre 1, p. 51.

fondamentaux répertoriés par Maslow constitue, par lui-même, le sens de l'aventure humaine. En effet, notre vie semble devoir être consacrée à répondre à toutes les nécessités vitales, des plus matérielles aux plus intellectuelles. Dès lors, nos besoins physiologiques, de sécurité, d'appartenance, d'estime ou d'accomplissement personnel peuvent être considérés comme *le* sens de notre vie, en fonction des circonstances auxquelles nous sommes confrontés. Nos priorités variant au cours du temps, le sens que nous attribuons à nos expériences peut changer. Il évolue, tout comme le projet qui nous anime.

Ainsi, face à la maladie, les préoccupations de chacun sont différentes. Certains consacrent toute leur énergie à remplir leurs besoins physiologiques. D'autres attachent plus d'importance à répondre à leurs besoins de sécurité. D'autres encore préfèrent assurer leurs besoins d'appartenance, d'estime ou d'accomplissement personnel. Cependant, lorsque les patients parviennent à dépasser leurs peurs et à toucher les profondeurs d'eux-mêmes, lorsque la fluidité, la confiance et la cohérence retrouvent une place primordiale dans le projet de chacun, très souvent je constate que Viktor Frankl avait raison : face à la difficulté, trois grands moyens permettent de donner un sens à l'existence. Trois grandes raisons justifient l'envie de continuer de vivre. La première consiste à accomplir une œuvre ou une bonne action. La deuxième consiste à aimer quelque chose ou quelqu'un. La troisième consiste à assumer dignement une souffrance inévitable*. Agir, aimer, assumer.

Agir

« Lorsque j'ai appris que j'avais un cancer, j'ai compris qu'il fallait que je me bouge, raconte Benoît, un homme de cinquante-trois ans atteint d'une tumeur rénale. Jusqu'alors, je me laissais porter par la vie. Je subissais mon existence. La

* Voir chapitre 6, p. 207.

maladie m'a appris à décider, à diriger et à assumer. Elle a fait de moi un homme debout, fier de l'être et désireux de vivre.»

«Des métastases dans les poumons et dans le foie : le médecin a beau me dire qu'il existe un traitement, je ne suis pas idiot, dit Marc, qui a pris sa retraite en même temps qu'il a appris l'existence de sa maladie. Je pense que mes chances de vivre longtemps sont fortement réduites. En attendant, je suis en vie et je n'ai pas l'intention de gaspiller mon temps. J'attendais ma retraite avec impatience. J'imaginais qu'elle me permettrait de passer plus de temps avec mes petits-enfants. Je voulais leur transmettre ce que j'ai appris dans mon existence. Je n'en aurai peut-être pas l'occasion. C'est pourquoi j'ai décidé d'écrire. Je vais raconter ma vie. Ce sera ma manière de laisser quelque chose derrière moi. Peu importe le temps que je vivrai, j'aurai vécu et cela n'aura peut-être pas été inutile.»

«Au début, j'étais dépressive, explique Dounia, une femme de quarante-six ans, atteinte de la maladie de Parkinson. Je ne voyais pas ce que la vie pouvait encore m'apporter. Puis, en dessinant comment j'aimerais être demain, j'ai réalisé que je possède un tas de qualités encore non exprimées. Il y a en moi un potentiel inexploité, des possibilités non partagées. Par manque de confiance en moi, sans doute. Pourtant, la question n'est pas de savoir ce que je peux encore attendre de la vie, mais plutôt ce que la vie attend de moi ! Je ne peux pas garder mes trésors cachés en moi. Je dois les rendre au monde. J'ai envie de créer une association pour aider les enfants souffrant de difficultés motrices. Certaines personnes me disent que ma démarche est morbide et que je risque de m'enfermer dans la maladie. Elles ne peuvent pas comprendre. Moi, je sais que ma vie ne vaut la peine d'être vécue que si elle a un sens. Et le sens de ma vie ne regarde que moi ! »

«Adolescent, j'avais lu *Éloge de la fuite,* d'Henri Laborit*, se souvient Jean-Pierre, paralysé des deux jambes à cause d'une

* Voir chapitre 4, p. 132.

sclérose en plaques. Lorsque je me suis retrouvé immobilisé dans une chaise roulante, j'ai été anéanti. Il n'y a rien de pire que de se retrouver dans l'impuissance, inhibé dans son action. Je me suis rappelé le message de Laborit : fuir ou se battre, ne jamais capituler. Je serais devenu dépressif si je ne m'étais pas fixé un objectif. Il fallait que je donne un sens à mon existence. Même si ce qui m'arrivait paraissait complètement absurde. J'ai donc décidé de gravir les pentes du mont Kilimandjaro, sans mes jambes. Ce fut ma fuite et, en même temps, mon combat. C'est la plus belle chose que j'ai pu vivre. Et, depuis, je sais que l'on est beaucoup plus que ce que l'on croit être.»

«Lorsque j'ai su que j'avais été contaminée par le virus du sida, j'ai pensé que ma vie était finie, raconte Laurence. J'ai rompu la relation que j'entretenais avec l'homme que j'aimais. Car j'étais persuadée que personne ne voudrait vivre avec quelqu'un de malade comme moi. Je suis donc restée seule, durant cinq ans. J'étais triste. J'attendais la mort. Mon état de santé commença à se dégrader. Puis, un matin, dans le métro, je suis tombée nez à nez avec l'homme dont j'étais amoureuse. Subitement, j'ai réalisé que je venais de perdre cinq années de vie à attendre la mort. J'ai pensé que c'était stupide, totalement absurde. J'ai donc décidé de révéler ma séropositivité à mon amoureux. Depuis trois ans, nous vivons ensemble. Je suis très heureuse. Je vis intensément chaque minute sans penser au lendemain. Et je viens d'accepter sa demande en mariage.»

Aimer

«Plus on s'oublie soi-même – en se consacrant à une cause ou à une personne qu'on aime –, plus on est humain et plus on se réalise[8]», écrit Viktor Frankl.

«Lorsque j'ai appris que j'avais un cancer, j'ai eu très peur de ne plus pouvoir me consacrer à ma profession, confie Myriam, une femme de cinquante-deux ans atteinte d'une tumeur au sein opérée cinq ans auparavant et métastasée aux os depuis quelques semaines. Je suis célibataire, sans enfant. Mon travail est toute ma vie. Heureusement, je peux poursuivre mon activité professionnelle. Bien sûr, j'ai dû aménager mes horaires mais le plus important est que je puisse continuer à porter mon projet. J'aime ce que je fais. Même si, parfois, je paie cher le prix de cet amour. De longues journées, du stress, de la fatigue. Je sais que ce n'est pas l'idéal pour aider ma guérison, mais je ne crois pas que l'isolement et le désœuvrement seraient préférables. Le chemin est au milieu. Je dois apprendre à doser. C'est peut-être cela que la maladie vient m'enseigner. Car je dois bien reconnaître que je ne suis jamais parvenue à bien doser mon temps, mes efforts et ma générosité. Je commence à comprendre que j'ai manqué de respect pour moi-même. J'aime mon travail. Il faut que j'apprenne à m'aimer plus.»

«Depuis que j'ai la sclérose en plaques, j'éprouve le besoin de me ressourcer dans la nature, explique Sophie. J'avais oublié à quel point la nature est importante pour moi. Enfant, je vivais à la campagne. J'étais heureuse. J'étais vivante. Puis je suis allée vivre à Paris. Je croyais y être heureuse. Je réalise que j'y étais simplement contente. Ce n'est pas si mal, me direz-vous. Je vous répondrai que ce n'est pas assez. J'ai besoin de la nature, de sa simplicité, de sa paix, de sa violence aussi, de son équilibre, de sa beauté. J'ignore si ma maladie provient d'un “manque de nature”, mais je sais que ma guérison ne sera possible que grâce à un “apport de nature”. Et, même si cet apport ne me permet pas de me débarrasser définitivement de ma sclérose en plaques, au moins je me serai reconnectée à ce qui est essentiel pour moi.»

«Avant que mon diabète ne se déclare, je me plaignais continuellement, raconte Julien. Je prétendais être un passionné des cultures asiatiques. Je passais mon temps chez moi à lire des livres sur l'Asie. Je rêvais de visiter l'Inde, le Vietnam et le Japon, mais j'avais toujours une bonne excuse pour justifier le fait que je ne quittais jamais la France. Pas assez de temps, pas assez d'argent. Trop de travail, trop de responsabilités.

Aujourd'hui, je n'invente plus d'excuses. Je vis ma passion à fond. Je voyage. Et pourtant, ce n'est pas toujours facile, car mon régime alimentaire est contraignant et je dois m'injecter plusieurs doses d'insuline par jour. La maladie m'a appris à assumer mes désirs. Désormais, je sais qu'il faut détruire ses rêves en les concrétisant pour pouvoir en bâtir de nouveaux.»

«Pour moi, la maladie a été le révélateur de mon besoin d'aimer, raconte Louisa. Lorsque j'ai appris qu'il fallait me greffer un nouveau cœur, j'ai tout de suite pensé à mon mari et à mes enfants. Je n'ai pas eu peur de les perdre. Non, j'ai craint de ne pas les avoir assez aimés. Tout à coup, j'ai pris conscience que j'avais passé beaucoup de temps à jouer le gendarme à la maison. Je me préoccupais d'être une bonne mère et une bonne épouse. J'étais tout le temps sur la brèche, je m'activais dans tous les sens. Je ne me posais jamais. Je me suis rendu compte que je ne connaissais pas mon mari ni mes enfants. Je ne les avais pas rencontrés dans leur essence. Je ne leur avais pas montré l'essentiel de moi-même. J'ai découvert qu'aimer ne se résumait pas à bien faire ou à faire du bien. Aimer, c'est faire confiance à l'autre et s'ouvrir à lui, sans condition, sans restriction. À présent que je suis transplantée, je vis très différemment. Simplement parce que je suis très différente. Je suis à l'essentiel.»

Assumer

«Je n'ai jamais imaginé être paralysé un jour, avoue Christophe. Je n'ai jamais pensé non plus que je pourrais vivre cette situation avec autant de force et de joie. Au début, j'ai éprouvé un immense sentiment d'injustice. J'étais révolté. J'ai tenté de mettre fin à mes jours. Et je me suis raté. Un ami bien intentionné m'a offert un livre sur la signification des maladies, avec un signet glissé à la page concernant les paralysies. Les explications de ce bouquin étaient d'une banalité affligeante : la paralysie survient chez des gens qui ne savent plus où aller, des personnes contrariées dans leur élan, des êtres découragés qui préfèrent s'asseoir au lieu d'avancer. Consternant ! La lecture de cet ouvrage a réveillé une grande colère en moi. Comment peut-on écrire des bêtises pareilles ? Avant de tomber malade, je savais très bien où je souhaitais aller dans ma vie. Et j'y allais ! J'avais un job passionnant, je menais une vie de famille satisfaisante et je pratiquais de nombreux sports. La colère déclenchée par la lecture de ce livre fut vraiment très grande. Cependant, contrairement à ce qui s'est produit lorsque j'ai tenté de me suicider, cette fois ma rage exprima un immense désir de vivre. J'ai subitement compris que j'insultais la vie en refusant de la vivre sous prétexte qu'elle n'était plus exactement comme je l'avais imaginée. Cela n'a pas réanimé mes jambes. Cela n'a pas fait disparaître mes douleurs non plus. Mais, depuis, j'apprécie ce que j'ai et ce que je vis. Et, bizarrement, le goût de mon existence est bien meilleur qu'avant. Bien meilleur qu'il n'a jamais été.»

«Nous croyons que la vie est faite pour produire, consommer et jouir, dit Émile, immobilisé par une sclérose latérale amyotrophique*. Nous nous trompons. Quelle imposture de faire croire aux autres que le sens de la vie se résume à l'action et au plaisir ! La vie n'est faite ni pour jouir, ni pour souffrir. La vie est faite pour être vécue. Et il se trouve qu'elle comporte une multitude d'expériences. Certaines sont agréables, d'autres beaucoup moins. Mais toutes ont quelque chose à nous apprendre sur le mystère de la vie. C'est fascinant. C'est énorme. C'est géant ! Certains de mes amis ne comprennent pas mon attitude. Je souffre, je vais mourir et je ne me lamente pas. Ils pensent que je suis devenu mystique. Ils soupçonnent que les calmants qu'on m'a prescrits perturbent mon jugement. C'est dommage. Ils ne sauront donc jamais combien c'est profond et combien c'est grand, un être humain. Nous sommes tellement plus que nous l'imaginons.»

---

* Voir chapitre 6, p. 204.

« Ne soyez pas déçu, docteur, me lance Cécile quelques jours avant de mourir des suites d'un cancer du sein. Comme vous, j'espérais que mon corps serait débarrassé de cette saloperie. Ce n'est pas le cas. Mais, finalement, quelque chose de beaucoup plus important s'est guéri en moi. Je crois avoir compris qui j'ai été. J'ai apprivoisé qui je suis. J'ai l'impression de mieux connaître ceux qui ont traversé mon existence. J'ai le sentiment d'avoir guéri ma vie. N'est-ce pas l'essentiel ? Je suis en paix. Et je suis contente. »

« Nous passons notre vie à tenter d'oublier que nous allons mourir un jour, constate Daniel, alité à cause des métastases de son cancer de la prostate. Et pourtant, qu'on le veuille ou non, nous y passerons tous. La maladie, la souffrance et la mort font partie de l'existence au même titre que la bonne santé, l'aisance et la jouissance. Je ne pense pas qu'il faille souffrir pour grandir mais, dans mon cas, je dois bien admettre que l'épreuve de la douleur et de l'invalidité m'a fait voir l'immensité à laquelle j'appartiens d'une tout autre manière. Si j'osais conclure, je dirais que je suis, vous êtes, nous sommes cette immensité. Dissous en elle, nous sommes, au-delà du temps et de l'espace, tous les possibles de la vie. Tous ses vertiges, aussi. »

Quelques jours après le décès de Daniel, son épouse me remit une enveloppe qu'il lui avait confiée à mon intention. Elle contenait une feuille de papier sur laquelle, dessiné au pastel jaune, brillait un grand soleil et, juste en dessous, retranscrits à l'encre bleue, couraient ces mots du philosophe Henri Bergson : « La maladie est le plus court chemin pour parvenir à soi-même. »

8

Humaniser

Aider les patients vraiment

Un vide à remplir

L'idée que la maladie puisse être une voie initiatique pour parvenir à soi est de plus en plus répandue dans nos sociétés modernes. En particulier lorsque cette maladie est un cancer. « Depuis quelques années, l'attitude des malades évolue, constate l'infirmière-chef d'un service d'oncologie. De nombreux patients ne veulent plus subir leur condition de malade. Ils souhaitent comprendre pourquoi ils souffrent et ils espèrent que leur souffrance ne sera pas vaine. Ils sont persuadés que la maladie peut leur apprendre à mieux connaître la vie et à mieux se connaître eux-mêmes. » Régulièrement, dans les médias, des personnalités du monde du spectacle, des politiciens et même des médecins témoignent de leur expérience du cancer en qualifiant cette maladie de « cadeau de la vie », d'« occasion d'évoluer » ou d'« opportunité de s'améliorer ». Et de nombreux récits autobiographiques présentent cette épreuve comme une véritable « source de croissance » personnelle. Autrefois considéré comme un parcours du combattant, le cancer est aujourd'hui fréquemment évoqué comme un chemin d'éveil, voire une expérience spirituelle.

Ce changement de perception de la maladie ne se limite pas au cancer. En effet, nous l'avons vu, quelle que soit la pathologie dont ils souffrent, de plus en plus de patients interrogent leurs symptômes à l'aide de grilles de lecture symbolique et de théories psychosomatiques. Le corps est alors considéré comme un messager de l'âme ; le « sens symbolique » du malaise-*illness* apparaît aussi important que le « sens biologique » de l'affection-*disease** ; et un ulcère à l'estomac, un infarctus du myocarde, un diabète ou une arthrite deviennent une véritable « leçon de vie », une invitation à l'introspection.

On peut se demander pourquoi le rapport à la maladie évolue dans ce sens. Personnellement, je pense qu'il faut chercher la réponse à cette question dans le discours des patients. Car certains propos entendus lors des consultations ou des séances de thérapie en groupe en disent long sur les motivations inconscientes des malades. « Quitte à souffrir, autant que cela serve à quelque chose de positif » ; « la maladie est plus facile à supporter lorsqu'on peut en tirer des enseignements pour mieux gérer sa vie » ; « face à l'épidémie de cancers, je préfère penser que l'on peut apprendre à mieux se connaître et évoluer ; sinon cette maladie n'aurait aucun sens ; je ne peux pas imaginer que la souffrance ne serve à rien » : voilà ce que j'ai entendu dans la bouche de personnes manifestement en phase avec le pragmatisme et le souci d'efficacité valorisés par notre culture. « La maladie est une école de développement personnel, une sorte d'université où l'on apprend à se connaître et à s'améliorer » ; « mes problèmes de santé ont participé à mon évolution, je ne suis plus le même » ; « avec le recul, je considère mon

* Les notions de « sens symbolique » du malaise-*illness* et de « sens biologique » de l'affection-*disease* sont abordées au chapitre 1, p. 52-54.

cancer comme une chance ; sans cette épreuve, je n'aurais probablement jamais pu évoluer comme je l'ai fait ; aujourd'hui, je suis une meilleure personne » ; « frôler la mort d'aussi près m'a donné envie de mettre de l'ordre dans ma vie ; je veux réaliser qui je suis, je veux exprimer mes talents, je veux être reconnu et récompensé à ma juste valeur ! » : c'est ce que m'ont dit d'autres patients, dont les préoccupations reflétaient davantage le narcissisme et l'individualisme ambiants de nos sociétés modernes. « Le fait d'avoir compris que la cause réelle de mon mal est psychologique m'a rassuré » ; « depuis que je m'applique à réduire mes tensions émotionnelles, je suis convaincu de pouvoir ralentir, voire arrêter l'évolution de mon insuffisance rénale ; cela m'apaise car je ne veux pas devoir subir des dialyses » ; « je suis convaincu que le psychisme est l'élément clé de toute guérison, je sais donc comment faire pour guérir » : c'est ce que j'ai entendu affirmer par certains malades, qui espéraient pouvoir contrôler le cours de leur maladie par une meilleure compréhension d'eux-mêmes.

Volonté pragmatique, motivation narcissique et besoin de contrôle : ces trois raisons interviennent probablement à des degrés divers dans l'évolution du statut « initiatique » de la maladie. Néanmoins, elles ne suffisent pas à expliquer pourquoi la question du sens tient une place de plus en plus importante dans les préoccupations des malades. D'autres propos, entendus lors des séances de thérapie en groupe, révèlent une explication à mon avis beaucoup plus fondamentale. En effet, de nombreux patients se plaignent du peu d'intérêt porté à leur « vie intérieure » et déplorent le fait que la médecine scientifique évacue de ses préoccupations la question du sens.

« Je ne peux tout de même pas me contenter d'avaler des pilules et de me soumettre à des séances de radiothérapie sans me poser quelques questions essentielles, témoigne Odile, soignée pour un cancer du sein métastasé aux os. Malheureusement, mon médecin ne paraît pas disposé à m'aider à répondre à mes interrogations. Dès que j'aborde le sujet du sens de ma maladie, il semble mal à l'aise. Il prononce quelques banalités, plaisante en me traitant de “philosophe” et se réfugie derrière des détails techniques dont je n'ai que faire. On dirait que je l'embarrasse. Il évite de parler avec moi, il préfère me prescrire des soins et des médicaments.» «La médecine est prise dans un engrenage infernal, constate Karl, un pédiatre retraité chez qui un cancer du rein vient d'être détecté. Elle propose de plus en plus de remèdes, mais elle laisse de moins en moins de place pour exprimer des interrogations, des sentiments et des croyances. Il n'est donc pas étonnant que les malades cherchent du sens en dehors de la médecine. Moi-même, après quarante ans de pratique médicale, je trouve des réponses ailleurs, auprès d'une psychothérapeute et d'un acupuncteur. Là où il m'est autorisé de parler de moi et pas seulement de mon rein malade.»

Aider les patients ne peut se réduire à leur prodiguer des soins. Nous l'avons vu : attribuer un sens aux événements de l'existence fait partie des besoins essentiels de tout être humain*; de plus, cela permet de générer des émotions bénéfiques pour la guérison**. Il est donc important d'accompagner les patients dans leur réflexion existentielle. Une réflexion qui est aussi (osons le mot) «spirituelle». Pourtant, tout le monde ne l'entend pas de cette oreille. Ainsi, lors d'une conférence dans un hôpital parisien, un confrère me fit remarquer qu'il ne fallait pas confondre la fonction du soignant avec celle d'un prêtre. C'est vrai. Néanmoins, à entendre le discours des malades, il paraît impossible de faire l'impasse sur leur besoin de spiritualité. Celui-ci n'implique pas forcément une quête religieuse; il s'agit, avant tout, d'une aspiration à comprendre l'«esprit des choses». Dès lors que la médecine scientifique néglige ce désir de spiritualité, il ne faut pas s'étonner de ce que les malades recourent à d'autres approches thérapeutiques et, parfois, s'en remettent aveuglément à des praticiens «donneurs de sens».

---

* Voir chapitre 7, p. 236.
** Voir chapitre 6.

La dictature du sens

« Notre société manque de spiritualité, notre médecine aussi, constate Théo, un étudiant en archéologie atteint d'un diabète déclenché à la suite de la destruction auto-immune de son pancréas. Le vide est immense. C'est désespérant. À qui faut-il s'adresser ? Aux médecins ? Ils ne semblent pas prêts à consacrer du temps à ce genre de préoccupations. Aux prêtres ? Ils ne connaissent pas les maladies ; je crains que leur discours ne manque de réalisme. J'ai donc consulté un psy spécialisé dans la compréhension symbolique des pathologies. Hélas, j'ai rencontré un ayatollah du "tout-psychologique", pour qui il est impossible de guérir sans avoir compris l'origine émotionnelle de sa maladie. »

À l'instar des intégrismes religieux qui fleurissent dans le désert spirituel de nos sociétés contemporaines, l'intégrisme du psychologisme* pousse sur la terre aride d'une médecine trop distante vis-à-vis des patients. Ainsi, le manque d'intérêt pour la question du sens est parfois remplacé par un recours exagéré aux interprétations qui fabriquent du sens. Et, dans leur enthousiasme, certains « donneurs de sens » finissent par exaspérer les patients. « Je me suis senti agressé par les affirmations de ce thérapeute, raconte Théo. Ses propos étaient culpabilisants. D'après lui, si je résolvais le "conflit émotionnel" responsable de mon diabète, je pouvais espérer une amélioration, voire une guérison. Et, si je n'y parvenais pas, ce serait tant pis pour moi. Vous imaginez la pression et le stress induits par de tels propos. Je n'en avais vraiment pas besoin ! » « Je trouve insupportable l'attitude de certaines personnes bien intentionnées qui veulent à tout prix convaincre les malades de l'origine psychologique de leurs problèmes de santé, s'indigne Christophe**. Je n'ai

---

* Psychologisme : tendance à tout interpréter au travers des théories de la psychologie humaine et à en faire le centre immuable de la compréhension du monde.

** Voir chapitre 7, p. 241.

jamais eu envie d'envisager ma paralysie sous cet angle. Je n'ai pas besoin de théories dogmatiques ni de maîtres à penser pour me poser des questions et apporter des réponses à ma vie. Je trouve cette dictature du sens absolument toxique. On finirait par croire qu'il n'y a qu'une manière de bien vivre sa vie, une façon de réussir son existence. Le pire, c'est que certaines personnes fragiles se laissent culpabiliser par cette façon de penser.»

Dans les deux ouvrages qu'elle a consacrés aux métaphores de la maladie, l'essayiste et romancière américaine Susan Sontag s'insurge contre le psychologisme véhiculé par certaines théories psychosomatiques[1]. Atteinte d'un cancer, elle raconte comment elle a dû lutter contre les images culpabilisantes rattachées à cette maladie. «J'ai donc écrit mon livre, explique-t-elle. Je l'ai rédigé très vite, poussée par un zèle évangélique et par l'angoisse du temps qui me restait à vivre et à écrire. Mon but était de soulager des souffrances inutiles[2].» Sontag a raison : trop de psychologie crée parfois plus de souffrance que de soulagement. Il faut donc, comme l'écrit Friedrich Nietzsche dans *Aurore*, «apaiser l'imagination du malade, afin qu'au moins il cesse de souffrir de ses réflexions sur la maladie plus que de la maladie elle-même[3]».

Il est primordial d'éviter de créer du stress et de l'angoisse chez les malades. C'est même le premier devoir de celui qui endosse la responsabilité de soigner. «Guérir parfois, soulager souvent, réconforter toujours[4] », rappelle Joseph Ayoub, professeur d'hémato-oncologie à l'université de Montréal. Ce n'est pas facile. Car, quelle que soit l'attitude du soignant, les pièges sont nombreux. Par exemple, en voulant sensibiliser leurs patients à l'impact négatif des émotions désagréables sur la santé, certains soignants tiennent des propos qui peuvent être culpabilisants; ils induisent un stress chez les malades et finissent par obtenir exactement le contraire de l'effet recherché. Conscients de cet écueil, d'autres soignants préfèrent éviter d'aborder des questions comme celles du sens ou de l'influence du psychisme sur la maladie. Hélas, cette attitude peut, elle aussi, induire un stress chez les patients. Car, lorsqu'on écoute les confidences des malades, on se rend compte qu'ils ont besoin de parler, de livrer leurs doutes, de partager leurs espoirs et d'évacuer certaines tensions psychologiques probablement néfastes pour leur guérison. « Le tout est de trouver la bonne oreille, constate Théo. Il n'est pas évident de rencontrer un médecin ou un thérapeute capable d'aborder la question du sens de la maladie avec la distance et le respect nécessaires. Certains refusent d'aborder le sujet, d'autres sont véritablement obsédés par la question. On dirait que, tous, ils ont peur. »

Aider les soignants également

Motivés par la peur

Lorsque je pratiquais la chirurgie à l'université de Bruxelles, j'étais chargé d'organiser des tours de salle afin de familiariser les étudiants avec la vie du service d'urologie. Je profitais de ce temps privilégié pour interroger ces jeunes hommes et ces jeunes femmes sur les motivations qui les avaient amenés à entreprendre leur formation médicale. Certains me répondaient que leur choix s'était imposé comme une évidence. L'exemple d'un père médecin, l'admiration pour une mère infirmière, l'attrait d'un « beau métier », la volonté de consacrer sa vie au service d'autrui, la soif de mieux connaître la nature humaine, l'envie d'une reconnaissance sociale, l'appât du gain représentaient autant d'arguments évoqués avec beaucoup de franchise et de spontanéité. D'autres m'avouaient s'être engagés « un peu par hasard » dans ces longues études, sans trop savoir où elles les mèneraient ; une sorte de détachement semblait présider à leur destinée. Pourtant, peu importait la motivation avouée par ces étudiants ; lorsque je poussais mon interrogatoire un peu plus loin, très vite une autre raison paraissait justifier leur désir d'embrasser la profession médicale. Derrière l'envie d'imiter un parent ou de pratiquer un métier utile, bien souvent je découvrais une grande appréhension. Une immense peur de la maladie. Une profonde crainte de la mort.

Ainsi, certains médecins trouveraient l'énergie nécessaire pour accomplir leurs études et assumer leur métier dans le besoin inconscient de se libérer de leur peur de la maladie et de la mort. Bien entendu, quelques cas ne suffisent pas à valider cette hypothèse. Néanmoins, les réponses des étudiants, le témoignage de nombreux confrères et l'examen de mes propres motivations me laissent penser qu'elle n'est pas dénuée de sens. Je me souviens parfaitement du jour où j'ai décidé de devenir chirurgien. J'avais cinq ans ; ma mère venait d'être opérée d'une hernie discale. Lorsque j'ai croisé son orthopédiste dans les couloirs de l'hôpital, je me suis dit que, moi aussi, un jour, je réparerais les corps cassés, je sauverais des vies, je m'arrangerais pour que ma mère ne soit plus jamais malade. Un enfant apeuré se cache-t-il au fond de chaque médecin ? La question mérite d'être posée car, si cela devait être le cas, les médecins gagneraient beaucoup à apprivoiser leurs craintes. Dans leur propre intérêt et dans celui de leurs patients.

« La médecine moderne est une médecine guerrière, fait remarquer mon ami Arnulfo Olivares*. Elle promet la toute-puissance à ceux qui la pratiquent. » La médecine moderne serait-elle une réponse à la peur des médecins ? Exercerait-elle un attrait spécifique sur des êtres particulièrement apeurés ? « La toute-puissance promise par la science médicale est une illusion, ajoute Arnulfo. Tôt ou tard, la nature reprend ses droits, la vie rappelle ses lois. Les médecins techniciens de la médecine scientifique sont alors très désemparés. Du coup, lorsque la maladie et la mort gagnent la partie, plutôt que d'affronter leur terrible peur ils se réfugient derrière leurs

* Voir chapitre 5, p. 191.

artifices technologiques ou, pire, ils s'enfuient, ils abandonnent leurs patients. » Ce n'est pas totalement faux, hélas.

Cependant, il serait inexact de penser que les médecins sont les seuls à rechercher la toute-puissance thérapeutique. Tous les soignants espèrent vaincre la maladie et faire reculer l'échéance de la mort. Et, d'une manière plus large, soignants ou pas, la plupart d'entre nous craignons de tomber malades et redoutons de mourir. La volonté de contrôler le cours de la vie est en chacun de nous. On peut imaginer qu'elle se manifeste plus intensément chez ceux qui choisissent d'y consacrer leur activité professionnelle.

Sensibilisé au fait que les professionnels de la santé sont généralement peu conscients de leurs peurs et de leurs défenses, j'organise des ateliers de réflexion destinés à comprendre les motivations et à préciser les intentions de chacun. S'y inscrivent des médecins, des infirmières, des kinésithérapeutes, des psychologues, des psychothérapeutes, et différents praticiens de médecines alternatives ou complémentaires – ostéopathes, chiropracteurs, acupuncteurs, masseurs, réflexologues, sophrologues, professeurs de yoga, de tai-chi ou de qigong. La liste est longue, les horizons thérapeutiques très différents. Chacune de ces rencontres est une invitation à la curiosité, à la tolérance et à l'humilité. « Je n'aurais jamais cru partager autant d'idéaux avec un ostéopathe ou un acupuncteur », témoigne un professeur de gynécologie. « Je dois bien reconnaître que j'avais des préjugés injustifiés vis-à-vis des médecins, constate un ostéopathe. Je me rends compte que, comme moi, ils sont parfois démunis face à la maladie et que, comme moi, ils cherchent à se rassurer eux-mêmes autant que leurs patients. »

Véritables lieux de rencontres transdisciplinaires et interculturelles, ces ateliers de réflexion sont aussi l'occasion de prises de conscience individuelles très salutaires. « Je réalise à quel point j'ai peur de ne pas pouvoir apporter de réponses aux personnes qui me consultent, dit Jean, un psychothérapeute formé à la Médecine Nouvelle Germanique. Je transmets la vision de la maladie qui m'a été enseignée. Mais qui suis-je pour "savoir" à la place de l'autre quel est le sens de sa souffrance ? Qui suis-je pour décider ce que "veut dire" la maladie de l'autre ? Je me rends compte que je parle sans arrêt lors de mes consultations. J'ai horreur du vide. Je ne laisse pas de temps ni d'espace à mes patients. Je leur impose une croyance qui me rassure. Certains reviennent car ma conviction leur donne un espoir de guérison. D'autres ne reviennent jamais ; je préfère ne pas me demander pourquoi. » « Moi aussi, j'occupe beaucoup de place dans les rapports que j'entretiens avec les malades, constate Céline, infirmière responsable d'un service d'hématologie. Ainsi, lorsque je pénètre dans la chambre de certains patients, je parle de banalités, je m'affaire et, pire que tout, j'infantilise la personne qui est allongée dans son lit. Cela me permet de ne pas devoir affronter le vide, les questions, les angoisses. Mes angoisses ! » « Un jour, une patiente m'a reproché mon ton péremptoire, raconte Guillaume, un professeur de chirurgie digestive. "Vous êtes un donneur de leçons", m'a-t-elle dit. Mon épouse prétend la même chose. Elle dit que mon ton péremptoire est une façon de prendre le pouvoir dans la relation. Je pense que, dans certaines situations, cette posture dominante est bénéfique pour le malade, nécessaire même. Il faut parfois afficher des certitudes et une compétence pour rassurer les patients. Cela permet de susciter une confiance et un espoir. Je considère donc que le pouvoir exercé sur les malades est légitime. Il fait partie de mon arsenal thérapeutique, au même titre que le bistouri, les pansements et les antibiotiques. Néanmoins, si je me donne la peine de m'avouer qui je suis vraiment, je découvre que derrière l'homme de pouvoir se cache quelqu'un qui a peur. Comme tout le monde, j'ai peur ! »

Chaque atelier est pour moi l'occasion d'éprouver une grande joie. Je suis émerveillé de découvrir la profondeur d'âme des soignants lorsque, au-delà de leurs propres jugements sur eux-mêmes, ils reconnaissent leurs limites et leurs imperfections, ils acceptent qui ils sont et, finalement, dévoilent la simplicité et l'humilité qui font leur humanité. « Je me sens misérable, avoue Jean. Je découvre un aspect monstrueux de moi-même. Cette manière que j'ai d'influencer la pensée des malades, cette façon d'imposer ma vérité. C'est un manque de respect. Je n'en suis pas fier. J'aimerais arriver à dépasser ma peur. Cela me permettrait probablement de mieux aider les autres. J'ai même envie de dire que cela me permettrait de les aider vraiment, enfin. » « Je pourrais tenter de me disculper en évoquant le manque de temps, la place de plus en plus importante des tâches administratives et la surcharge de travail, dit Céline. Mais cela ne serait pas tout à fait honnête. D'ailleurs, je n'ai pas à me disculper. Je ne cherche donc pas à me justifier. La superficialité de mes rapports avec les malades est une réalité. Elle est la conséquence de ma peur face à la souffrance, de mon angoisse face à la mort. Je fuis cette peur et cette angoisse en me donnant à fond dans mon travail. Mais je n'ai plus envie de fuir. J'ai choisi le métier d'infirmière pour être proche de la vie. Je dois donc apprendre à vivre. Or vivre, c'est aussi accepter de souffrir et de mourir. Je vais essayer d'y parvenir. Mon métier aura alors retrouvé tout le sens que j'imaginais d'une manière confuse, en commençant mes études. » « Le ton péremptoire qui m'est reproché n'est qu'une défense, précise Guillaume. Je réalise que celle-ci m'éloigne des gens. Je souffre de cet éloignement, dans ma vie privée comme dans mon activité professionnelle. En plus, je constate que cette défense ne supprime pas ma peur ; elle ne fait que la masquer. Je découvre que, derrière cette peur, je dissimule une grande colère. Car la maladie me révolte ; la mort me scandalise. J'aimerais apprivoiser l'objet de ma colère. Je crois que cela m'apporterait plus de paix, plus de joie, plus de vie. J'en ai besoin ; mes patients aussi. »

Ainsi, en développant une plus grande conscience d'eux-mêmes et en s'acceptant tels qu'ils sont, les soignants témoignent davantage de compassion pour eux-mêmes. Immanquablement, ils éprouvent plus de compassion pour leurs patients. Car, lorsqu'on est capable de se pardonner à soi-même, on pardonne plus facilement aux autres. Et, lorsqu'on comprend sa propre souffrance, on comprend mieux la souffrance d'autrui.

Privés d'initiation

Des ateliers de partage et de réflexion devraient être proposés à tous les professionnels de la santé, au même titre qu'une « supervision » par un collègue est recommandée pour tous les psychanalystes et les psychothérapeutes qui souhaitent aborder leur métier avec honnêteté et humilité*. Dans la plupart des sociétés traditionnelles, celui ou celle qui se destine à la fonction de soignant se soumet à une initiation avant de pouvoir exercer le privilège de soigner. Car soigner donne accès à l'intimité du corps de l'autre, aux secrets de ses pensées, à la fragilité de sa chair, à la beauté de son âme. Soigner demande une profonde compréhension de l'esprit des choses, une connaissance du mystère de la vie. Soigner exige d'avoir dépassé ses propres peurs, d'avoir abandonné ses propres défenses, de s'être guéri soi-même ; ou, tout au moins, d'avoir emprunté le chemin qui mène à la guérison, car guérir entièrement ce qui est blessé en nous constitue le travail de toute une vie. Dans les sociétés traditionnelles, soigner est un acte sacré.

Éric Julien, qui a séjourné parmi les Indiens Kogis, dans les hautes vallées de la Sierra Nevada de Santa Marta, en Colombie, raconte comment se déroule l'éducation des *mamu* – guides spirituels, à la fois médecins, architectes, agronomes,

* La pratique de la psychanalyse ou de la psychothérapie est fondée sur la relation humaine. Or toute relation interpersonnelle entraîne des phénomènes de transfert et de contre-transfert qui provoquent des émotions en lien avec des problématiques intimes et non conscientes. En confiant les émotions et les sentiments éprouvés au cours de sa pratique à un « superviseur », le psychanalyste ou le psychothérapeute peut prendre le recul nécessaire pour analyser sa propre psychologie, mieux comprendre l'enjeu de la relation thérapeutique et considérer la personnalité du patient avec plus d'objectivité.

astronomes, philosophes et autorités morales de la communauté. Avant même sa naissance, un enfant est choisi pour devenir le *mamu* de sa famille. Sa mère est alors soumise à un régime alimentaire très strict, elle est encouragée à méditer, à partager ses émotions et à raconter ses rêves afin d'éviter de contaminer le fœtus par des sentiments conflictuels. Les premiers mois de sa vie, l'enfant n'a de contacts qu'avec sa mère, qui l'allaite, et son « professeur », un *mamu* qui l'accompagne tout au long de son initiation. Vers l'âge de deux ans, il pénètre dans une grotte dont il ne peut sortir que la nuit afin de satisfaire ses besoins naturels. Et, neuf ans plus tard, il est enfin autorisé à retourner au sein de la communauté. Ayant « appris à voir à travers les montagnes et à travers le cœur des hommes », il est devenu un *mamu*[5].

Chaque société a ses rites initiatiques. Chaque culture veille à la transmission de ses idéaux. Force est de constater que, dans nos sociétés contemporaines, on passe plus de temps à enseigner aux enfants comment produire et consommer des biens matériels qu'à les encourager à se connaître eux-mêmes, à connaître les autres et à connaître l'« esprit du monde ». Voir à travers les montagnes et à travers le cœur des hommes n'est plus vraiment une priorité.

Nos impératifs de performance et de rentabilité ont complètement transformé notre vision du monde, notre idée de l'être humain, notre projet de société et, du coup, notre conception de la médecine. Soigner et guérir ne signifie pas la même chose au XXIe siècle qu'au XVIIe ou au XIIIe, dans l'Antiquité grecque ou dans la Chine ancienne, chez les Aborigènes ou chez les Kogis. Plus que jamais, de nos jours, en Occident, soigner et guérir implique d'inventer de nouvelles recettes, de proposer de nouvelles méthodes et de tester de nouvelles techniques. Cependant, il serait faux de croire que le besoin d'innovation est l'apanage de la médecine scientifique, dite « conventionnelle ». Il se manifeste également dans de nombreuses médecines dites « alternatives » ou « complémentaires », dans les différentes approches psychanalytiques – freudienne, lacanienne ou jungienne –, ainsi que dans la multitude des approches psychothérapeutiques – cognitivo-comportementalistes, psychocorporelles ou humanistes. Le danger de cette surenchère de compétences, c'est qu'elle risque de nous faire oublier l'essentiel. Car l'essentiel ne s'apprend pas dans les livres, mais dans l'expérience. L'essentiel ne se trouve pas dans les techniques et les méthodes, il est dans la qualité de la présence et l'authenticité du contact, dans la clarté de l'intention et l'intensité de l'attention.

Une dizaine d'années suffisent pour acquérir les compétences d'un médecin-technicien ; une vie est parfois nécessaire pour devenir un médecin-guérisseur. La règle est la même pour tous les professionnels de la santé : « faire le soignant » ne signifie pas forcément « être soignant ». La différence réside dans un petit supplément d'âme que la vie se charge de nous enseigner à travers les crises que nous traversons, les déceptions que nous éprouvons, l'humilité que nous apprenons. Il faut du temps pour comprendre les lois de la vie. D'autant plus de temps que, souvent, nous résistons, nous refusons d'accepter la réalité telle qu'elle est vraiment ; nous avons peur et nous nous défendons. « Être soignant » demande une sensibilité, une attention, une écoute et une empathie que seuls les êtres un peu moins apeurés et, de ce fait, ayant développé moins de défenses peuvent mettre au service de leur intention de soigner. Cela ne se dit pas dans les facultés de médecine. Cela ne s'apprend pas non plus dans les écoles de nursing, dans les instituts de kinésithérapie, dans les centres de formation aux thérapies alternatives ou complémentaires. Cela s'oublie aussi dans certaines écoles de psychothérapie. Hélas.

La rencontre des enfants blessés

« La rencontre entre un malade et un soignant met toujours en présence deux enfants blessés. Ne pas en tenir compte empêche l'installation d'une guérison véritable. En effet, il paraît difficile de montrer le chemin qui conduit à la liberté du futur si l'on reste soi-même prisonnier des entraves du passé*.»

Ces quelques lignes tirées de mon ouvrage *La Solution intérieure* m'ont valu un abondant courrier de lecteurs, généralement des médecins et des thérapeutes, émus par la vérité qu'elles expriment. «Superman est fatigué, m'écrivit l'un d'eux. Je cours derrière la maladie sans jamais la rattraper. J'ai le sentiment de ne jamais faire assez ni assez bien. Et, pendant ce temps, je ne suis plus en lien avec les patients. J'ai peur d'eux. Peur de les décevoir. Peur de ne pas remplir ma mission d'excellence. Du coup, j'en fais toujours plus, je tente de faire toujours mieux. Tout cela pour me rendre compte que beaucoup de malades ne sont pas contents. Ils se plaignent du peu de temps que je leur consacre. Ils regrettent de ne pas pouvoir parler d'eux et de leur vie. Ils déplorent le manque d'humanité de la médecine. Peut-être va-t-il falloir redéfinir la notion d'excellence de ma mission. Peut-être va-t-il falloir apprendre une autre manière d'entrer en relation. Peut-être, mais, je l'avoue, je ne sais pas comment m'y prendre.» «J'en fais peut-être trop, m'écrivit un autre lecteur. Je me rends compte que, parfois, je devrais simplement "être là", écouter et laisser mes patients exprimer leurs doutes, leurs souffrances et leur vérité. Ce n'est pas facile car cela demande d'être à l'écoute de soi, d'accepter de ressentir ses propres émotions et d'être capable de répondre à certaines questions que l'on évite parfois de se poser à soi-même. Lorsque j'y arrive, cela me nourrit, j'ai l'impression de partager quelque chose d'essentiel et, bien souvent, mon attitude thérapeutique se modifie. Je prescris moins de médicaments, moins de soins. Les patients ne s'en portent pas moins bien. Au contraire.»

---

* Voir *La Solution intérieure : vers une nouvelle médecine du corps et de l'esprit*, *op. cit.*, p. 158.

Au mois de novembre 2006, à Bruxelles, je fus invité à participer à un colloque universitaire consacré à la sexualité des patients atteints d'un cancer. Tandis que la discussion portait sur le rôle d'une bonne communication entre les soignants et leurs patients, je me permis d'insister sur l'importance de considérer non seulement les blessures et les souffrances des malades mais aussi celles des professionnels de la santé, et en particulier la peur de la maladie et de la mort, qui semble motiver une part de leur action. Une salve d'applaudissements retentit dans l'auditoire. « Je me suis sentie soulagée, dit une infirmière. Le fait que mes difficultés puissent être reconnues et qu'en plus elles soient partagées par un grand nombre de soignants m'a apaisée. » « Nous manquons cruellement de préparation pour cette rencontre si particulière qu'est la relation soignant-soigné », ajouta un urologue. « Comment pouvons-nous réussir à humaniser nos pratiques si nous ne devenons pas, nous-mêmes, des praticiens plus humains ? Ce qui fait notre humanité n'est plus assez exploré dans nos formations. Il faut absolument aider les professionnels de la santé à développer cette humanité », conclut une gynécologue.

Dans les années 1960, déjà, le psychanalyste Michael Balint proposait des groupes de parole et de réflexion aux étudiants en médecine, aux professionnels de la santé et aux spécialistes de la relation d'aide[6]. Il espérait que ce genre de réunions deviendrait obligatoire ; cependant, plus la technologie médicale progresse, moins l'apprentissage de la communication a de place dans les programmes de formation[7]. Au point que certains professionnels de la santé se considèrent comme de véritables « handicapés relationnels ». Il n'est donc pas étonnant d'entendre de plus en plus fréquemment de futurs soignants réclamer une meilleure préparation à la relation thérapeutique[8]. Malheureusement, leur demande est encore rarement prise en compte.

Déjouer le piège de la culpabilité

L'un des sujets les plus débattus au cours des ateliers que j'organise pour les professionnels de la santé est celui de la culpabilité. La culpabilité que les soignants ressentent lorsqu'ils ont l'impression de faillir aux exigences de leur tâche, mais aussi celle qu'éprouvent les patients lorsque leur quête de sens les amène à croire que certaines de leurs pensées ou certains de leurs comportements sont à l'origine de leur maladie. Cette culpabilité-là exerce une influence non négligeable sur l'attitude des soignants.

Ainsi, nous l'avons vu, la crainte de culpabiliser les malades est souvent invoquée pour justifier l'absence de réflexion à propos du sens de la maladie dans la pratique médicale*. « À force de croire que la maladie a un sens, les gens finissent par s'accuser d'être malades, me disait un confrère agacé par l'engouement de ses patients pour les théories psychosomatiques. C'est complètement stupide. La maladie n'a pas de sens. C'est une réalité qu'il faut accepter, un point c'est tout ! » Personnellement, je ne crois pas que l'on puisse éviter ni la question du sens ni la culpabilité des patients. Car, confronté à la maladie, l'être humain s'interroge toujours sur les raisons de son infortune et, inévitablement, il finit par se demander quel rôle il a pu jouer dans la genèse de son malheur. Par conséquent, au lieu d'éviter de culpabiliser les malades, il me paraît plus opportun de les inviter à ne pas confondre les notions de « culpabilité » et de « responsabilité ».

De nombreux patients se disculpent à propos de faits qu'ils assimilent à des « fautes » commises à l'encontre de leur bonne santé. « Je ne suis tout de même pas coupable d'avoir hérité ces chromosomes », disent certaines personnes en apprenant l'existence d'un facteur génétique à l'origine de leur pathologie. « Ce n'est pas de ma faute si j'ai attrapé un microbe », se défendent

* Voir p. 250.

d'autres patients auxquels j'explique l'influence négative du stress sur les défenses immunitaires. « Je ne peux rien changer au fait que le monde est pollué », justifient des malades conscients de l'implication de causes environnementales dans la dégradation de leur santé. C'est un fait : personne n'est coupable de posséder des gènes prédisposant à certaines maladies, d'être contaminé par une bactérie ou de subir l'influence de substances toxiques. Néanmoins, il arrive que nos comportements favorisent l'activation de nos gènes pathogènes, la diminution de nos défenses contre les infections ou l'augmentation de la pollution de notre environnement. Il n'est donc pas question de nous sentir coupables de « tomber malades » mais d'admettre que, parfois, nous en sommes *responsables*. En partie, du moins, car, la maladie étant un phénomène multifactoriel, certaines de ses causes échappent à notre contrôle et se produisent en dehors de toute implication de notre part.

De la même manière, de nombreux patients disent se sentir coupables, persuadés d'être malades à cause d'un « conflit émotionnel » particulier ou d'une façon de penser inadaptée. Pourtant, quelle que soit l'influence réellement exercée par les facteurs psychologiques sur la santé, personne n'est coupable d'avoir hérité certaines croyances, d'être conditionné par son éducation, d'avoir appris à se comporter d'une manière inadaptée ou d'être en proie à des souffrances émotionnelles qui provoquent des défenses inappropriées. En revanche, le fait de se rendre compte de ces croyances, de ces conditionnements, de ces souffrances et de ces défenses permet d'accéder à la responsabilité – c'est-à-dire à la capacité d'y *répondre*. Car le mot « responsabilité » contient toute la proposition qu'il nous suggère. « Chaque personne fait face à une question que lui pose l'existence et ne peut y répondre qu'en prenant sa propre vie en main. C'est pourquoi je considère la responsabilité comme l'essence même de l'existence humaine[9] », écrivait Viktor Frankl.

La nuance entre les notions de « culpabilité » et de « responsabilité » dans la pratique médicale mérite d'être précisée. Car personne n'a envie de se sentir coupable, en particulier lorsqu'on est accablé par la maladie. Or un excellent moyen d'échapper à la culpabilité consiste à se positionner en tant que *victime*. Enfermés dans ce rôle, certains patients subissent leur maladie ; ils recourent à des remèdes extérieurs sans jamais imaginer que certaines solutions se trouvent en eux ; ils refusent de considérer leur implication dans la cascade de causes et d'effets qui provoque les pathologies ; et, de ce fait, ils pensent plus souvent à réparer les dégâts qu'à les prévenir. Pourtant, n'en déplaise aux plus fatalistes d'entre nous, la maladie n'est pas toujours inévitable.

De la culpabilité à la responsabilité

« Lorsque j'ai appris que j'avais le diabète, j'ai consulté un endocrinologue qui m'a dit que, dans mon cas, cette pathologie était héréditaire, raconte Hervé, responsable du marketing dans une fabrique de biscuits. Je l'ai cru car mon père et, avant lui, mon grand-père ont également souffert d'hyperglycémie. Cependant, quelques semaines plus tard, j'ai rencontré un thérapeute spécialisé en “décodage symbolique” des maladies. D'après lui, mon diabète est la conséquence d'un manque affectif ; je me serais “fabriqué” cette maladie en mangeant les “douceurs” dont je me sens privé dans mes rapports avec les autres ; et un conflit vécu avec mon patron aurait suffi à me plonger dans un coma hyperglycémique. Au début, cette explication m'est apparue pleine de sens. Il est vrai que j'ai toujours eu besoin de douceur dans mes relations familiales, amicales et professionnelles. Et je dois bien reconnaître que j'ai consommé beaucoup de sucre dans ma vie. J'ai donc culpabilisé d'avoir “fabriqué” ma maladie. Seulement, je ne suis pas coupable du conflit créé par mon patron. Sans ce traumatisme émotionnel, je ne serais peut-être jamais tombé malade. C'est du moins ce que j'ai cru pendant un temps. Car, par la suite, j'ai pris mes distances par rapport à l'interprétation de mon thérapeute.

Celle-ci me paraissait un peu simpliste. Aujourd'hui, je pense que mon diabète est survenu dans le contexte d'une prédisposition héréditaire, à la suite d'un abus de sucre provoqué par un manque affectif et peut-être aggravé par le stress vécu lors du conflit avec mon patron. Cependant, je ne me sens plus coupable d'avoir consommé autant de sucre. Pas plus que je ne m'en veux d'avoir éprouvé un manque affectif. En revanche, je suis conscient de l'importance, pour moi, d'arrêter d'associer la douceur du sucre à celle que je recherche dans mes relations avec les autres. Je comprends aussi que je dois accepter le fait que les rapports humains ne sont pas toujours agréables. Il me faut apprendre à mieux gérer les conflits. C'est là que je situe ma responsabilité. Néanmoins, je pense que cette responsabilité dépasse ma petite personne. Car, je suis bien placé pour le constater, la société dans laquelle nous vivons encourage la consommation du sucre, à l'excès. Et les biscuits dont j'assure la promotion sont autant de douceurs que nous vendons comme des “pansements affectifs”. J'ai donc décidé de changer de boulot. Là aussi, je pense devoir assumer ma responsabilité. »

Mon expérience auprès des malades m'a appris qu'au-delà du sentiment de culpabilité l'être humain peut accéder à la conscience de sa responsabilité. Ainsi, le fait d'attribuer un « sens symbolique » à leur malaise-*illness* est pour de nombreux patients une façon de s'avouer à eux-mêmes des circonstances où ils estiment avoir failli à leur responsabilité. Considérées comme les « causes » de leur maladie, ces circonstances correspondent en fait à certains aspects de leur existence qu'ils aimeraient transformer. Peu importe que ces « causes » soient réellement impliquées ou non dans la genèse de leur pathologie. Mon rôle est d'aider ces malades à acquérir assez de sagesse pour changer ce qui peut l'être et assez de dignité pour accepter ce qui échappe à leur contrôle.

Il arrive aussi que, en plus du sentiment de responsabilité éprouvé face à des circonstances personnelles, certains patients aient l'intuition d'une responsabilité partagée avec l'ensemble de leur communauté. Ils attribuent alors un « sens collectif » à leur maladie en tant que *sickness* ; et, à l'instar d'Hervé qui ne veut plus inciter les autres à consommer du sucre afin de ne pas « fabriquer » davantage de diabétiques, ils réalisent l'importance d'agir d'une manière cohérente par rapport aux « leçons » de leur expérience. La quête de sens de ces patients pose donc une question à la société tout entière*. Et la cohérence de leurs actes est souvent plus efficace que n'importe quel discours. Ainsi, certains malades m'ont prouvé que l'être humain peut inscrire son existence dans un projet plus vaste que celui auquel ses préoccupations individualistes et narcissiques le destinent. Dépassant ses craintes pour sa propre santé, il s'inquiète alors du salut de l'humanité à laquelle il appartient.

* Les notions de « sens symbolique » du malaise-*illness* et de « sens collectif » de la maladie-*sickness* sont abordées au chapitre 1, p. 52-55.

9

Se responsabiliser

Le principe de précaution

Au-delà de l'égocentrisme

Attribuer un « sens collectif » à la maladie et se préoccuper du salut de l'humanité ne va pas de soi dans une culture comme la nôtre. Et pour cause : dans les sociétés occidentales (ou occidentalisées), l'individu est devenu le fondement des valeurs morales, les intérêts personnels priment sur les besoins collectifs, et le narcissisme est plus souvent récompensé que l'altruisme. Du coup, lorsqu'il s'agit de s'interroger à propos du sens de leur maladie, la plupart des patients cherchent d'abord à comprendre le « sens biologique » de l'affection dont ils souffrent et, ensuite, à attribuer un « sens symbolique » au malaise qui accompagne leur souffrance*. Rares sont ceux qui étendent leur réflexion aux implications collectives de leur

* Les notions de « sens biologique », de « sens symbolique » et de « sens collectif » de la maladie sont abordées au chapitre 1, p. 52-55.

pathologie. Au contraire. Totalement en phase avec les préoccupations individualistes et narcissiques de notre culture, de plus en plus de malades tentent d'établir un lien entre l'explication objective de leurs symptômes physiques et l'interprétation subjective de leur mal-être psychologique. Cette approche psychosomatique est pour eux l'occasion d'une réflexion individuelle, l'opportunité d'une évolution personnelle. Une évolution qu'ils considèrent comme une aide précieuse, voire comme une contribution indispensable à leur guérison.

En insistant sur l'importance de la personnalité et des affects du sujet, les théories psychosomatiques ont probablement favorisé cette propension des malades à la réflexion individualiste. Cependant, on peut aussi penser que ces théories sont la conséquence d'une tendance à l'individualisme* initiée bien avant leur apparition. Les deux hypothèses se combinent sans doute. Ainsi, il est très probable que l'idéologie individualiste apparue en Occident au XVIIe siècle et renforcée au début du XXe a participé à l'élaboration des théories psychosomatiques, théories qui, en retour, ont accentué l'égocentrisme et les préoccupations narcissiques des patients[1].

Ce n'est pas leur seul écueil car, en plus de focaliser l'attention des malades sur leur problématique personnelle, les tenants de ces théories ont tendance à minimiser l'importance des causes non psychologiques de la maladie. Certains d'entre eux, nous l'avons vu, vont même jusqu'à prétendre que la disparition d'un conflit psychologique suffit pour provoquer la guérison biologique**. Poussée à l'extrême, la pensée psychosomatique risque donc d'empêcher d'aborder les maladies par tous les chemins qui y conduisent. Et l'on peut redouter qu'une approche trop psychologique des pathologies s'oppose à la mise en place d'une stratégie thérapeutique efficace ainsi qu'à l'élaboration d'une bonne prévention. Imaginons les ravages que la

* Individualisme : doctrine philosophique qui fait de l'individu le fondement des valeurs morales et de la société.

** Voir chapitre 3.

tuberculose provoquerait encore si, au lieu d'inventer des antibiotiques et un vaccin contre le bacille de Koch, on s'était contenté de croire à la théorie en vogue au XIXe siècle selon laquelle cette maladie était causée par un « excès de passions »[2]. Pensons au nombre de mésothéliomes* auquel nous devrions faire face si, plutôt qu'interdire l'utilisation de l'amiante dans la construction des bâtiments[3], on s'en était tenu aux explications de certains thérapeutes qui, aujourd'hui encore, affirment que ce cancer de la plèvre est la conséquence d'une « peur d'être attaqué au niveau du thorax »[4].

En accentuant les préoccupations égocentriques des individus, l'individualisme et le psychologisme encouragés par certaines théories psychosomatiques empêchent de poser une question importante, sans doute *la* question la plus importante à laquelle il faille répondre pour éviter la propagation et prévenir la récidive d'un bon nombre de pathologies, une question essentielle : quels changements la maladie nous invite-t-elle à apporter dans nos habitudes collectives ?

Éloge de la prévention

Loin de considérer l'influence de la pensée psychosomatique d'une manière entièrement négative, je pense que celle-ci a, entre autres mérites, celui d'attirer notre attention sur les conséquences néfastes du stress et des émotions désagréables sur la santé**. « Le simple fait que 75 à 90 % des consultations médicales soient motivées par des pathologies plus ou moins liées au stress chronique justifie que nous changions notre manière de vivre », me fit remarquer un médecin généraliste lors d'un atelier de réflexion sur le sens de la maladie. Cela paraît évident. Pourtant, j'ai entendu plusieurs autres de mes

* Mésothéliome : cancer des feuillets mésothéliaux qui entourent les poumons (plèvre), les organes de la cavité abdominale (péritoine) et le cœur (péricarde).

** Voir chapitre 4.

confrères affirmer qu'il n'y a pas de raison de remettre notre mode de vie en question. « Nous sommes peut-être un peu plus stressés qu'avant, mais c'est le prix que nous payons pour vivre dans un monde plus sûr, un monde de progrès dans lequel nous vivons plus longtemps », me dit l'un d'eux. De fait, l'espérance de vie s'est allongée de manière significative dans les pays industrialisés ; et cela est principalement dû à l'amélioration des conditions de vie et de l'hygiène, au traitement et à la prévention des infections par les antibiotiques et les vaccins, ainsi qu'à la réparation chirurgicale des malformations congénitales, des traumatismes corporels et des altérations cardiovasculaires. Cependant, ne nous leurrons pas, l'allongement du temps de vie s'accompagne d'une série de pathologies liées à l'usure et au vieillissement. Nous mourons moins précocement de nos blessures et de nos infections, mais nous souffrons de maladies dégénératives pour lesquelles nous manquons souvent de traitements efficaces. Rhumatisme, arthrose, athérosclérose, hypertension artérielle, insuffisance cardiaque, emphysème pulmonaire, diabète, démence, maladie d'Alzheimer, cancers. La plupart de ces pathologies accablent l'être humain depuis très longtemps ; néanmoins, il semble que beaucoup d'entre elles se manifestent en plus grand nombre de nos jours. Et pas seulement chez les personnes âgées.

Contrairement à ce que l'on pourrait croire, certaines des maladies dont nous souffrons n'ont pas toujours existé. Ainsi, le biologiste et physiologiste américain Jared Diamond, professeur à l'université de Californie, à Los Angeles, pense que les premiers cas de maladies infectieuses sont apparus au néolithique, lorsque la sédentarisation des populations liée à l'invention de l'agriculture et de l'élevage a créé des conditions de promiscuité propices à la transmission des germes de l'animal à l'être humain. Par la suite, l'essor des grandes cités et le développement des transports ont favorisé l'émergence et la diffusion de vastes épidémies : variole, lèpre, peste, choléra, tuberculose, syphilis, sida. Ces fléaux ont progressé ou régressé au gré de l'histoire des peuples[5]. Le changement des habitudes de vie et la transformation des comportements jouent donc un rôle important dans l'apparition et le développement de nombreuses maladies.

Jusqu'au début du xxe siècle, les médecins occidentaux s'étonnaient de la rareté, voire de l'absence des cas de diabète, d'hypertension et de cancer au sein des populations dites «primitives»[6]. La notion de «maladie de civilisation» n'est pas un mythe. C'est une réalité dont les patients victimes d'infarctus (pour ne citer qu'eux) sont aujourd'hui une preuve malheureusement trop évidente.

«Il n'est pas besoin attendre d'être vieux pour mourir d'une crise cardiaque, constate Mike, un médecin australien responsable d'un dispensaire destiné aux Aborigènes. Il n'est pas rare de voir des Aborigènes foudroyés avant l'âge de quarante ans !» Comme les Amérindiens ou les Inuit, les Aborigènes ont été contaminés par l'alcool, le sucre raffiné, les graisses polyinsaturées et une série d'autres produits incompatibles avec l'équilibre naturel d'une bonne santé. Confrontés à la perte de leurs repères culturels, ils ignorent comment soigner des maux qui, jusqu'il y a peu, ne les atteignaient jamais. Leur espérance de vie est amputée d'environ quinze ans par rapport à celle des Australiens non aborigènes. «Ce que nous appelons "la civilisation" dévore les cultures traditionnelles ; l'artificiel tue le naturel ; de nouvelles maladies s'installent, c'est une tragédie, commente Mike. Les guérisseurs traditionnels sont bien démunis face à ces nouveaux fléaux. Nous sommes donc obligés d'apporter de nouveaux remèdes. Nous provoquons l'émergence de certaines maladies et nous inventons les traitements pour les combattre. C'est absurde. Il vaudrait mieux dépenser nos efforts pour éviter l'apparition de ces maladies ; nous n'aurions plus de traitements à inventer.»

Prévenir au lieu de guérir. L'idée est évidente ; sa réalisation est loin d'être simple. Espérant se maintenir à l'écart des poisons de la modernité, certains indigènes tentent de préserver leur mode de vie traditionnel. Hélas, malgré leurs efforts, ils ne sont pas à l'abri du danger. Ainsi, des analyses réalisées chez des Inuit vivant dans le Grand Nord canadien ont mis en évidence des concentrations extrêmement élevées de mercure, de cadmium et de polychlorobiphényle (PCB) dans leur sang et dans le lait maternel, simplement parce que ces différents produits se retrouvent en grandes quantités dans la graisse des phoques et des poissons dont les Inuit se nourrissent[7]. Vivre en pleine nature et se nourrir du produit de sa chasse ou de sa pêche ne suffit donc plus pour échapper aux pollutions du monde industrialisé. Certaines molécules ne connaissent aucune limite dans leur propagation. Les PCB, par exemple : lubrifiants, isolants et ignifuges, ils entrent dans la composition d'une multitude de peintures, de colles, de vernis et de gaines électriques. Fixés aux particules de poussière, ils se répandent dans la nature, se libèrent de leur support par évaporation, rejoignent la haute atmosphère où ils sont transportés au sein des nuages et, finalement, retombent beaucoup plus loin avec la pluie. Avalés par de minuscules crustacés (les daphnies), les PCB entament alors un long voyage à travers la chaîne alimentaire : une daphnie est ingurgitée par une crevette, qui sert à son tour de repas à un éperlan, qui est englouti par une morue, qui finit dans l'estomac d'un phoque, qui constitue le festin d'un Inuit[8]. Accumulés dans l'organisme, les PCB perturbent le fonctionnement cellulaire, diminuent les défenses immunitaires et vident le foie de la vitamine A, un précieux agent protecteur contre le cancer[9].

La guerre contre le cancer

À l'instar des PCB, de nombreux produits sont suspectés de participer à l'augmentation des cas de cancer à travers le monde. Car c'est un fait indiscutable : depuis la Seconde Guerre mondiale, l'incidence des cancers s'accroît dans tous les pays industrialisés. Et, depuis une vingtaine d'années, la progression de la maladie semble même s'accélérer, y compris dans les pays moins développés. Les chiffres parlent d'eux-mêmes : entre 1975 et 1994, aux États-Unis, l'accroissement du taux de cancers fut de 1,6 % par an chez les femmes et de 1,8 % chez les hommes[10]; de 1978 à 2000, en France, on a enregistré 60 % d'augmentation du nombre des cas[11]. Un rapport de l'Organisation mondiale de la santé (OMS) publié en 2004 indique que cette augmentation est particulièrement importante chez les enfants et les adolescents[12]. Et la même OMS prévoit un accroissement de 50 % du nombre des cancers dans les vingt prochaines années[13]. On peut donc parler d'une véritable «épidémie de cancers».

On peut aussi parler d'une «maladie de civilisation». En effet, la carte de répartition des différents cancers dans le monde montre que la maladie est beaucoup plus fréquente dans les pays industrialisés. Il y a neuf fois plus de cancers aux États-Unis ou en Europe occidentale qu'en Chine ou au Laos, et quatre fois plus qu'au Japon. Cependant, les Chinois ou les Japonais installés aux États-Unis finissent par être touchés de la même manière que les Occidentaux[14]. Et, ces dix dernières années, le nombre de cas a triplé dans les grandes métropoles asiatiques[15]. C'est donc bien le mode de vie et les facteurs environnementaux qui semblent faire la différence. En 1994, l'OMS a pu établir une corrélation entre le produit national brut (PNB) des États et le nombre de patients atteints du cancer. «Comme si le cancer était le prix à payer pour une vie à la fois plus longue et plus facile[16]», remarquent Geneviève Barbier et Armand Farrachi, auteurs d'un ouvrage intitulé *La Société cancérigène*.

Un discours rassurant répète inlassablement que l'augmentation du nombre des cancers est due à l'allongement de la durée de vie. Selon la théorie officielle, le cancer est une maladie génétique déclenchée par la mutation d'un ou plusieurs gènes sous l'effet de divers agents toxiques ou infectieux; plus on vit longtemps, plus le risque d'avoir été exposé à ces influences cancérigènes est élevé. Cela paraît évident, néanmoins l'objet de nos inquiétudes ne devrait pas être l'âge (tout le monde se réjouit de vivre plus longtemps), ni même les gènes (on ne peut pas encore changer nos chromosomes), mais bien les *agents cancérigènes* (car il est possible de les éviter, voire de les supprimer). Or, en dehors du tabac, de l'alcool et de quelques produits alimentaires trop pauvres en fibres ou trop riches en sucres et en graisses, la nocivité d'une série de substances ou de radiations potentiellement dangereuses est très souvent ignorée du grand public et, plus grave encore, des professionnels de la santé. Le manque de preuves concernant leur toxicité est alors avancé pour justifier le peu de précautions prises à leur égard. La même chose se produit à propos du stress chronique, dont nous avons pourtant vu qu'il peut provoquer le raccourcissement des télomères impliqués dans la réparation des mutations chromosomiques et, donc, précipiter le vieillissement cellulaire dont dépend le phénomène de cancérisation*. Les preuves permettant de valider cette hypothèse manquent mais, dans le doute, le « principe de précaution » exige que l'on soit vigilant. En particulier face à une épidémie comme celle des cancers, car l'absence de preuves ne prouve pas l'absence de risque – sans compter que, parfois, le manque de preuves se révèle être un argument totalement fallacieux.

Rappelons-nous ce qui s'est passé dans le cas de l'amiante. L'implication de ce matériau dans l'apparition des mésothéliomes a été mise en évidence en 1960 ; seize ans plus tard, le Centre international de recherche sur le cancer (CIRC)** a déclaré le produit cancérigène ; cependant, il fallut encore attendre vingt ans pour que, le 1er janvier 1997, son usage soit interdit en France. Fait remarquable, quelques mois avant cette interdiction, les membres de l'Académie française de médecine ont signé à l'unanimité un rapport minimisant les dangers de l'amiante[17]. Aveuglement ou mauvaise foi ? La réponse appartient aux auteurs de ce rapport. En attendant, il est bon de

* Voir chapitre 4, p. 137.

** Le CIRC est une agence de l'OMS dont l'acronyme anglais est IARC (International Agency for Research on Cancer).

rappeler que, pour la seule année 1996, l'amiante fut en France la cause de deux mille décès. Et on estime qu'il y en aura environ cinq mille au cours de l'année 2020. Ces chiffres font froid dans le dos. Surtout si on les compare avec ceux, nettement moins élevés, enregistrés aux États-Unis et au Royaume-Uni, où l'utilisation de l'amiante a été interdite beaucoup plus tôt[18].

Il a fallu trente ans, en France, pour que l'amiante soit interdit, malgré l'accumulation de preuves irréfutables de sa toxicité. On peut donc se demander combien de temps il faudra pour supprimer les pesticides, les dioxines, les nitrates, les rayonnements ionisants ou les champs électromagnétiques de notre environnement. La preuve du potentiel cancérigène de ces différents agents n'est pas toujours aussi évidente que celle établie pour l'amiante ; toutefois, les éléments de suspicion s'accumulent et, bientôt, nous devrons choisir entre l'aveuglement et la mauvaise foi pour continuer de nier la nécessité d'une *vraie* politique de prévention du cancer.

Actuellement, cette prévention consiste essentiellement à encourager le dépistage précoce de la maladie et à avertir des dangers du tabac et de l'alcool. C'est peu de chose. En effet, *dépister* un cancer ne peut pas être considéré comme un acte préventif, puisque cela revient à détecter le mal *après* son apparition. Et, de l'avis de nombreux spécialistes, malgré leur toxicité évidente, l'alcool et le tabac font partie d'une multitude d'autres facteurs cancérigènes abondamment répandus dans notre environnement et parfois bien plus dangereux. Il ne faut donc pas s'étonner de voir le nombre de cancers du poumon progresser alors que le tabagisme ne cesse de diminuer[19]. Comme le rappelle Dominique Belpomme, professeur de cancérologie à l'université Paris-V et président de la Société européenne de santé environnementale, focaliser l'attention du public et des professionnels de la santé sur les habitudes tabagiques et alcooliques risque d'occulter la nécessité d'une prévention beaucoup plus large. Car, n'en déplaise aux pollueurs que nous sommes, le cancer est une maladie étroitement liée à la dégradation de notre environnement[20].

Sur la base de ce constat, on comprend qu'il est illusoire d'espérer prévenir ou guérir le cancer en l'abordant exclusivement d'un point de vue psychologique. On comprend également qu'il est tout aussi irréaliste de penser pouvoir « gagner la guerre » contre cette maladie, fût-elle détectée précocement, uniquement à coups de bistouri, de rayons ou de substances chimiques. « La guerre contre le cancer ne pourra être gagnée que quand elle aura réellement commencé », insiste Belpomme sur un ton un peu provocateur[21]. Comment pourrions-nous remporter les grandes batailles de cette guerre si nous nous trompons d'ennemi ? Ce n'est pas le cancer qu'il faut vaincre, ce sont les causes du cancer ! Empêcher la pollution de notre environnement apparaît donc comme une priorité, une urgence, même. Car de plus en plus d'études attirent notre attention sur le fait que les enfants sont particulièrement sensibles à l'influence des agents cancérigènes. Et l'on sait que des contaminations cellulaires ou des lésions chromosomiques survenues au cours de l'enfance pourront se manifester sous la forme de cancers à l'âge adulte, voire avant[22].

Appel à la prudence

« Je suis consternée par notre manque de prudence, me dit Nadia, une jeune femme originaire de la presqu'île du Cotentin, en Normandie. Lorsque j'ai appris que ma petite fille était atteinte d'une leucémie, j'ai commencé à m'informer. Je lis la littérature médicale, et ce que j'y découvre me scandalise. » Lors de notre première rencontre, Nadia me confia la copie d'un article scientifique paru en 1997 dans le *British Medical Journal*[23]. Il s'agissait d'une enquête épidémiologique réalisée autour de l'usine de La Hague, un vaste complexe où sont traités les déchets nucléaires de plusieurs pays. « J'habite tout près de là, explique Nadia. Personne ne nous a dit qu'il fallait nous méfier. Pourtant, cette étude conclut qu'il existe un risque accru de développer une leucémie chez les enfants ayant fréquenté les plages proches de l'usine ou ayant mangé des coquillages récoltés à proximité. » En me documentant à propos de l'étude en question, j'appris qu'elle avait provoqué de violentes réactions tant dans le milieu scientifique que dans la sphère politique*. Ainsi, des contestations furent envoyées aux médias avant même que l'étude soit publiée ; l'honnêteté de son auteur, le professeur Jean-François Viel, fut mise en doute ; et une contre-expertise lui reprocha la « surinterprétation » de ses résultats[24]. Pourtant, une étude publiée en 2001 dans le *Journal of Epidemiology and Community Health* aboutit aux mêmes conclusions : on observe bien une augmentation des cas de leucémie dans un rayon de dix kilomètres autour de l'usine de La Hague, et elle est particulièrement importante chez les enfants âgés de 5 à 9 ans[25]. « Il semble que les études épidémiologiques soient très difficiles à réaliser et à interpréter, commente Nadia. Cependant, je ne suis pas idiote. Si des scientifiques prennent la peine d'alerter les autorités, la moindre des choses est de vérifier que toutes les mesures ont été prises pour éviter une contamination des populations vivant autour de l'usine. Or, en 1997, alors que les travaux du professeur Viel étaient discrédités, l'association Greenpeace a mesuré des taux de radioactivité très élevés à la sortie de la canalisation qui déverse les rejets de l'usine dans la mer. Les appareils ayant servi à ces mesures ont été confisqués et l'information étouffée. Pendant ce temps, moi, je jouais dans le sable, à quelques kilomètres de là, avec ma petite fille qui était encore en bonne santé. Je suis convaincue qu'on aurait pu éviter sa leucémie. Je suis convaincue qu'avec un minimum de précautions ma petite fille serait encore en vie ! »

---

* C'est en me documentant au sujet de cette étude que j'ai découvert *La Société cancérigène*, l'excellent ouvrage de Geneviève Barbier et Armand Farrachi (Paris, Seuil, « Points », 2007).

Lors de mes conférences, je rencontre de nombreuses personnes qui, comme Nadia, refusent ce que j'appelle le «fatalisme oncologique». La plupart des cancérologues considèrent l'augmentation du nombre des cancers comme un fait pratiquement inéluctable. Ils mobilisent tous leurs efforts pour lutter contre la maladie en effectuant un dépistage de plus en plus précoce et en inventant des remèdes de plus en plus efficaces. «C'est bien normal, me disait l'un d'eux. Notre fonction est de soigner.» Peut-être. Néanmoins, nous devons nous rappeler que, dans d'autres cultures, la fonction du médecin est avant tout d'aider les gens à rester en bonne santé. Enseigner les principes de prévention et de précaution est alors plus important que prescrire des soins et des remèdes.

«Ma grand-mère, mon père et mon frère aîné sont tous les trois morts d'un cancer de l'estomac, raconte Nobue, une guérisseuse japonaise installée à Hawaï. Or, depuis que ma famille a quitté le Japon, plus personne n'a souffert de cette maladie. Il semble que nous devons notre bonne santé au fait que nous ne mangeons plus de poissons conservés dans la saumure.» Lié à la consommation d'une nourriture salée et fumée ainsi qu'à la présence d'une bactérie appelée *Helicobacter pylori*, le cancer de l'estomac a fortement régressé au cours des dernières années. Cette diminution s'est produite un peu partout dans le monde et est probablement liée à la modernisation des moyens de conservation des aliments. «C'est un fait absolument remarquable, commente Hiroshi Nishimura, un chirurgien tokyoïte à la retraite qui a fait fortune en opérant de nombreux estomacs. La diminution des cas de cancer gastrique illustre parfaitement l'influence des facteurs environnementaux et des habitudes de vie sur l'apparition des tumeurs malignes. Aujourd'hui, les chirurgiens ont de moins en moins d'estomacs à enlever. Simplement parce que l'usage du réfrigérateur constitue une excellente prévention de la maladie. C'est un réel progrès. Cependant, tous les progrès ne sont peut-être pas aussi bénéfiques. Nous devrions donc nous inquiéter de voir apparaître sur le marché des aliments à longue durée de conservation qui ne nécessitent plus l'utilisation du réfrigérateur. Car les procédés de stérilisation auxquels sont soumis ces aliments provoquent leur ionisation. Or il existe un risque de voir apparaître des substances mutagènes après irradiation. Je ne suis pas spécialiste de ces questions, néanmoins je pense que la prudence s'impose.» Sage remarque que celle d'Hiroshi Nishimura. «Bien qu'il soit encore trop tôt pour affirmer que ces procédés [de stérilisation] sont cancérigènes, il est clair que, par précaution, il est préférable de ne pas acheter de produits les mettant en œuvre[26]», confirme Dominique Belpomme. Ainsi, dans le doute, une vraie prévention demande de respecter le principe de précaution le plus souvent possible.

Le principe de cohérence

La logique des systèmes

Et pourtant, en 2003, l'Académie française de médecine a estimé que le principe de précaution constitue «une pression dangereuse sur la décision politique, un obstacle à la démarche scientifique et aux innovations technologiques, une porte ouverte à la manipulation[27]». Aussi étonnante qu'elle puisse paraître, cette opinion exprime parfaitement la logique dans laquelle nous vivons. En effet, le monde moderne s'est construit autour de l'idée que la nature est dangereuse et que l'être humain a pour vocation d'en comprendre les moindres détails afin de la dominer, de l'influencer et de la contrôler. Notre science est donc devenue une machine de guerre destinée à *vaincre* la nature, en particulier lorsque les manifestations de notre environnement mettent en péril ce que croyons être nécessaire pour notre survie. Chaque dépassement des lois naturelles, chaque réalisation défiant les contraintes de notre condition est considéré comme un *progrès*, une victoire à inscrire au palmarès de l'intelligence humaine. Chaque succès renforce notre sentiment de toute-puissance. Chaque réussite apaise notre peur de disparaître. « La science moderne permet d'espérer l'invulnérabilité et l'immortalité que nos ancêtres enviaient aux dieux. Nous finissons donc par la considérer comme une religion », remarque Arnulfo Olivares*. Les grands-prêtres de cette nouvelle religion – les scientifiques – inventent des moyens pour nous protéger, pour vivre mieux et plus longtemps – éternellement, peut-être –, pour nous reproduire en plus grand nombre, pour nous étendre indéfiniment – nous l'espérons. L'industrie chargée de mettre en œuvre leurs inventions produit des biens de plus en plus sophistiqués, des innovations à consommer sans modération afin de pouvoir en produire d'autres, encore plus audacieuses, encore plus attractives. L'économie de nos sociétés modernes repose sur cet emballement pour le progrès. Toujours mieux, toujours plus. La *croissance* de notre monde nous apparaît comme la condition indispensable à sa bonne santé, à notre bonne santé. Il n'est donc pas étonnant que le principe de précaution soit considéré comme un obstacle à l'innovation, un frein à la croissance, un empêcheur de progresser en paix[28].

Certains esprits, jugés hérétiques par l'orthodoxie moderne, s'interrogent sur la définition du véritable progrès pour l'humanité. « Vivre plus longtemps, se reproduire en plus grand nombre et s'étendre au-delà des limites de notre planète ne constitue pas forcément un mieux pour notre espèce, constate Arnulfo Olivares. Nous parlons de progrès ; en réalité, il s'agit de stress, de pollution et d'épuisement de la Terre. Le prix de notre confort et de notre longévité est trop lourd à porter pour le monde où nous vivons. Il est même trop lourd pour nous-mêmes. Notre fuite en avant est absurde. Il est temps de nous poser et de réfléchir au sens de tout cela. Il est temps de choisir en pleine conscience quelle direction nous souhaitons prendre pour continuer notre chemin. Sinon, nous risquons de ne plus

* Voir chapitre 5, p. 191.

pouvoir avancer. Ce sera la fin de notre histoire.» «Ivre de vitesse et de mouvement, on dirait que la société tout entière s'est mise inconsciemment à tourner sur elle-même : à la façon d'un avion qui serait entré en vrille au sein d'un banc de brume de plus en plus opaque. De cette ivresse-là on ne s'évade qu'à la catastrophe, quand on s'est cloué, percutant le sol[29] », écrivait déjà, dans les années 1960, l'architecte Le Corbusier. «Pourquoi vouloir toujours plus ? Lorsqu'une voiture roule trop vite, elle finit par quitter la piste et se renverser dans le fossé. L'homme moderne est un champion des dérapages contrôlés. Combien de temps pourra-t-il encore maintenir sa voiture sur la piste ?» s'interrogeait Luurn Willie Kew, un peintre aborigène aujourd'hui décédé.

Progresser, produire et consommer. La logique du monde moderne est implacable. Elle est très cohérente aussi, puisque notre culture privilégie tout ce qui est à la fois un moteur de progrès, une occasion de productions et une justification de consommations. Cela veut-il dire que notre culture privilégie la maladie ? Cette question peut paraître impertinente ; néanmoins, elle mérite d'être posée car, dans notre monde moderne, l'activité liée au secteur de la santé est une source non négligeable de croissance économique. Pour s'en persuader, il suffit de considérer l'influence que les grands groupes pharmaceutiques exercent sur l'économie mondiale. On peut aussi se rappeler que les dépenses dues à la maladie sont englobées dans le calcul du produit intérieur brut (PIB) des États et que, de ce fait, la mauvaise santé des citoyens participe au bien-être économique de la collectivité[30]. Basé sur l'invention de nouveaux traitements et la production de nouveaux remèdes, notre système de santé est devenu une véritable «industrie de la maladie» soumise aux impératifs de la croissance. Plus il y a de malades, plus cette industrie est florissante. Le paradoxe est de taille ; le conflit d'intérêts est manifeste ; l'incohérence est réelle. Or, nous l'avons vu, si la cohérence est un gage de réussite, l'incohérence finit par créer l'échec*. Il serait donc plus judicieux de développer un *vrai* «système de santé», c'est-à-dire un système dont la prospérité ne dépendrait plus de la quantité de malades qu'il prend en charge mais, au contraire, du nombre de personnes qu'il maintient en bonne santé. Cette «industrie de la santé» se fonderait moins sur la production de remèdes que sur la mise en place de mesures permettant de prévenir la maladie.

De plus en plus de professionnels liés au secteur de la santé prennent conscience de l'incohérence du système actuel. Ainsi, en France, le Comité pour le développement durable en santé[31] réunit des directeurs d'hôpitaux, des prestataires de services, des responsables de centrales d'achat de médicaments et de technologies de soin, des pharmaciens, des soignants, et même des architectes et des techniciens, tous plus ou moins impliqués dans la prise en charge des malades et soucieux de ne pas créer plus de pathologies par leurs diverses interventions. «D'abord ne pas nuire, pour mieux soigner, déclare Olivier Toma, directeur de la clinique Champeau à Béziers et président-fondateur de ce comité. Imaginons un centre de cancérologie construit avec des matériaux non cancérigènes, un hôpital n'utilisant que des dispositifs médicaux exempts de toute toxicité, une maison de retraite nettoyée à l'aide de produits moins nocifs pour les pensionnaires qui les inhalent et les professionnels qui les manipulent, une clinique qui trierait l'énorme masse de ses déchets, évacuerait de façon saine tous ses effluents et recyclerait les impressionnantes quantités d'eau qu'elle consomme, un système de soin qui ne se contenterait plus d'une approche curative mais s'appliquerait à rendre les patients acteurs de leur propre santé grâce à l'éducation à la prévention. Il s'agit donc d'inventer des structures de soin et des manières de travailler qui respectent à la fois le bien-être des professionnels de la santé et des malades, la qualité de l'environnement et le développement durable de la société.»

* Voir chapitre 7, p. 232-235.

Soigner sans polluer. Créer de la santé au lieu de seulement guérir des maladies. Préserver plutôt que réparer. L'objectif est ambitieux, difficile, mais absolument cohérent. Pour y parvenir, il faudra abandonner la croyance autour de laquelle s'est construite la modernité ; ne plus avoir (trop) peur de la nature, cesser de la combattre et essayer de vivre en meilleure harmonie avec elle.

Le cancer comme métaphore

« Lorsque l'être humain met son intelligence au service de la peur, il ne crée que du malheur, affirme Joseph, un étudiant en médecine camerounais, fils et petit-fils de *nganga* douala*. À force de nous protéger et de nous défendre, nous occupons trop de place, nous broyons tout sur notre passage. Notre désir de vie crée de la mort, trop de mort. Il finira par nous tuer. Depuis que j'étudie la cancérologie, je me rends compte que les êtres humains se comportent comme des cellules malignes. Animées par une vitalité prodigieuse, ces cellules se multiplient en très grand nombre, détruisent le lieu de leur naissance, consomment toutes les ressources disponibles et se propagent à travers l'organisme. Guidées par une intelligence redoutable, elles s'infiltrent partout, résistent aux traitements utilisés pour les combattre, ne connaissent aucune limite à leur extension, et finissent par tuer le corps de la personne qui les a nourries. Il suffit de contempler le désastre écologique pour comprendre que l'humanité est le cancer de la Terre. Nous devrions nous méfier car, privées de leur support, les cellules malignes meurent à leur tour. »

Jolie métaphore. Terrifiante perspective. « Heureusement, la vitalité de certains malades se révèle plus forte que la vitalité des cellules cancéreuses, ajoute Joseph avec un grand sourire. Cela veut dire que la Terre pourrait manifester plus de vitalité

---

* Voir chapitre 1, p. 49-50.

que l'être humain. Ainsi, quoi que nous fassions, nous sommes pris au piège. Soit nous tuons le monde et nous mourons ensuite, soit le monde nous supprime. Personnellement, je crois que la seconde hypothèse est la plus probable. L'humanité disparaîtra, donc. Et le monde continuera. Tant pis pour nous. Tant mieux pour le monde. De toute façon, les êtres humains n'existeraient pas sans le monde, tandis que le monde, lui, se passera très bien de notre présence envahissante.» Sages paroles d'un Africain!

Il est vrai que le cancer est une maladie extrêmement vivante. Une maladie qui, à l'instar de l'humanité, a soif de prolifération et d'extension. Chacun lui donnera le sens qu'il voudra. Mais, tous, nous sommes forcés de nous interroger.

«J'ai le sentiment que mon cancer s'est manifesté dans ma vie comme un avertissement, témoigne Lucie, atteinte d'une tumeur au poumon gauche. Le fait que cette maladie soit si vivante m'est apparu comme un signe. Une sorte d'avertissement. J'ai compris que certains aspects de mon existence manquaient de vitalité. Comme s'il y avait en moi une zone morte où la tumeur pouvait proliférer. J'ignore si ce manque de vitalité est la cause de ma maladie. En tout cas, le fait de l'interpréter de cette manière me donne une force inouïe, je ressens une immense envie de vivre.» «Pour ma part, je ne crois pas que cette maladie révèle la présence d'un manque de vitalité dans mon existence, dit Robert, récemment opéré d'une tumeur au côlon. En revanche, je suis convaincu que mon cancer, comme tous les cancers, est la conséquence du manque de respect de certains principes vitaux que l'humanité ignore complètement en polluant son environnement et en oubliant ce qui est essentiel à son bonheur.» «Cette épidémie de cancers n'est pas le fruit du hasard, ajoute Peter, traité pour un lymphome de Hodgkin. Je pense qu'elle vient questionner notre manière de vivre. Elle oblige à redéfinir le projet de notre civilisation. Car, avant même de penser à notre guérison individuelle, nous avons une responsabilité collective à assumer.

Nous ne pouvons pas rester passifs à attendre la disparition de l'espèce humaine. Nous avons une intelligence, il nous faut l'utiliser pour vivre. Or, la plupart du temps, nous utilisons notre intelligence pour survivre, non pas pour vivre.»

Survivre n'est pas vivre. La nuance est importante car, sans que nous en soyons réellement conscients, elle détermine chacun de nos comportements individuels et, de là, le projet de notre société. Or, nous l'avons appris à travers les témoignages de nombreux patients, la différence entre la vie et la survie est une question de fluidité, de confiance et de cohérence*.

La société, c'est nous !

Régulièrement, j'entends des malades se plaindre du fait que la société leur impose des règles qui les empêchent de se comporter d'une manière fluide, confiante et cohérente. Ils dénoncent alors la «pression extérieure» qui les oblige à «jouer un jeu» pour ne pas «être exclus» de la vie sociale. Hélas, se positionner en victime n'a jamais aidé personne à retrouver sa liberté et, surtout, sa dignité. Si nous avons un minimum d'honnêteté, nous sommes bien forcés d'admettre que, en accusant la société d'être responsable de nos incohérences, nous cherchons à nier notre propre responsabilité. Qu'est-ce que la société, sinon l'ensemble des individus qui la composent ? *Nous* sommes la société. La société est *nous*. Si nous voulons la transformer, c'est nous qui devons évoluer, individuellement d'abord, collectivement ensuite. Si les règles du jeu ne nous paraissent pas justes, il nous incombe de les changer, car personne ne le fera à notre place. Et si parfois nous n'avons pas la possibilité de modifier ces règles, n'oublions pas que, sans joueurs, il n'y a pas de jeu !

«Tout cela nous dépasse.» «Comment espérer influencer l'évolution du monde quand on apprend que le président des

* Voir chapitre 7, p. 227-235.

États-Unis – pays le plus pollueur de la planète – a nommé au poste d'administratrice adjointe de l'Agence de protection de l'environnement une dirigeante de Monsanto, entreprise productrice de polluants hautement toxiques pour la santé[32] ? » « Comment ne pas désespérer quand on sait que les recherches sur la nocivité des nouvelles molécules sont menées par les industriels eux-mêmes et non par des organismes indépendants ? » « Les conflits d'intérêts sont partout, tout le temps. Nous n'avons aucun pouvoir face au cynisme du monde marchand. » « Pourquoi vouloir informer et transformer la société ? C'est trop tard, nous allons tous crever. Et nous l'aurons bien mérité ! Si de plus en plus d'animaux sont touchés par le cancer[33], si les dauphins meurent empoisonnés par le cocktail de métaux lourds, de dioxines, de pesticides et de PCB que nous répandons dans les fleuves et les océans[34], quel espoir avons-nous de nous en sortir ? » « La santé de l'humanité m'échappe. Alors j'ai décidé de me préoccuper de mon propre bien-être. C'est déjà beaucoup. » « Finalement, la seule chose que nous puissions faire, c'est nous intéresser à nos petites vies. Ce n'est pas de l'égoïsme, c'est du réalisme. »

De nombreux participants aux groupes de réflexion sur le sens de la maladie expriment leur angoisse face à l'évolution de la société. Quelques-uns disent leur colère. La plupart sont désabusés et découragés. La tentation du repli sur soi est grande. « Que faire d'autre ? me dit une jeune femme atteinte du sida après une transfusion de sang contaminé. Quand la cause commune est perdue, on retrouve ses réflexes individualistes. » C'est dommage, car tout est lié ; rien n'est totalement indépendant. Notre bonne santé dépend de celle des autres, de tous les autres. Par conséquent, si certains faits pathogènes paraissent nous échapper, cela ne nous dispense pas de les dénoncer, de protester contre ceux qui les commettent et, cohérence oblige, d'assumer les changements que nous pensons bénéfiques pour nous-mêmes et pour les autres. Car, si nous voulons *réellement* du changement, celui-ci a des chances de se produire. Après, il faudra accepter de vivre autrement.

Contrairement à ce que pense Joseph, le futur médecin camerounais, nous ne sommes peut-être pas totalement pris au piège. Notre destin n'est peut-être ni de tuer le monde et mourir ensuite, ni d'être supprimés par le monde. Il existe peut-être une troisième voie. Celle-ci nous demande de faire appel à notre bon sens. Or, de toute évidence, le bon sens n'est pas individualiste, il est altruiste. C'est un sens collectif.

L'important n'était pas ce que nous attendions de la vie, mais ce que nous apportions à la vie. Au lieu de se demander si la vie avait un sens, il fallait s'imaginer que c'était à nous de donner un sens à la vie à chaque jour et à chaque heure.

Viktor Frankl

CONCLUSION

… à l'harmonie collective

« J'arrive à la fin. J'arrive à la fin de mon existence et je ne suis pas sûr d'avoir trouvé le sens, me dit Frank quelques jours avant de mourir du sida. J'ai trente-huit ans et je ne suis pas sûr d'avoir trouvé mon sens. J'ignore quelle signification je dois donner à cette maladie. Je ne sais pas quelle valeur attribuer à ma vie. Je pressens que le sens de ma vie se confond avec celui de ma maladie, mais je me prends la tête à inventer une théorie sophistiquée pour justifier tout cela. Ma philosophie de vie est compliquée. C'est probablement beaucoup plus simple que je ne l'imagine. À moins que cela ne soit simple pour certains et compliqué pour d'autres. Car, finalement, la réalité n'a de sens qu'à partir du moment où on lui en donne un. J'aurais aimé que le sens de ma réalité fût simple. Mais j'ai tout compliqué. Et vous, doc, vous l'avez trouvé, le sens de votre réalité ? »

Certains patients sont de véritables maîtres spirituels ; ils obligent à répondre à l'essentiel.

Si j'examine ce que j'ai découvert au cours de mes études de médecine, si j'analyse ce que j'ai compris en me passionnant pour la civilisation de l'ancienne Égypte, si je considère ce que j'ai appris lors de mes expériences au contact de différentes cultures traditionnelles, si je me rappelle l'enseignement des guérisseurs que j'ai eu la chance de côtoyer, si je m'inspire des témoignages des malades que j'ai eu le privilège d'accompagner, si je me laisse guider par le souvenir de mes propres maladies, il me semble que oui : j'ai trouvé un sens à ma réalité. Celui-ci est tout simple mais il me paraît traduire l'essentiel. Car, au-delà des croyances, derrière le rideau des apparences, en m'interrogeant à propos de l'intention commune qui anime les molécules d'ADN, les virus, les bactéries, les fleurs, les arbres, les animaux, les êtres humains, anciens et contemporains, il m'est apparu que *le sens de toute vie est de perpétuer la vie*. Par conséquent, la raison que je donne à ma propre existence est de transmettre de la vie. Cela m'oblige à essayer de comprendre ce qu'est la vie. Fluidité, confiance, et cohérence*. Agir, aimer, assumer**. Responsabilité, sagesse, et dignité***. La vie est immense. Nous n'en comprendrons sans doute jamais toutes les subtilités, nous n'en expérimenterons probablement pas toutes les qualités. Mais, tant que nous sommes vivants, que pouvons-nous faire d'autre que tenter de la comprendre un peu mieux pour la respecter un peu mieux, pour la perpétuer un peu plus ?

« Pas mal, me répondit Frank. J'ignore à quelle philosophie il faut rattacher votre pensée, mais j'aime l'idée de vivre en cohérence avec l'intention de respecter et de perpétuer la vie. Cela paraît tellement évident. Et, en même temps, c'est tellement exigeant. Ne serait-ce pas trop évident ? J'imagine que pour certaines personnes l'idée paraît un peu courte. Perpétuer la vie. Est-ce suffisant ? Ne faut-il pas, en plus, la faire progresser ? À moins que, pour nos esprits angoissés par la conscience qu'ils ont d'exister, le véritable progrès ne soit

---

* Voir chapitre 7, p. 227-235.
** Voir chapitre 7, p. 237-243.
*** Voir chapitre 8, p. 264-265.

d'avoir assez de confiance et d'humilité pour, simplement, vivre en harmonie avec les exigences de la vie. Dans ce cas, il ne me reste plus qu'à accepter de mourir. Et à me réjouir d'avoir compris l'essentiel. Si, un jour, vous écrivez un livre à propos du sens de la maladie, j'aimerais que vous rapportiez notre conversation. Ce sera pour moi une façon de transmettre un peu de vie, après ma vie.»

Certains patients sont des sages ; le souvenir qu'ils laissent derrière eux éclaire le chemin de ceux qui les ont accompagnés, ne fût-ce qu'un moment.

La maladie du sens

À chacun ses maladies, à chacun ses souffrances. À chacun son existence. À chacun sa manière de faire du sens.

En commençant ce livre, nous avons découvert la diversité et la complexité des théories échafaudées par les êtres humains pour répondre à leur *quête de sens*. En particulier lorsque le chaos provoqué par la maladie réclame une explication susceptible d'aider à trouver un nouvel équilibre*. Nous avons compris que le fait d'attribuer un sens à la souffrance permet de générer l'espoir nécessaire pour survivre. Car, les récentes découvertes de la psycho-neuro-endocrino-immunologie le prouvent, les pensées positives et les émotions agréables engendrées par l'attribution d'un sens aux expériences de l'existence aident à prévenir et à guérir les maladies**. Nous avons perçu aussi à quel point les sociétés traditionnelles privilégient le maintien de l'ordre, le rétablissement de l'harmonie et la restauration de la beauté afin d'assurer le bien-être de toute la communauté. Car une sagesse millénaire enseigne que la bonne santé est avant

---

* Voir chapitre 1.
** Voir chapitre 6.

tout une affaire sociale, et la guérison une entreprise collective*.

En poursuivant notre enquête, nous avons constaté que, dans nos sociétés modernes, la question du sens est souvent délaissée au profit du pragmatisme scientifique. S'intéresser au sens de la maladie revient donc à comprendre que, de nos jours, il existe une véritable *maladie du sens*. À l'instar de la civilisation qui lui a donné naissance, la médecine moderne n'accorde pratiquement plus de place au questionnement philosophique et métaphysique ; soucieuse de performance et d'efficacité, elle chasse le malade de son corps pour mieux objectiver les maux dont il souffre ; et, pendant ce temps, les patients manquent de réponses aux interrogations qui constituent l'essence même de leur humanité. Réduits à l'état de corps-objets, de plus en plus de malades demandent à être soignés comme des corps-sujets. Ils souhaitent être considérés dans l'entièreté et dans la complexité de leurs dimensions physique, émotionnelle, intellectuelle et spirituelle. Car, si notre langage sépare les objets de son propos en leur attribuant un nom bien spécifique, l'être humain n'en demeure pas moins un individu indivisible, une unité de corps et d'esprit**.

Nous avons vu comment, depuis le début du XXe siècle, les théories psychosomatiques tentent de restaurer l'unité de la personne humaine, certaines d'entre elles allant jusqu'à attribuer une cause psychologique à toutes les maladies***. Forts des avancées de la psycho-neuro-endocrino-immunologie, instruits des principes de la théorie de l'information et avertis des recherches effectuées à propos de l'alexithymie, nous avons compris que, parfois, il existe une *confusion du sens*****. Car, la plupart du temps, la maladie est d'origine multifactorielle ; certaines raisons psychologiques ne sont, en fait, que des expli-

* Voir chapitre 1.
** Voir chapitre 2.
*** Voir chapitre 3.
**** Voir chapitre 4.

cations destinées à rassurer notre ignorance ; et, s'il est vrai que le stress chronique et certains chocs émotionnels peuvent fragiliser l'organisme, nous manquons de preuves pour affirmer l'existence d'une relation symbolique précise et systématique entre des difficultés psychologiques particulières et des manifestations physiques spécifiques. Même si, comme nous avons pu le constater, dans certains cas les mots et les maux entretiennent une relation absolument troublante*. La science n'explique pas de tels liens psychosomatiques ; cependant, il paraît important de continuer à nous y intéresser. Car, situé à la frontière entre la nature et la culture, le « phénomène humain » est loin d'avoir livré tous ses secrets.

Intrigués par certaines constatations, nous avons suivi le trajet de l'information dans notre cerveau et nous avons compris que nos pensées naissent dans les perceptions de notre corps. Sentir physiquement, ressentir émotionnellement et traduire son expérience intellectuellement : le respect des étapes de ce processus paraît indispensable si l'on ne veut pas s'égarer trop loin de la réalité. Car, nous l'avons découvert au travers de nombreux témoignages : lorsque la pensée domine l'émotion et les sensations corporelles, toutes les manipulations intellectuelles sont possibles ; les croyances aveuglent ceux qui s'y soumettent ; et les théories stéréotypées à propos du sens de la maladie empêchent les malades d'accéder à leur propre vérité**.

Arrivés au terme de notre enquête, nous avons donc éprouvé le besoin d'un *retour au bon sens*. D'autant plus que certaines théories psychosomatiques ne sont pas sans danger. En effet, leur vision partielle des processus pathologiques ouvre la porte à quelques égarements thérapeutiques ; leurs préoccupations narcissiques et individualistes empêchent de s'intéresser sérieusement à certains comportements collectifs très pathogènes ;

---

* Voir chapitre 5.

** Voir chapitre 7.

leurs hypothèses affichées comme des théories irréfutables s'opposent à l'exercice d'une médecine efficace et responsable*. Néanmoins, malgré ces écueils, nous avons pris conscience de l'importance de réintroduire la question du sens au sein des pratiques thérapeutiques. Car les patients l'expriment de plus en plus clairement : la médecine scientifique ne peut se contenter de prouesses technologiques; elle doit réapprendre à écouter les malades. Et les professionnels de la santé l'affirment de moins en moins timidement : il est temps de changer notre conception de l'individu, de sa santé et de sa guérison; il est temps de penser en termes de prévention**.

La maladie, manifestation de la santé

Selon un groupe d'experts – professionnels de la santé, hommes d'affaires, chercheurs biomédicaux et prospectivistes – réunis à l'initiative de l'Institute for Alternative Futures[1], à Washington, en 1998, les notions de «maladie» et de «santé» ne devraient plus être opposées. Au contraire, la maladie devrait être considérée comme une manifestation de la santé, une réponse de l'individu destinée à préserver son équilibre physique, psychologique et spirituel. Quelles que soient ses causes – alimentaires, environnementales, sociales ou professionnelles –, la maladie survient parce qu'un manque ou un déséquilibre s'installe dans la vie d'une personne. Elle peut donc être considérée comme une tentative, de la part d'un organisme, pour développer suffisamment d'immunité, éliminer certaines toxicités, combler des déficits, corriger des carences, rétablir des équilibres chimiques ou énergétiques et réinterpréter certains de ses codes génétiques. Elle peut aussi être vue comme une tentative, de la part d'un individu, pour retrouver son aisance physique, sauvegarder son intégrité psychologique,

* Voir chapitre 9.
** Voir chapitre 8.

préserver sa cohérence intellectuelle et maintenir ou redéfinir son idéal spirituel. De ce point de vue, la maladie peut être perçue comme un signal d'alerte destiné à prévenir l'individu et sa communauté des manques et des déséquilibres qui les menacent. Elle peut donc être mise à profit comme une opportunité de remédier aux dangers, une occasion d'évoluer[2].

Cette vision positive de la maladie n'est pas nouvelle. Elle constitue le fondement de nombreuses médecines traditionnelles, parfois millénaires, comme l'ayurvéda ou la médecine chinoise. Elle se trouve également au cœur des théories psychosomatiques nées en Occident, même si certaines d'entre elles, nous l'avons vu, restreignent le point de vue en considérant le facteur psychique comme la cause exclusive de toutes les pathologies. Et, d'une manière plus large, elle a occupé la réflexion de nombreux penseurs de la médecine tout au long du XXe siècle. « La maladie est un effort de la nature en l'homme pour obtenir un nouvel équilibre », écrivait déjà, en 1943, le philosophe et médecin français Georges Canguilhem dans sa thèse concernant le normal et le pathologique. Elle est « une autre allure de la vie, un état qui exige du sujet vivant une lutte pour continuer à vivre ». Sa guérison crée de « nouvelles normes de vie, parfois supérieures aux anciennes », mais jamais identiques. La santé peut donc être définie comme la possibilité d'« instituer de nouvelles normes en réponse à des situations nouvelles » ; elle témoigne de notre « capacité d'adaptation »[3]. Henri Laborit* allait dans le même sens lorsque, dans les années 1980, il décrivait la maladie comme une réponse au stress créé par l'impossibilité de fuir ou de combattre. Dès lors, écrivait-il dans son *Inhibition de l'action*, « la "maladie" sous toutes ses formes peut être considérée comme un moindre mal, comme un sursis donné à l'organisme avant de disparaître[4] ». Des affirmations comme celles de Canguilhem ou de Laborit font écho aux principes de la théorie de l'information exposés par Tom

---

* Voir chapitre 4, p. 132.

Stonier*, selon lesquels l'intelligence d'un système traduit sa capacité à répondre aux changements de son environnement et donc à accroître ses chances de survivre. Vue sous cet angle, la maladie apparaît comme une véritable expression de l'intelligence de la nature. Car, si ses conséquences sont parfois fatales, elle n'en demeure pas moins une tentative pour pallier le manque et le déséquilibre.

Pourtant, nous restons, pour la plupart, conditionnés à juger la maladie comme un fait négatif. « La maladie et la mort sont perçues comme des échecs, au lieu d'être considérées comme des occasions d'apprendre, d'évoluer et de grandir, pas seulement d'un point de vue physiologique mais aussi, et de manière plus importante, d'un point de vue existentiel, dans la compréhension des choses[5] », constate Kim Jobst, médecin homéopathe, acupuncteur et psychanalyste jungien, chercheur attaché aux universités d'Oxford et de Glasgow, rédacteur en chef du *Journal of Alternative and Complementary Medicine.* Vidée de son « sens positif », la maladie nous apparaît absurde, méprisable et redoutable. Nous déployons donc tous nos efforts pour la combattre à l'aide d'exérèses chirurgicales, de blocages pharmacologiques ou de modifications génétiques. Et, pendant ce temps, nous ne cherchons pas à comprendre la raison profonde de sa manifestation, la signification de son apparition, le sens de son existence. C'est dommage, car identifier les causes d'une maladie ne suffit pas. Il faut, en plus, savoir *comment* et *pourquoi* ces causes sont apparues. À cette condition seulement nous pouvons soigner le mal en profondeur et, surtout, empêcher sa récidive.

C'est ici qu'il convient de considérer *tous* les sens de la maladie. Le « sens biologique » de l'affection-*disease* étudié et défini par la médecine scientifique ; le « sens symbolique » du malaise-*illness* exprimé par les malades ; et le « sens collectif » de la maladie-*sickness* soumis à la responsabilité de toute la

---

* Voir chapitre 4, p. 141.

communauté. Car, nous l'avons vu, le retour à la bonne santé implique de retrouver un bien-être à la fois physique, psychique et social*. Or il paraît illusoire de penser y parvenir si l'on se contente de supprimer les déséquilibres organiques de l'individu ; il faut, en plus, démasquer les croyances et les souffrances psychologiques qui interfèrent avec le processus de sa guérison ; et il faut surtout corriger les dysfonctionnements sociétaux qui perpétuent ces déséquilibres organiques, ces croyances et ces souffrances psychologiques.

Si nous considérons la maladie comme l'ennemie de la bonne santé, inévitablement nous nous sentons impuissants face au danger, nous nous positionnons en victimes, et nous dépensons tous nos efforts à trouver des moyens de nous défendre ou de nous battre. En revanche, si nous acceptons l'idée que la maladie est une manifestation de la santé, automatiquement nous comprenons qu'elle n'est pas inévitable, nous sommes obligés d'assumer notre responsabilité dans les processus qui l'ont créée, et nous pouvons tenter de prévenir son apparition. Chaque point de vue a des conséquences qui lui sont propres. Chaque nouvelle représentation de la réalité entraîne la création d'une nouvelle métaphore**. De la « maladie ennemie » à la « maladie amie ». De la « maladie à soigner » à la « maladie à écouter ». De la « maladie à subir » à la « maladie à prévenir ». Une autre médecine serait-elle en train de voir le jour ?

Le sens de la maladie serait-il en train d'évoluer ? On peut l'espérer. Car, face à la « maladie du sens » qui accable nos sociétés modernes, il paraît urgent de nous poser les bonnes questions, de comprendre notre influence dans les processus pathologiques, d'assumer notre responsabilité face aux conséquences de nos actions et de développer suffisamment de cohérence pour remédier aux dégâts que nous avons provoqués.

---

* Voir chapitre 1, p. 52.
** Voir chapitre 2.

Pour les experts réunis à l'initiative de l'Institute for Alternative Futures, la « maladie du sens » dont nous souffrons collectivement engendre une multitude d'autres maladies : pathologies cardiovasculaires, maladies auto-immunes, maladies neurodégénératives, dépressions, démences ou cancers, et aussi violences sociales, guerres, génocides ou destructions de notre environnement. Ces nombreuses « maladies du manque de sens » apparaissent alors comme autant de tentatives pour rétablir l'équilibre et l'harmonie que nous avons participé à détruire ; autant de manifestations de notre santé – physique, psychique et sociale – en danger. Elles constituent autant de pathologies dont l'OMS prévoit une progression importante dans les années à venir[6]. Autant de souffrances qui pourraient être évitées si seulement nous faisions preuve d'un peu plus d'*humanité* et de *responsabilité*.

Pour une médecine humaniste

« Rien n'est plus difficile que de changer nos représentations de la réalité », me dit un jour Henri Trubert, l'éditeur de ce livre. De fait, nos représentations conditionnent nos façons de penser ; elles sont le reflet de nos traditions, de la mémoire collective et de l'histoire de nos sociétés ; elles participent à notre identité. Il n'est donc pas étonnant que nous y soyons attachés. Le problème est que, souvent, cela nous empêche d'évoluer. Ainsi, notre attachement à la représentation d'un monde morcelé constitue *le* grand problème de notre civilisation technologique ; notre obstination à analyser les détails sans comprendre comment se construit la globalité est *le* principal frein à l'évolution de nos sociétés, prises au piège de la modernité ; notre refus de considérer l'être humain comme une unité de corps et d'esprit se révèle être *le* grand obstacle au retour des valeurs humanistes dans la pratique de la médecine scientifique.

« À force d'oublier d'établir des liens entre les différents éléments de sa connaissance, la pensée scientifique perd contact avec la réalité. Elle se coupe de l'essence même de la vie », dit Arnulfo Olivares. Or « les liens sont le ciment de la vie. Sans eux, rien ne prendrait forme. Ils sont la trame du tissu vivant. Ils sont l'essentiel. Sans eux, aucune forme n'aurait de sens. Ils sont l'Essence », dit Raghubir Sangh*. « C'est pour cela que la vie a besoin de cohérence. Sans cohérence, les liens ne pourraient pas se constituer, ils ne pourraient pas perdurer. Sans cohérence, la vie ne pourrait pas se manifester, elle ne pourrait pas se perpétuer », dit Maechi Malee**.

Souvent, j'entends dire que les médecins n'ont pas assez de temps pour écouter leurs patients, qu'ils ont trop de malades à soigner, qu'ils ont trop de traitements à prescrire, trop d'appareils à manipuler. C'est un fait. Ce n'est pas une excuse. La vérité est que les médecins ne prennent pas le temps d'écouter les malades. Simplement parce qu'ils ne sont pas sensibilisés à l'importance de le faire ; ils ne sont pas convaincus de l'utilité de créer un lien de qualité avec leurs patients ; et, formés à soigner des corps-objets au lieu d'aider des corps-sujets, ils n'ont pas conscience des attentes des personnes qui s'adressent à eux. Du coup, ils acceptent de consulter à des cadences infernales ; ils participent joyeusement à l'accélération du rythme de la vie quotidienne ; ils concourent activement à la progression de la sacro-sainte croissance économique de la société. Ils créent du stress pour eux-mêmes et pour ceux qui les consultent. Et, dans leur empressement, ils commettent des maladresses ; ils finissent par blesser ceux qu'ils veulent aider. Ce que certains patients me racontent de leur relation avec leur médecin est stupéfiant. Mais se plaindre ne sert à rien. Je réponds donc à ces personnes mécontentes qu'elles doivent oser dire à leur médecin le besoin qu'elles ont d'être

* Voir *La Solution intérieure : vers une nouvelle médecine du corps et de l'esprit*, *op. cit.*, p. 291.

** Voir chapitre 7, p. 233.

considérées dans leur globalité. Car il faut informer l'autre de ses excès ou de ses manquements pour espérer le convaincre d'y remédier.

Écouter les patients permettrait d'éviter bien des examens, des soins et des prescriptions inutiles. Cela permettrait aussi de réduire le nombre d'erreurs thérapeutiques. Et, preuves psycho-neuro-endocrino-immunologiques à l'appui, cela rendrait certains traitements médicaux plus efficaces ou moins lourds à supporter. Seulement voilà : les médecins et de nombreux autres professionnels de la santé sont très peu et très mal préparés à écouter*. Rien ne pourra donc changer tant que les formations médicales et paramédicales ne changeront pas. Et, compte tenu de ce que nous avons exploré ensemble, nous comprenons que cet enseignement ne pourra évoluer que lorsque la représentation du malade, de la maladie et de la guérison aura évolué.

« Cette évolution est une nécessité, me dit une infirmière à la retraite, car, sans elle, les professionnels de la santé se réfugieront de plus en plus derrière les innovations technologiques et, pire encore, derrière les paperasseries administratives dont, curieusement, le monde médical subit l'obligation croissante sans se révolter. Si vous saviez comme je suis heureuse d'être à la retraite. Je n'aurais jamais pu supporter d'être à ce point détournée de ma vocation. Car osons le dire : en tant que soignants, nous ne sommes pas destinés à remplir des papiers. Notre fonction première est de soigner. Disons même qu'avant tout notre fonction est de soulager ; d'écouter, de guider, de consoler ! »

« La médecine est malade, me dit un chirurgien à la retraite. Tout simplement parce qu'elle a perdu la connaissance du mystère de la vie. Elle croit trouver les réponses dans la matière. Or la clé du mystère est cachée dans le vide, dans l'espace qui relie les éléments matériels, dans les liens et les interactions qui

* Voir chapitre 8.

animent le monde. Dans le silence, dans l'entre-deux. L'essentiel n'est pas visible, il se devine, il se sent, il s'éprouve. Cette méconnaissance médicale du mystère de la vie est inquiétante car la fonction de toute médecine est d'apporter de la vie dans l'existence de ceux qui en manquent. Or, si la médecine est malade, si elle ne peut pas enseigner les principes de la vie à ceux qui les ont oubliés, qui s'en chargera ? Il est donc urgent d'initier les soignants au mystère de la vie.»

Initier. Initiation. Le mot est dit. Nous avons vu combien cette initiation est importante dans les cultures traditionnelles. Nous avons vu également combien elle est négligée dans nos sociétés modernes. De nombreuses maladies sont causées par la rigidité du corps et de la pensée, par le besoin de tout contrôler, ainsi que par les tricheries et les incohérences humaines. Avant d'apprendre à soigner les autres, il serait donc utile d'apprendre, soi-même, à vivre avec *fluidité*, à faire *confiance* et à développer une parfaite *cohérence* entre ses pensées, ses paroles et ses actes. C'est ainsi que, dans de nombreuses cultures traditionnelles, le guérisseur doit apprendre à dépasser ses peurs. «N'est-ce pas en demander beaucoup à ces hommes et à ces femmes qui, déjà, se dévouent au bien-être des autres ?» demande une kinésithérapeute lors d'un atelier de réflexion sur le sens de la maladie. Peut-être. Néanmoins, il est temps de rappeler que *la fonction du soignant est sacrée*, dans le sens où elle touche à l'intime et à l'essentiel. Il est donc temps que l'on prépare les futurs professionnels de la santé aux exigences de leur tâche.

Pour une médecine responsable

«Si nous étions parfaitement cohérents avec notre intention de promouvoir la bonne santé, nous arrêterions de nous réjouir des progrès de la médecine scientifique, nous cesserions de nous féliciter de nos succès thérapeutiques, me dit un médecin québécois rencontré à Montréal. Car tous ces progrès, tous ces succès ne sont que les preuves de nos retards et de nos échecs. Promouvoir la bonne santé ne devrait pas tant consister à soigner qu'à empêcher la maladie de survenir. Or que faisons-nous réellement dans ce sens ? »

Le rôle d'une bonne médecine est d'identifier les causes profondes des pathologies, de dénoncer les incohérences à l'origine des pollutions, des intoxications et des traumatismes responsables des maladies, de démasquer les mensonges, les tricheries et les manipulations à la base de ces incohérences et, surtout, de militer pour que ces attitudes pathogènes soient abandonnées, définitivement considérées comme des « crimes contre la vie ». Au lieu de cela, la médecine moderne participe allègrement à l'emballement du système d'hyperproduction et d'hyperconsommation – cercle vicieux à la source des « crimes contre la vie ». En d'autres mots : la médecine moderne tente d'éteindre des feux qu'elle contribue à allumer. Le paradoxe est de taille. L'imposture est énorme. D'autant plus énorme qu'elle consiste à culpabiliser les gens en brandissant la menace du stress, d'une alimentation trop grasse ou du tabac, par exemple, sans vraiment tenter de comprendre les peurs et le mal-être qui motivent les comportements et les consommations « à risque », sans vraiment s'occuper de dénoncer l'accélération délirante de nos rythmes de vie, sans vraiment s'engager à combattre la mise sur le marché de produits néfastes pour la santé. « Il est plus facile de se contenter de soigner », commente mon confrère québécois.

Plus facile, peut-être. Mais moins efficace. « Écoper l'eau qui pénètre dans une coque trouée peut suffire pendant un temps, me dit un pêcheur aborigène de Lombadina. Cependant, cela demande beaucoup d'efforts. Tôt ou tard, l'équipage du navire s'épuise et, très vite, les fissures s'agrandissent, l'eau remplit la coque et le bateau coule. » Nous courons derrière la maladie sans jamais la rattraper. Sans doute parce que nous n'en avons pas encore compris le sens, nous n'en avons pas encore compris *tous* les sens. Et, lorsque nous les pressentons, nous préférons fermer les yeux sur ce que nous avons découvert pour continuer de nous mentir à nous-mêmes, pour continuer de tricher avec la vie. « Vous devriez être le changement que vous souhaitez voir dans le monde », disait le Mahatma Gandhi. La cohérence est exigeante. Ayons au moins l'*humilité* de reconnaître notre incapacité à répondre à cette exigence. Ayons au moins l'*honnêteté* de ne pas masquer notre incohérence derrière de fausses « bonnes intentions » ou, pire, de justifier nos tricheries en inventant des théories alambiquées capables de prétendre qu'il est nécessaire de polluer pour progresser.

Le rôle d'une bonne médecine est d'enseigner cette humilité et cette honnêteté aux enfants qui feront le monde de demain. « Ma vie est mon message », disait Gandhi. Il n'y a pas de meilleur enseignement que celui du témoignage. Les bons médecins – les bons soignants – ne devraient donc pas se contenter de soigner ; ils devraient essayer de témoigner. C'est encore une exigence, une responsabilité, de leur fonction sacrée. Cependant, ne nous leurrons pas, cette responsabilité dépasse le monde des médecins et des soignants en général. Elle incombe à la société tout entière. Or, nous l'avons vu, la société c'est nous*. Il y a fort à parier que, le jour où chacun de nous précisera son intention à l'égard de la vie, tentera d'agir en cohérence avec cette intention et décidera d'assumer sa responsabilité, le monde changera, les sociétés se transformeront en profondeur, la civilisation moderne paraîtra démodée.

Au-delà des croyances

Au moment de mettre un point final à cette *enquête au-delà des croyances*, certains confrères m'interrogent sur les motivations qui m'ont poussé à écrire un livre consacré au sens de la

* Voir chapitre 9, p. 285-287.

maladie. « Êtes-vous enrôlé dans une secte ? », « Cherchez-vous à défendre une idée religieuse ? », « Pourquoi s'intéresser au sens des maladies ? Ne craignez-vous pas de vous éloigner de votre vocation médicale et scientifique ? » me demandent-ils. Curieuses questions car, nous l'avons vu, le besoin de sens est fondamental pour tous les êtres humains*. S'y intéresser revient donc à s'intéresser à l'humanité. Et, quel que soit l'objet de son intérêt, la moindre des humilités pour un scientifique reste la curiosité. J'imagine qu'en découvrant les conclusions de cet ouvrage ces confrères seront rassurés quant à mes intentions religieuses ou sectaires. Néanmoins, l'un d'entre eux me posera peut-être une question déjà entendue à la fin d'une de mes conférences, consacrée à notre responsabilité collective : « Ne seriez-vous pas en train de virer écologiste ? » Je lui répondrai simplement que je suis en train de devenir réaliste.

Parallèlement à ces interrogations médicales, j'ai appris que certains thérapeutes formés à la Médecine Nouvelle Germanique s'inquiétaient de me savoir en train d'enquêter sur les théories psychosomatiques, convaincus que j'étais commandité par un ou plusieurs laboratoires pharmaceutiques pour discréditer leurs pratiques. Étrange conviction car, hormis le fait d'avoir pris la parole dans des colloques médicaux organisés par des laboratoires pharmaceutiques, je n'entretiens aucun lien de sympathie ou de commerce avec l'industrie de la santé – une industrie que je qualifie plutôt d'« industrie de la maladie** ». Il est étonnant de constater la facilité avec laquelle l'existence d'un complot est évoquée lorsqu'une minorité ne se sent pas comprise et se considère en danger. J'espère qu'en lisant les pages que j'ai consacrées au lien psychosomatique ces thérapeutes comprendront qu'une recherche humble et honnête pose davantage de questions qu'elle n'apporte de réponses. Et, si l'un d'entre eux me disait, comme je l'ai déjà

* Voir chapitre 7, p. 236-237.

** Voir chapitre 9, p. 281.

entendu à la fin d'une de mes conférences sur les médecines alternatives et complémentaires : « Si vous aviez suffisamment étudié les théories de Ryke Geerd Hamer, vous ne pourriez qu'y adhérer ! », je lui ferais remarquer que c'est précisément en étudiant ces théories que j'ai appris à relativiser la solidité de leurs fondements, et que c'est en observant leurs effets dans la pratique que j'ai compris leurs limites et leurs dangers.

Ces réactions et ces commentaires montrent à quel point la question du sens de la maladie touche à l'essentiel. Ses réponses bousculent nos croyances ; elles ébranlent nos convictions. Loin d'avoir voulu offenser qui que ce soit et conscient de l'imperfection de mon enquête, je forme le souhait que le débat ouvert ici puisse se poursuivre au-delà des idéologies et nous conduire à *l'essence de ce qui fait notre humanité*. Car, lorsqu'il s'agit de défendre ses croyances, l'être humain est capable du pire ; aveuglé par ses convictions, il peut détruire la vie qu'il prétend vouloir préserver ; et, obnubilé par ses idées, il peut finir par, lui-même, s'anéantir. Puisse ce livre nous donner l'envie de dépasser nos problématiques individuelles et, à l'instar des Indiens Navajo*, nous réunir sur la terre, sur notre Terre, pour dessiner notre vie comme une œuvre d'art collective, à la recherche d'une voie de guérison qui serait aussi une voie de prévention. Une « Voie » que nous pourrions nommer : la Voie du Bon Sens.

---

* Voir chapitre 1, p. 50-51.

Notes

Introduction

1. Odoul M., *Dis-moi où tu as mal, je te dirai pourquoi*, Paris, Albin Michel, 2002 ; Dransart P., *La maladie cherche à me guérir*, Grenoble, Le Mercure dauphinois, 1999 ; Dethlefsen T., Dahlke R., *The Healing Power of Illness*, Shaftesbury, Element Books, 1997 ; Trowbridge B., *The Hidden Meaning of Illness*, Virginia Beach, ARE Press, 1996 ; Shapiro D., *Your Body Speaks Your Mind*, Londres, Piatkus Books, 1996 (traduction française : *L'Intelligence du corps*, Saint-Jean-de-Braye, Dangles, 1998 ; Paris, J'ai lu, 2000).

2. Hamer R.G., *Fondement de la Médecine nouvelle*, Chambéry, ASAC, 1993 ; Mambretti G., Séraphin J., *La medicina sottosopra. E se Hamer avesse ragione ?*, Turin, Amrita, 1999 (traduction française : *La Médecine sens dessus dessous. Et si Hamer avait raison ?*, Turin, Amrita, 2001).

3. http://healbreastcancer.org/awards_overview.php.

Chapitre 1

1. Whiting J.W.M., « George Peter Murdock (1897-1985) », *American Anthropologist*, 1986, 88, p. 682-686 ; Murdock G.P., White D.R., « Standard Cross-Cultural Sample », *Ethnology*, 1969, 8, p. 329-369.

2. Murdock G.P., Wilson S.F., Frederick V., « World distribution of theories of illness », *Ethnology*, 1978, 17, p. 449-470 ; Murdock G.P., *Theories of Illness : A World Survey*, Pittsburgh, University of Pittsburgh Press, 1980.

3. Keesing R., *Kwaio Religion : The Living and the Dead in a Salomon Island Society*, New York, Columbia University Press, 1982.

4. L'anthropologue français Frédéric Viesner a très bien décrit les croyances aborigènes à propos du *kurunpa* dans son ouvrage *La Médecine des Aborigènes d'Australie* (Montpellier, Indigène Éditions, 2006).

5. Foster G.M., *Medical Anthropology*, New York, John Wiley & Sons, 1978.

6. Foster G.M., « Disease etiologies in non-western medical systems », *American Anthropologist*, 1976, 78, p. 773-782.

7. Rosny É. de, *Les Yeux de ma chèvre : sur les pas des maîtres de la nuit en pays douala*, Paris, Omnibus, 1996.

8. Foster G.M., « Disease etiologies in non-western medical systems », *American Anthropologist*, 1976, 78, p. 773-782.

9. Héritier F., « Fécondité et stérilité : la traduction de ces notions dans le champ idéologique au stade préscientifique », *in* Sullerot É. (éd.), *Le Fait féminin*, Paris, Fayard, 1978, p. 289-306 ; Héritier F., « Symbolique de l'inceste et de sa prohibition », *in* Izard M., Smith P. (éd.), *La Fonction symbolique : essais d'anthropologie*, Paris, Gallimard, 1979, p. 209-243.

10. Lévi-Strauss C., « L'efficacité symbolique » (1949), in *Anthropologie structurale*, Paris, Plon, 1958, p. 205-226.

11. Viesner F., *L'Institution des « hommes-médecine » dans l'Australie aborigène contemporaine*, thèse de doctorat, université de Bordeaux II-Victor Segalen, novembre 2000.

12. Viesner F., *La Médecine des Aborigènes d'Australie*, Montpellier, Indigène Éditions, 2006, p. 95-97.

13. Harrington A., *The Placebo Effect. An Interdisciplinary Exploration*, Cambridge, MA, Harvard University Press, 1997.

14. Tambiah S.J., « Animals are good to think and good to prohibit », *Ethnology*, 1969, 8, p. 459.

15. Zempléni A., « La maladie et ses causes. Introduction », *Ethnographie*, 1985, 2, p. 13-44.

16. Cas mentionné dans un article intitulé « Étiologie des maladies et question du sens » sur le site http://www.reynier.com/Anthro/Ethnomedecine/Etiologie.html.

17. Bering J.M., McLeod K., Shackelford T.K., « Reasoning about dead agents reveals possible adaptative trends », *Human Nature*, 2005, 16, p. 360-381.

18. Johnson D., Bering J., « Hand of God, mind of man : punishment and cognition in the evolution of cooperation », *Evolutionary Psychology*, 2006, 4, p. 219-233.

19. Rosny É. de, *Les Yeux de ma chèvre : sur les pas des maîtres de la nuit en pays douala*, Paris, Omnibus, 1996 ; Rosny É. de, *La Nuit, les yeux ouverts*, Paris, Seuil, 1996.

20. Rosny É. de, « La sorcellerie africaine ou la lutte contre le mal », interview du 27 novembre 2006, http://alavotre.blog.lemonde.fr/2006/11/27/.

21. Crossman S., Barou J.-P., *Enquête sur les savoirs indigènes*, Paris, Gallimard, « Folio », 2005, p. 180.

22. *Ibid.*, p. 179 ; Barou J.-P., Crossman S., *La Santé indigène*, Montpellier, Indigène Éditions, 2005.

23. Menu B., *Maât : l'ordre et la justice du monde*, Paris, Michalon, 2005 ; Karenga M., *Maat, the Moral Ideal in Ancien Egypt*, Los Angeles, University of Sankore Press, 2006.

24. Viesner F., *La Médecine des Aborigènes d'Australie*, Montpellier, Indigène Éditions, 2006, p. 28-34.

25. « La santé ne consiste pas seulement en une absence de maladie ou d'infirmité. La santé est définie comme un état de complet bien-être physique, mental et social » : extrait du texte de la Constitution de l'Organisation mondiale de la santé, 7 avril 1948.

26. Kleinman A., *Patients and Healers in Context of Culture : An Exploration of Borderland between Anthropology, Medicine, and Psychiatry*, Berkeley, University of California Press, 1980 ; Kleinman A., *The Illness Narratives : Suffering, Healing, and the Human Condition*, New York, Basic Books, 1988 ; Taïeb O., Heidenreich F., Baudet T., Moro M.R., « Donner un sens à la maladie : de l'anthropologie médicale à l'épidémiologie culturelle », *Médecine et maladies infectieuses*, 2005, 35, p. 173-185.

27. Young A., « The anthropologies of illness and sickness », *Annual Review of Anthropology*, 1982, 11, p. 257-285.

28. Morgan L.H., *Ancient Society. Researches in the Line of Human Progress from Savagery through Barbarism to Civilization*, Londres, Macmillan & Co, 1877.

29. Tylor E.B., *Primitive Culture* (1871), Whitefish, MT, Kessinger Publishing, 2006.

30. Frazer J.G., *The Golden Bough* (1911-1915), New York, Touchstone, 1995 (traduction française : *Le Rameau d'or*, volumes I à IV, Paris, Robert Laffont, 1981-1984).

31. Extrait d'une lettre envoyée en 1881 par Charles Darwin à son ami W. Graham, citée dans Crossman S., Barou J.-P., *Enquête sur les savoirs indigènes*, Paris, Gallimard, « Folio », 2005, p. 237.

32. Freud S., *Totem et Tabou*, Paris, Petite Bibliothèque Payot, 1965.

33. Frazer J.G., *Totemism and Exogamy*, Londres, Macmillan, 1910.

34. Jung C.G., *L'Homme et ses symboles* (1964), Paris, Robert Laffont, 1990.

Chapitre 2

1. Payer L., *Medicine and Culture* (1988), New York, Owl Books, 1996.

2. Rosny É. de, « La sorcellerie africaine ou la lutte contre le mal », interview du 27 novembre 2006, http://alavotre.blog.lemonde.fr/2006/11/27/.

3. Béraud C., *Le Foie des Français*, Paris, Stock, 1983.

4. Selon Jean-Pierre Benhamou, professeur de gastroentérologie, *in* Payer L., *Medicine and Culture*, New York, Owl Books, 1996, p. 57.

5. Payer L., *Medicine and Culture*, New York, Owl Books, 1996, p. 57.

6. *Ibid.*, p. 59.

7. *Ibid.*, p. 74.

8. *Ibid.*, p. 21.

9. *Ibid.*, p. 62.

10. Harrington A., *The Placebo Effect. An Interdisciplinary Exploration*, Cambridge, MA, Harvard University Press, 1997, p. 210.

11. Lemoine P., Lupu F., *Quiproquos sur ordonnance*, Paris, Armand Colin, 2006, p. 137 ; Lupu F., « Grossesse et alimentation chez les Tin Dama (Papouasie-Nouvelle-Guinée) », *Soma, interactions thérapeutiques et anthropologie médicale*, numéro spécial « Alimentation », 1998.

12. Lock M., *Encounters with Aging : Mythologies of Menopause in Japan and North America*, Los Angeles, University of California Press, 1993.

13. Le Breton D., *Anthropologie du corps et modernité*, Paris, Presses universitaires de France, 1990.

14. Descartes R., *Les Principes de la philosophie* (1644), première partie, article 7.

15. Varela F., *L'Inscription corporelle de l'esprit*, Paris, Seuil, 1993.

16. Keller P.-H., *Le Dialogue du corps et de l'esprit*, Paris, Odile Jacob, 2006, p. 107.

17. MacLean P.D., « Psychosomatic disease and the "visceral brain". Recent development bearing on the Papez theory of emotions », *Psychosomatic Medicine*, 1949, 11, p. 338-353 ; MacLean P.D., « Evolutionary psychiatry and the triune brain », *Psychological Medicine*, 1985, 15, p. 219-225.

18. Damasio A., *L'Erreur de Descartes*, Paris, Odile Jacob, 1995 ; Damasio A., *Le Sentiment même de soi*, Paris, Odile Jacob, 1999 ; Damasio A., *Spinoza avait raison*, Paris, Odile Jacob, 2003.

19. Keller P.-H., *Le Dialogue du corps et de l'esprit*, Paris, Odile Jacob, 2006, p. 209.

20. Johannesson A., *Origin of the Language*, Reykjavik, H.F. Leiftur, 1949.

21. Stonier T., *Information and Meaning. An Evolutionary Perspective*, New York/Londres, Springer, 1997, p. 135.

22. MacNeilage P.F., Davis B.L., « On the origin of internal structure of word forms », *Science*, 2000, 288, p. 527-531.

23. Darwin C., *The Expression of the Emotions in Man and Animals*, Londres, John Murray, 1872 ; Ekman P. (éd.), *Charles Darwin's « The Expression of the Emotions in Man and Animals »*, New York, Oxford University Press, 1998.

24. Birdwhistell R.L., *Kinesics and Context*, Philadelphie, University of Pennsylvania Press, 1970.

25. Ekman P., *Emotions Revealed*, New York, Owl Books, 2007.

26. *Ibid.*, p. 12.

27. Wallbott H.G., « Bodily expression of emotion », *European Journal of Social Psychology*, 1998, 28, p. 879-896 ; Meijer M., « The contribution of general features of body movement to the attribution of emotions », *Journal of Nonverbal Behaviour*, 1989, 13, p. 247-268 ; Gelder B. de, « Toward a biological theory of emotional body language », *Biological Theory*, 2006, 1, p. 130-132.

28. Kövecses Z., *Metaphor and Emotion. Language, Culture, and Body in Human Feeling*, Cambridge, MA, Cambridge University Press, 2003, p. 4.

29. Lakoff G., Johnson M., *Metaphors We Live By*, Chicago, University of Chicago Press, 2003 ; Lakoff G., Johnson M., *Philosophy in the Flesh : The*

Embodied Mind and its Challenge to Western Thought, New York, Basic Books, 1999.

30. Sontag S., *Le Sida et ses métaphores*, Paris, Christian Bourgois, 1989, p. 12.

31. Sontag S., *La Maladie comme métaphore*, Paris, Christian Bourgois, 1993, p. 87 ; Sontag S., *Le Sida et ses métaphores*, Paris, Christian Bourgois, 1989, p. 13-14.

32. Bernard C., *Introduction à l'étude de la médecine expérimentale* (1865), Paris, Flammarion, 1984, p. 106.

33. *Ibid.*, p. 279.

34. Froment A., *Maladie. Donner un sens*, Paris, Éditons des archives contemporaines, 2001, p. 26.

Chapitre 3

1. Groddeck G. (1928) *in* Schacht L. (éd.), *The Meaning of Illness. Selected Psychoanalytic Writings by Georg Groddeck*, Londres, The Hogarth Press et The Institute of Psychoanalysis, 1977, p. 208-210.

2. Groddeck G., *Conférences psychanalytiques*, t. 2, Paris, 10/18, 1993.

3. Groddeck G., *Ça et Moi – Lettres à Freud, Ferenczi et quelques autres*, Paris, Gallimard, 1977.

4. Groddeck G., *Conférences psychanalytiques*, t. 2, Paris, 10/18, 1993.

5. Roustang F., *Un destin si funeste*, Paris, Éditions de Minuit, 1977.

6. Groddeck G., « Quarante-sixième conférence », *Conférences psychanalytiques*, t. 2, Paris, 10/18, 1993.

7. Groddeck G., *Le Livre du Ça* (1923), Paris, Gallimard, 1973.

8. Heinroth A., *Störungen des Seelenlebens (Disorders of the Soul)*, 1818.

9. Sontag S., *La Maladie comme métaphore*, Paris, Christian Bourgois, 1993.

10. Ruffié J., Sournia J.-C., *Les Épidémies dans l'histoire de l'homme*, Paris, Flammarion, « Champs », 1995.

11. Reich W., *La Biopathie du cancer* (*Der Krebs*, 1948), Paris, Payot, 1975 (*The Cancer Biopathy*, New York, Farrar, Straus & Giroux, 1974).

12. Sontag S., *La Maladie comme métaphore*, Paris, Christian Bourgois, 1993, p. 55.

13. *Ibid.*, p. 34.

14. Groddeck G., « Quarante-sixième conférence », *Conférences psychanalytiques*, t. 2, Paris, 10/18, 1993.

15. Groddeck G., *Conférences psychanalytiques*, t. 2, Paris, 10/18, 1993.

16. Freud S., Breuer J., *Études sur l'hystérie* (1895), Paris, Presses universitaires de France, 2002.

17. Dolto F., *L'Image inconsciente du corps*, Paris, Seuil, « Points », 1984, p. 355-359.

18. *Ibid.*, p. 360.

19. *Ibid.*, p. 360-361.

20. Nasio J.-D., *Mon corps et ses images*, Paris, Payot, 2007.

21. Barral W. (éd.), *Françoise Dolto, c'est la parole qui fait vivre. Une théorie corporelle du langage*, Paris, Gallimard, 1999, p. 17.

22. Schilder P.F., *L'Image du corps* (1935), Paris, Gallimard, 1968 ; Barral W. (éd.), *Françoise Dolto, c'est la parole qui fait vivre. Une théorie corporelle du langage*, Paris, Gallimard, 1999, p. 16-17.

23. Damasio A., *L'Erreur de Descartes*, Paris, Odile Jacob, 1995 ; Damasio A., *Le Sentiment même de soi*, Paris, Odile Jacob, 1999.

24. Hart C.W., « Helen Flanders Dunbar : Physician, Medievalist, Enigma », *Journal of Religion and Health*, 1996, 35, p. 47-58 ; Powell R.C., « Helen Flanders Dunbar (1902-1959) and a Holistic Approach to Psychosomatic Problems : I. Rise and Fall of Medical Philosophy », *Psychiatric Quarterly*, 1977, 49, p. 133-152 ; Powell R.C., « Helen Flanders Dunbar (1902-1959) and a Holistic Approach to Psychosomatic Problems : II. The Role of Dunbar's Nonmedical Background », *Psychiatric Quarterly*, 1978, 50, p. 144-157.

25. Dunbar H.F., *Emotions and Bodily Changes*, New York, Columbia University Press, 1935.

26. Dunbar H.F., *Psychosomatic Diagnosis*, New York, P.B. Hoeber, 1943 ; Dunbar H.F., *Mind and Body : Psychosomatic Medicine*, New York, Random House, 1947.

27. Friedman M., Rosenman R., *Type A Behavior and Your Heart*, New York, Knopf, 1974 ; Friedman M., « Type A behavior : its diagnosis, cardiovascular relation and the effect of its modification on recurrence of coronary artery disease », *American Journal of Cardiology*, 1989, 64, p. 12-19.

28. Temoshok L., « On attempting to articulate the biopsychosocial model : psychological-physiological homeostasis », *in* Friedman H.S. (éd.), *Personality and Disease*, New York, John Wiley & Sons, 1990, p. 203-225.

29. Kretschmer E., *Physique and Character. An Investigation of the Nature of the Constitution and the Theory of Temperament* (1931), New York, Humanities Press, 1951.

30. Sheldon W.H., *The Varieties of Temperament*, New York, Harper & Brothers Publishers, 1942.

31. Janssen T., *La Solution intérieure : vers une nouvelle médecine du corps et de l'esprit*, Paris, Fayard, 2006, p. 139-141.

32. Reich W., *Character Analysis* (1933), New York, Touchstone, 1972.

33. Janssen T., *La Solution intérieure : vers une nouvelle médecine du corps et de l'esprit*, Paris, Fayard, 2006, p. 142-145.

34. Alexander F., *La Médecine psychosomatique : ses principes et ses applications*, Paris, Payot, 1977 (édition américaine : *Psychosomatic Medicine : Its Principles and Applications*, New York, Norton, 1950) ; Selesnick S., « Franz Gabriel Alexander, M.D. (1891-1964) », *American Journal of Psychiatry*, 1964, 120, p. 1213-1216.

35. Dantzer R., *L'Illusion psychosomatique* (1989), Paris, Odile Jacob, 2001, p. 20.

36. Mambretti G., Séraphin J., *La Médecine sens dessus dessous. Et si Hamer avait raison ?*, Turin, Amrita, 2001, p. 6-7.

37. Hamer R.G., *Fondement d'une médecine nouvelle*, 1987 (ouvrage seulement disponible sur demande à asixt@medecinenouvelle.com).

38. Mambretti G., Séraphin J., *La Médecine sens dessus dessous. Et si Hamer avait raison ?*, Turin, Amrita, 2001, p. 42.

39. www.medecinenouvelle.com.

40. Sünder R., *Médecine du mal, médecine des mots*, La Penne-sur-Huveaune, Éditions Quintessence, 2002, p. 137-154.

41. Groddeck G., *Conférences psychanalytiques*, t. 2, Paris, 10/18, 1993.

42. Sünder R., *Médecine du mal, médecine des mots*, La Penne-sur-Huveaune, Editions Quintessence, 2002, p. 154.

43. Moerman D., *Meaning, Medicine and the « Placebo Effect »*, Cambridge, MA, Cambridge University Press, 2002 ; Janssen T., *La Solution intérieure : vers une nouvelle médecine du corps et de l'esprit*, Paris, Fayard, 2006, p. 33-49.

44. L'information selon laquelle Ryke Geerd Hamer aurait été inspiré par l'âme de son fils défunt m'a été transmise par plusieurs thérapeutes qui ont pu le rencontrer. Je n'ai malheureusement pas pu la vérifier en interrogeant Hamer personnellement.

45. Janssen T., *La Solution intérieure : vers une nouvelle médecine du corps et de l'esprit*, Paris, Fayard, 2006, p. 177-178.

46. Lemoine P., Lupu F., *Quiproquos sur ordonnance*, Paris, Armand Colin, 2006, p. 137 ; Lupu F., « Grossesse et alimentation chez les Tin Dama (Papouasie-Nouvelle-Guinée) », *Soma, interactions thérapeutiques et anthropologie médicale*, numéro spécial « Alimentation », 1998.

47. Mambretti G., Séraphin J., *La Médecine sens dessus dessous. Et si Hamer avait raison ?*, Turin, Amrita, 2001, p. 43.

Chapitre 4

1. Davidson R.J., Sutton S.K., « Affective neuroscience : the emergence of a discipline », *Current Opinion in Neurobiology*, 1995, 5, p. 217-224 ; Tomarken A.J., Davidson R.J., « Frontal brain activation in repressors and non-repressors », *Journal of Abnormal Psychology*, 1994, 103, p. 339-349 ; Wheeler R.E., Davidson R.J., Tomarken A.J., « Frontal brain asymmetry and emotional reactivity : a biological substrate and affective style », *Psychophysiology*, 1993, 30, p. 820-829.

2. Kang D.H., Davidson R.J., Coe C., Wheeler R.E., Tomarken A.J., Ershler W.B., « Frontal brain asymmetry and immune function », *Behavioral Neuroscience*, 1991, 105, p. 860-869 ; Whiteside T., Herberman R.B., « Characteristics of natural killer cells and lymphocyte-activated killer cells », *Immunology and Allergy Clinics of North America*, 1990, 10, p. 663-704 ; Head J.F., Wang F., Elliot R.L., McCoy J.L., « Assessment of immunologic competence and host reactivity against tumor antigens in breast cancer patients. Prognostic value and rationale of immunotherapy development », *Annals of the New York Academy of Sciences*, 1993, 690, p. 340-342 ; Schantz S.P., Brown B.W., Lira E. *et al.*, « Evidence of the role of natural immunity in the control of metastatic

spread of head and neck cancer », *Cancer Immunology, Immunotherapy*, 1987, 25, p. 141-148.

3. Laborit H., *Inhibition de l'action*, Paris, Masson, 1980.

4. Seyle H., *The Stress of Life*, New York, McGraw-Hill, 1978 ; Friedman M., « Type A behavior : its diagnosis, cardiovascular relation and the effect of its modification on recurrence of coronary artery disease », *American Journal of Cardiology*, 1989, 64, p. 12-19 ; Segerstrom S.C., Miller G.E., « Psychological stress and the human immune system : a meta-analytic study of 30 years of inquiry », *Psychological Bulletin*, 2004, 130, p. 601-630 ; Cohen S., Frank E., Doyle W.J., Skoner D.P., Rabin B.S., Gwaltney J.M., « Types of stressors that increase susceptibility to the common cold in healthy adults », *Health Psychology*, 1998, 17, p. 214-223 ; Elenkov I.J., Chrousos G.P., « Stress hormones, pro-inflammatory and anti-inflammatory cytokines, and autoimmunity », *Annals of the New York Academy of Sciences*, 2002, 966, p. 290-303.

5. Boman B., « Stress and heart disease », *in* Fisher S., Reason J. (éd.), *Handbook of Life Stress, Cognition and Health*, New York, John Wiley & Sons, 1988, p. 301-315.

6. Aoyama N., Kinoshita Y., Fujimoto S. *et al.*, « Peptic ulcer after the Hanshin-Awaji earthquake increased incidence of bleeding gastric ulcers », *American Journal of Gastroenterology*, 1998, 93, p. 311-316.

7. Walsh J.H., Peterson W.L., « The treatment of Helicobacter pylori infection in the management of peptic ulcer disease », *New England Journal of Medicine*, 1995, 333, p. 984-991.

8. Levenstein S., « Stress and peptic ulcer. Life beyond Helicobacter », *British Medical Journal*, 1998, 316, p. 538-541 ; Levenstein S., « The very model of a modern etiology : a biopsychosocial view of peptic ulcer », *Psychosomatic Medicine*, 2000, 62, p. 176-185.

9. Chamberlain K., Quintard B., « Les déterminants psychosociaux de l'ajustement au diabète », *in* Bruchon-Schweitzer M., Quintard B. (éd.), *Personnalité et Maladies. Stress, coping et ajustement*, Paris, Dunod, 2001, p. 95-112.

10. Day G., « Psychosomatic approach to pulmonary tuberculosis », *Lancet*, 1951, 1, p. 1025-1028 ; Holmes T.H., Rahe R.H., « The Social Readjustment Rating Scale », *Journal of Psychosomatic Research*, 1967, 11, p. 213-218.

11. Sandberg S., Paton J.Y., Ahola S. *et al.*, « The role of acute and chronic stress in asthma attacks in children », *Lancet*, 2000, 356, p. 982-987 ; Bruchon-Schweitzer M., *Psychologie de la santé. Modèles, concepts et méthodes*, Paris, Dunod, 2002, p. 136-137.

12. Rosenthal M.J., « Psychosomatic study of infantile eczema », *Pediatrics*, 1952, 10, p. 581-593 ; Saint-Mézard P., Chavagna C., Bosset S., Ionescu M., Peyron E., Kaiserlian D., Nicolas J.-F., Bérard F., « Psychological stress exerts an adjuvant effect on skin dendritic cell », *Journal of Immunology*, 2003, 171, p. 4073-4080.

13. Aguerre C., « Rôle des facteurs psychosociaux dans l'apparition et l'évolution de la polyarthrite rhumatoïde », *in* Bruchon-Schweitzer M., Quintard B. (éd.), *Personnalité et maladies. Stress, coping et ajustement*, Paris, Dunod, 2001,

p. 115-130 ; Zautra A.J., Hamilton M.A., Potter P., Smith B., « Field research on the relationship between stress and disease activity in rheumatoid arthritis », *Annals of the New York Academy of Sciences*, 1999, 876, p. 397-412.

14. Sternberg E.M., « The stress response and the regulation of inflammatory disease », *Annals of Internal Medicine*, 1992, 117, p. 854-866.

15. Qui B.S., Vallance B.A., Blennerhassett P.A., Collins S.M., « The role of CD4+ lymphocytes in the susceptibility of mice to stress-induced reaction of experimental colitis », *Nature*, 1999, 5, p. 1178-1182.

16. Friedman M., « Type A behavior : its diagnosis, cardiovascular relation and the effect of its modification on recurrence of coronary artery disease », *American Journal of Cardiology*, 1989, 64, p. 12-19 ; Rahe R.H., « Recent life changes and coronary heart disease : 10 years' research », *in* Fisher S., Reason J. (éd.), *Handbook of Life Stress, Cognition and Health*, New York, John Wiley & Sons, 1988, p. 317-333.

17. Fenwick P., « Psychoneuroimmunology : the mind-brain connection », *in* Peters D. (éd.), *Understanding the Placebo Effect in Complementary Medicine*, Édimbourg, Churchill Livingstone, 2001.

18. Baghurst K.I., Baghurst P.A., Record S.J., « Public perceptions of the dietary and other environmental factors in cancer causation or prevention », *Journal of Epidemiology and Community Health*, 1992, 46, p. 120-126.

19. Brémond A., Kune G.A., Bahnson C.B., « Psychosomatic factors in breast cancer patients : results of a case-control study », *Journal of Psychosomatic Obstetrics and Gynaecology*, 1986, 5, p. 127-136 ; Cooper C.L., Cooper R., Faragher E.B., « Incidence and perception of psychosocial stress : the relationship with breast cancer », *Psychological Medicine*, 1989, 19, p. 415-422 ; Forsen A., « Psychosocial stress as a risk for breast cancer », *Psychotherapy and Psychosomatics*, 1991, 55, p. 176-185 ; Geyer S., « Life events prior to manifestation of breast cancer : a limited prospective study covering eight years before diagnosis », *Journal of Psychosomatic Research*, 1991, 35, p. 355-363 ; Fox C.M., Harper A.P., Hyner G.C. *et al.*, « Loneliness, emotional repression, marital quality, and major life events in women who develop breast cancer », *Journal of Community and Health*, 1994, 19, p. 467-482 ; Chen C.C., David A.S., Nunnerley H., Michell M., Dawson J.L., Berry H., Dobbs J., Fahy T., « Adverse life events and breast cancer : case-control study », *British Medical Journal*, 1995, 311, p. 1527-1530 ; Ginsberg A., Price S., Ingram D. *et al.*, « Life events and the risk of breast cancer : a case-control study », *European Journal of Cancer*, 1996, 32A, p. 2049-2052 ; Kruk J., Aboul-Enein H.Y., « Psychological stress and the risk of breast cancer : a case-control study », *Cancer Detection and Prevention*, 2004, 28, p. 399-408.

20. Priestman T.J., Priestman S.G., Bradshaw C., « Stress and breast cancer », *British Journal of Cancer*, 1985, 51, p. 493-498 ; Edwards J.R., Cooper C.L., Pearl S.G. *et al.*, « The relationship between psychosocial factors and breast cancer : some unexpected results », *Behavioral Medicine*, 1990, 16, p. 5-14 ; Roberts F.D., Newcomb P.A., Trentham-Dietz A. *et al.*, « Self-reported stress and risk of breast cancer », *Cancer*, 1996, 77, p. 1089-1093 ; Petticrew M., Fraser J.M.,

Regan M.F., « Adverse life-events and risk of breast cancer : a meta-analysis », *British Journal of Health Psychology*, 1999, 4, p. 1-17 ; Protheroe D., Turvey K., Horgan K., Benson E., Bowers D., House A., « Stressful life events and difficulties and onset of breast cancer : case-control-study », *British Medical Journal*, 1999, 319, p. 1027-1030 ; McGee R., « Does stress cause cancer ? There's no good evidence of a relation between stressful events and cancer », *British Medical Journal*, 1999, 319, p. 1015-1016.

21. Jones D.R., Goldblatt P.O., Leon D.A., « Bereavement and cancer : some data on deaths of spouses from longitudinal study of Office of Population Censuses and Surveys », *British Medical Journal*, 1984, 289, p. 461-464 ; Ewertz M., « Bereavement and breast cancer », *British Journal of Cancer*, 1986, 53, p. 701-703 ; Kvikstad A., Vatten L.J., « Risk and prognosis of cancer in middle-aged women who have experienced the death of a child », *International Journal of Cancer*, 1996, 67, p. 165-169 ; Kvikstad A., Vatten L.J., Tretli S. *et al.*, « Widowhood and divorce related to cancer risk in middle-aged women : a nested case-control study among Norwegian women born between 1935 and 1954 », *International Journal of Cancer*, 1994, 58, p. 512-516 ; Johansen C., Olsen J.H., « Psychological stress, cancer incidence and mortality from non-malignant diseases », *British Journal of Cancer*, 1997, 75, p. 144-148 ; Levav I., Kohn R., Iscovich J., Abramson J.H., Tsai W.Y., Vigdorovich D., « Cancer incidence and survival following bereavement », *American Journal of Public Health*, 2000, 90, p. 1601-1607.

22. Lillberg K., Verkasalo P.K., Kaprio J., Teppo L., Helenius H., Koskenvuo M., « Stressful life events and risk of breast cancer in 10 808 women : a cohort study », *American Journal of Epidemiology*, 2003, 157, p. 415-423.

23. Temoshok L., « Personality coping style, emotion and cancer : towards an integrative model », *Cancer Surveys*, 1987, 6, p. 545-567 ; Temoshok L., Heller B.W., Sagebiel R.W., Blois M.S., Sweet D.M., Di Clemente R.J. *et al.*, « The relationship of psychosocial factors to prognostic indicators in cutaneous malignant melanoma », *Psychosomatic Research*, 1985, 29, p. 139-153 ; Grossarth-Maticek R., Eysenck H.J., Vetter H., « Personality type, smoking habits and their interaction as predictors of cancer and coronary heart disease », *Personality and Individual Differences*, 1988, 9, p. 479-495 ; McKenna M.C., Zevon M.A., Corn B., Rounds J., « Psychosocial factors and the development of breast cancer : a meta-analysis », *Health Psychology*, 1999, 18, p. 520-531 ; Grossarth-Maticek R., Bastiaans J., Kanazir D.T., « Psychosocial factors as strong predictors of mortality from cancer, ischaemic heart disease and stroke : the Yugoslav prospective study », *Psychosomatic Research*, 1985, 29, p. 167-176.

24. Persky V.W., Kempthorne-Rawson J., Shekelle R.B., « Personality and risk of cancer : 20-year follow-up of the Western Electric Study », *Psychosomatic Medicine*, 1987, 49, p. 435-449 ; Hahn R., Petitti D.B., « Minnesota multiphasic personality inventory-rated depression and the incidence of breast cancer », *Cancer*, 1988, 61, p. 845-848 ; Kavan M.G., Engdahl B.E., Kay S., « Colon cancer : personality factors predictive of onset and stage of presentation », *Psychosomatic Research*, 1995, 39, p. 1031-1039 ; Schapiro I.R., Ross-Petersen L.,

Saelan H., Garde K., Olsen J.H., Johansen C., « Extroversion and neuroticism and the associated risk of cancer : a Danish cohort study », *American Journal of Epidemiology*, 2001, 153, p. 757-763.

25. Tomei L.D., Kiecolt-Glaser J.K., Kennedy S., Glaser R., « Psychological stress and phorbol ester inhibition of radiation-induced apoptosis in human PBLs », *Psychiatry Research*, 1990, 33, p. 59-71 ; Kiecolt-Gaser J.K., Stephen R.E., Lipitz P.D., Speicher C.E., Glaser R., « Distress and DNA repair in human lymphocytes », *Journal of Behavioral Medicine*, 1985, 8, p. 311-320 ; Glaser R., Thorn B.E., Tarr K.L., Kiecolt-Glaser J.K., D'Ambrosio S.M., « Effects of stress on methyltransferase synthesis : an important DNA repair enzyme », *Health Psychology*, 1985, 4, p. 403-412.

26. Epel E.S., Blackburn E.H., Lin J., Dhabhar F.S., Adler N.E., Morrow J.D., Cawthon R.M., « Accelerated telomere shortening in response to life stress », *Proceedings of the National Academy of Sciences*, 2004, 101, p. 17312-17315.

27. Vulliamy T., Marrone A., Goldman F., Dearlove A., Bessler M., Mason P.J., Dokal I., « The RNA component of telomerase is mutated in autosomal dominant dyskeratosis congenital », *Nature*, 2001, 413, p. 432-435 ; Cawthon R., Smith K., O'Brien E., Sivatchenko A., Kerber R., « Association between telomere length in blood and mortality in people aged 60 years or older », *Lancet*, 2003, 361, p. 393-395 ; Brouilette S., Singh R.K., Thompson J.R., Goodall A.H., Samani N.J., « White cell telomere length and risk of premature myocardial infraction », *Arteriosclerosis Thrombosis and Vascular Biology*, 2003, 23, p. 842-846.

28. Hilakivi-Clarke L., Rowland J., Clarke R. *et al.*, « Psychological factors in the development and progression of breast cancer », *Breast Cancer Research and Treatment*, 1993, 29, p. 141-160 ; Hilakivi-Clarke L., « Estrogen-regulated non-reproductive behaviors and breast cancer risk : animal models and human studies », *Breast Cancer Research and Treatment*, 1997, 46, p. 143-159 ; Lambe M., Hsieh C.-C., Trichopoulos D. *et al.*, « Transient increase in the risk of breast cancer after giving birth », *New England Journal of Medicine*, 1994, 331, p. 5-9.

29. Kiecolt-Glaser J.K., Glaser R., « Psychoneuroimmunology and immunotoxicology : implications for carcinogenesis », *Psychosomatic Medicine*, 1999, 61, p. 271-272 ; Cohen S., Herbert T.B., « Health psychology : psychological factors and physical disease from the perspective of human psychoneuroimmunology », *Annual Review of Psychology*, 1996, 47, p. 113-142 ; Irwin M., Daniel M., Bloom E.T. *et al.*, « Life events, depressive symptoms, and immune function », *American Journal of Psychiatry*, 1987, 144, p. 437-441 ; Schleifer S.J., Keller S.E., Camerino M. *et al.*, « Suppression of lymphocyte stimulation following bereavement », *Journal of the American Medical Association*, 1983, 250, p. 374-377 ; Irwin M., Daniels M., Risch C. *et al.*, « Plasma cortisol and natural killer cell activity during bereavement », *Biological Psychiatry*, 1988, 24, p. 173-178.

30. Riley V., « Psychoneuroendocrine influence on immunocompetence and neoplasia », *Science*, 1981, 212, p. 110 ; Visintainer M., Volpicelli J., Seligman M., « Tumor rejection in rats after inescapable or escapable shock », *Science*, 1982, 216, p. 437-439 ; Fischer G.-N., Tarquinio C., « Stress et évolution du cancer », in

Les Concepts fondamentaux de la psychologie de la santé, Paris, Dunod, 2006, p. 107-109.

31. Fox B.H., «The role of psychosocial factors in cancer incidence and prognosis», *Oncology*, 1995, 9, p. 245-253; Gerits P., «Life events, coping and breast cancer : state of the art», *Biomedicine and Pharmacotherapy*, 2000, 54, p. 229-233.

32. Stonier T., «Information as a basic property of the universe», *BioSystems*, 1996, 38, p. 135-140.

33. Stonier T., «Towards a general theory of information : information and entropy», *Future Computing Systems*, 1990, 2, p. 409-427.

34. Gatlin L., *Information Theory and the Living System*, New York, Columbia University Press, 1972.

35. Stonier T., *Information and Meaning. An Evolutionary Perspective*, New York/Londres, Springer-Verlag, 1997.

36. Stonier T., *Beyond Information : The Natural History of Intelligence*, New York/Londres, Springer-Verlag, 1992.

37. Marcus E.A., Carew T.J., «Ontogenetic analysis of learning in a simple system», *Annals of the New York Academy of Sciences*, 1990, 608, p. 128-145.

38. Stricker E.M., Verbalis J.G., «Hormones and behavior : the biology of thirst and sodium appetite», *American Scientist*, 1988, 76, p. 261-267.

39. Stonier T., *Information and Meaning. An Evolutionary Perspective*, New York/Londres, Springer, 1997, p. 161-162.

40. Nemiah J.C., Sifneos P.E., «Affect and fantasy in patients with psychosomatics disorders», *in* Hill O.W. (éd.), *Modern Trends in Psychosomatic Medicine*, vol. 3, Londres, Butterworths, 1970, p. 430-439.

41. Apfel R.J., Sifneos P.E., «Alexithymia, concept and measurement», *Psychotherapy and Psychosomatics*, 1979, 32, p. 180-190.

42. Loas G., Fremaux D., Marchand M.-P., «L'alexithymie chez le sujet sain, validation de l'échelle d'alexithymie de Toronto (TAS) dans une population "tout venant" de 144 sujets, application au calcul de prévalence», *Annales médico-psychologiques*, 1993, 151, p. 660-663; Loas G., Fremaux D., Otmani O., Verrier A., «Prévalence de l'alexithymie en population générale chez 183 sujets "tout venant" et chez 263 étudiants», *Annales médico-psychologiques*, 1995, 153, p. 355-357; Guilbaud O., Loas G., Corcos M., Speranza M., Stephan P., Perez-Diaz F., Venisse J.-L., Guelfi J.-D., Bizouard P., Lang F., Flament M., Jeammet P., «L'alexithymie dans les conduites de dépendance et chez le sujet sain, valeur en population française et francophone», *Annales médico-psychologiques*, 2002, 160, p. 77-85.

43. Smith G.R., «Alexithymia in medical patients referred to a consultation/liaison service», *American Journal of Psychiatry*, 1983, 140, p. 99-101; Rabavilas A.D., «Electrodermal activity in low and high alexithymic neurotic patients», *Psychotherapy and Psychosomatics*, 1987, 47, p. 101-104; Lane R.D., Sechrest L., Riedel R., «Sociodemographic correlates of alexithymia», *Comprehensive Psychiatry*, 1998, 39, p. 377-385; Salminen J.K., Saarijarvi S., Aairela E., Toikka T., Kauhanen J., «Prevalence of alexithymia and its association with

sociodemographic variables in the general population of Finland», *Journal of Psychosomatic Research*, 1999, 46, p. 75-82.

44. Ruesch J., «The infantile personality. The core problem of psychosomatic medicine», *Psychosomatic Medicine*, 1948, 10, p. 134-144.

45. Marty P., M'Uzan M. de, «La pensée opératoire», *Revue française de psychanalyse*, 1963, 27, p. 345-356; Marty P., M'Uzan M. de, *L'Investigation psychosomatique*, Paris, Presses universitaires de France, 1963.

46. MacLean P.D., «Psychosomatic disease and the "visceral brain". Recent developments bearing on the Papez theory of emotion», *Psychosomatic Medicine*, 1949, 11, p. 338-353; MacLean P.D., «The triune brain in conflict», *Psychotherapy and Psychosomatics*, 1977, 28, p. 207-220.

47. Nemiah J.C., Sifneos P.E., Apfel-Savitz R., «A comparison of oxygen consumption of normal and alexithymic subjects in response to affective-provoking thoughts», *Psychotherapy and Psychosomatics*, 1977, 28, p. 167-171; Nemiah J.C., «Alexithymia : present, past and future», *Psychosomatic Medicine*, 1996, 58, p. 217-218.

48. Berthoz S., Artiges E., Van de Moortele P.-F., Poline J.-B., Rouquette S., Consoli S.M., Martinoz J.-L., «Effect of impared recognition and expression of emotions on frontocingulate cortices : an fMRI study of men with alexithymia», *American Journal of Psychiatry*, 2002, 159, p. 961-967.

49. Sifneos P.E., «The prevalence of "alexithymic" characteristics in psychosomatic patients», *Psychotherapy and Psychosomatics*, 1973, 22, p. 255-262; Dirks J.F., Robinson S.K., Dirks D.L., «Alexithymia and the psychomaintenance of bronchial asthma», *Psychotherapy and Psychosomatics*, 1981, 36, p. 63-71; Feiguine R.J., Jones N.F., «Alexithymia in chronic bronchitis/emphysema. Personality characteristics and illness attitudes», *Psychotherapy and Psychosomatics*, 1987, 47, p. 95-100; Fernandez A., Sriram T.G., Rajkumar S. *et al.*, «Alexithymic characteristics in rheumatoid arthritis. A controlled study», *Psychotherapy and Psychosomatics*, 1989, 51, p. 45-50; Fukunishi I., Kaji N., Hosaka T., Berger D., Rahe R.H., «Relationship of alexithymia and poor social support to ulcerative changes on gastrofiberscopy», *Psychotherapy and Psychosomatics*, 1997, 38, p. 20-26; Fukunishi S., Kikuchi M., Kaji N., Yamasaki K., «Can scores on alexithymia distinguish patients with peptic ulcer and erosive gastritis ?», *Psychological Reports*, 1997, 80, p. 995-1004; Jula A., Salminen J.K., Saarijärvi S., «Alexithymia, a facet of essential hypertension», *Hypertension*, 1999, 33, p. 1057-1061; Kleiger J.H., Jones N.F., «Characteristics of alexithymic patients in a chronic respiratory illness population», *Journal of Nervous and Mental Disease*, 1980, 168, p. 465-470; Nielsen T., Ouellet L., Warnes H., Cartier A., Malo J.L., Montplaisir J., «Alexithymia and impoverished dream recall in asthmatic patients. Evidence from self-report measures», *Journal of Psychosomatic Research*, 1997, 42, p. 53-59; Numata Y., Ogata Y., Oike Y., Matsumura T., Shimada K., «A psychobehavioral factor, alexithymia, is related to coronary spasm», *Japanese Circulation Journal*, 1998, 62, p. 409-413; Paulson J.E., «State of the art of alexithymia measurement», *Psychotherapy and Psycho-*

somatics, 1985, 44, p. 57-64 ; Porcelli P., Taylor G.J., Bagby R.M., De Carne M., « Alexithymia and functional gastrointestinal disorders. A comparison with inflammatory bowel disease », *Psychotherapy and Psychosomatics*, 1999, 68, p. 263-269 ; Todarello O., Taylor G.J., Parker J.D.A., Fanelli M., « Alexithymia in essential hypertensive and psychiatry outpatients. A comparative study », *Journal of Psychosomatic Research*, 1995, 39, p. 987-994 ; Verissimo R., Mota-Cardoso R., Taylor G.J., « Relationships between alexithymia, emotional control, and quality of life in patients with inflammatory bowel disease », *Psychotherapy and Psychosomatics*, 1998, 67, p. 75-80.

50. Bruchon-Schweitzer M., « Alexithymie et problèmes somatiques », in *Psychologie de la santé. Modèles, concepts et méthodes*, Paris, Dunod, 2002, p. 183-184.

51. Dewaraja R., Tanigawa T., Araki S., Nakata A., Kawamura N., Ago Y., Sasaki Y., « Decreased cytotoxic lymphocyte counts in alexithymia », *Psychotherapy and Psychosomatics*, 1997, 66, p. 83-86 ; Todarello O., Casamassima A., Danielle S., Marinaccio M. *et al.*, « Alexithymia, immunity and cervical intraepithelial neoplasia », *Psychotherapy and Psychosomatics*, 1997, 66, p. 208-213.

52. Guilbaud O., Corcos M., « Alexithymie et troubles psychosomatiques », *in* Corcos M., Speranza M. (éd.), *Psychopathologie de l'alexithymie*, Paris, Dunod, 2003, p. 147.

53. Friedman H.S., Booth-Kewley S., « The "disease-prone personality". A meta-analytic view of the construct », *American Psychologist*, 1987, 42, p. 539-555.

54. Penfield W., *The Cerebral Cortex of Man. A Clinical Study of Localization of Function*, New York, Macmillan, 1950.

55. Mallet L., Schüpbach M., NDiaye K., Remy P., Bardinet E., Czernecki V., Welter M.-L., Pelissolo A., Ruberg M., Agid Y., Yelnik J., « Stimulation of subterritories of the subthalamic nucleus reveals its role in the integration of the emotional and motor aspects of behavior », *Proceedings of the National Academy of Sciences*, 2007, 104, p. 10661-10666.

Chapitre 5

1. Dousse M., « Clinique et recherche : un conflit de génération ? », *in* Ferragut É. (éd.), *Émotion et traumatisme. Le corps et la parole*, Paris, Masson, 2005, p. 32-33.

2. Bernard C., *Introduction à la médecine expérimentale* (1865), Paris, Flammarion, 1984.

3. Daillie L., *La Logique du symptôme*, Saint-André-de-Sangonis, Bérangel, 2006.

4. Mackenzie J.N., « The production of so-called "rose cold" by means of an artificial rose », *American Journal of Medical Science*, 1895, 91, p. 47-57.

5. Odoul M., *Dis-moi où tu as mal, je te dirai pourquoi*, Paris, Albin Michel, 2002 ; Dransart P., *La maladie cherche à me guérir*, Grenoble, Le Mercure dauphinois, 1999 ; Shapiro D., *Your Body Speaks Your Mind*, Londres, Piatkus

Books, 1996 (traduction française : *L'Intelligence du corps*, Saint-Jean-de-Braye, Dangles, 1998 ; Paris, J'ai lu, 2000).

6. Odoul M., *Dis-moi où tu as mal, je te dirai pourquoi*, Paris, Albin Michel, 2002, p. 132-133 ; Dransart P., *La maladie cherche à me guérir*, Grenoble, Le Mercure dauphinois, 1999, p. 164-165 ; Shapiro D., *Your Body Speaks Your Mind*, Londres, Piatkus Books, 1996 (traduction française : *L'Intelligence du corps*, Paris, J'ai lu, 2000, p. 184-185).

7. Odoul M., *Dis-moi où tu as mal, je te dirai pourquoi*, Paris, Albin Michel, 2002, p. 177-178 ; Dransart P., *La maladie cherche à me guérir*, Grenoble, Le Mercure dauphinois, 1999, p. 218-226 ; Shapiro D., *Your Body Speaks Your Mind*, Londres, Piatkus Books, 1996 (traduction française : *L'Intelligence du corps*, Paris, J'ai lu, 2000, p. 225-226).

8. Beinfield H., Korngold E., *Between Heaven and Earth : A Guide to Chinese Medicine*, New York, Ballantine, 1991.

9. Dransart P., *La maladie cherche à me guérir*, Grenoble, Le Mercure dauphinois, 1999, p. 52-53.

10. Flèche C., *Décodage biologique des maladies*, Barret-sur-Méouge, Le Souffle d'Or, 2001, p. 229.

11. Broom B., *Meaning-Full Disease : How Personal Experience and Meanings Cause and Maintain Physical Illness*, Londres, Karnac, 2007, p. 78.

12. Garro L.C., « Cultural knowledge as resource in illness narratives », *in* Mattingly C., Garro L.C. (éd.), *Narrative and Cultural Construction of Illness and Healing*, Los Angeles, University of California Press, 2000, p. 70-87.

13. Hunt L.M., *Living with Cancer in Oaxaca, Mexico : Patient and Physician Perspectives in Cultural Context*, Ph.D. dissertation, Harvard University, 1992.

14. Hunt L.M., « Strategic suffering. Illness narratives as social empowerment among Mexican cancer patients », *in* Mattingly C., Garro L.C. (éd.), *Narrative and Cultural Construction of Illness and Healing*, Los Angeles, University California Press, 2000, p. 93-95.

15. *Ibid.*, p. 96-98.

16. Wolfe F., Smythe H.A., Yunus M.B. *et al.*, « The American College of Rheumatology 1990 criteria for the classification of fibromyalgia. Report of the multicenter criteria committee », *Arthritis and Rheumatology*, 1990, 33, p. 160-172.

17. Boisset-Pioro M.H., Esdaille J.M., Fitzcharles M.A., « Sexual and physical abuse in women with fibromyalgia syndrome », *Arthritis and Rheumatism*, 1995, 38, p. 235-241 ; Aaron L.A., Bradley L.A., Alarcon G.S. *et al.*, « Perceived physical and emotional trauma as precipitating events in fibromyalgia », *Arthritis and Rheumatism*, 1997, 40, p. 453-460 ; Allaz A.-F., Cedraschi C., « Reconstruction narrative et attributions traumatiques. À propos de la fibromyalgie », *in* Ferragut É. (éd.), *Émotion et mémoire. Le corps et la souffrance*, Paris, Masson, 2004, p. 98-103.

18. White K.P., Carette S., Harth M., Teasell R.W., « Trauma and fibromyalgia : is there an association and what does it mean ? », *Seminars in Arthritis and Rheumatism*, 2000, 29, p. 200-216.

19. Cité *in* Hirshberg C., Barasch M.I., *Guérisons remarquables*, Paris, J'ai lu, 1998, p. 368.

20. Roberts W.E., « Verrier Elwin (1902-1964) », *Asian Folklore Studies*, 1964, 23, p. 212-214.

21. Elwin V., *Maison des jeunes chez les Muria*, Paris, Gallimard, 1959, p. 292 (traduit de l'anglais : *The Muria and their Ghotul*, Bombay, 1947).

22. Héritier F., « Stérilité, aridité, sécheresse : quelques invariants de la pensée symbolique », *in* Augé M., Herzlich C. (éd.), *Le Sens du mal. Anthropologie, histoire, sociologie de la maladie*, Paris, Éditions des Archives contemporaines, 1984, p. 125-127.

Chapitre 6

1. Tiercelin C., *Peirce et le pragmatisme*, Paris, Presses universitaires de France, 1993 ; Peirce C.S., *Écrits sur le signe*, rassemblés, traduits et commentés par Deledalle G., Paris, Seuil, 1978.

2. Peirce C.S., *Collected Papers*, Cambridge, MA, Harvard University Press, 1931-1935.

3. Tremblay R.-R., « Fixation de la croyance selon Peirce », http://www.cvm.qc.ca/encephi.

4. Schwartz B., Gamzu E., « Pavlovian control of operant behavior », *in* Honig W.K., Staddon J.E.R. (éd.), *Handbook of Operant Behavior*, Englewood Cliffs, NJ, Prentice-Hall, 1977, p. 53-97, cité dans Dantzer R., *L'Illusion psychosomatique*, Paris, Odile Jacob, 2001, p. 37.

5. Garcia J., Hankins W.G., Rusiniak K.W., « Behavioral regulation of the milieu interne, in man and rat », *Science*, 1974, 185, p. 824-831, cité dans Dantzer R., *L'Illusion psychosomatique*, Paris, Odile Jacob, 2001, p. 39.

6. Fredrickson B.L., « L'importance du bonheur », *Cerveau & Psycho*, 2004, 6, p. 42-45 ; Fredrickson B.L., « The role of positive emotion in positive psychology : the broaden-and-built theory of positive emotions », *American Psychologist*, 2001, 56, p. 218.

7. Berk L.S., Felten D.L., Tan S.A., Bittman B.B., Westengard J., « Modulation of neuroimmune parameters during the eustress of humor-associated mirthful laughter », *Alternative Therapies*, 2001, 7, p. 62-76 ; Tan S.A., Tan L.G., Berl L.S., Lukman S.T., Lukman L.F., « Mirthful laughter : an effective adjunct in cardiac rehabilitation », *Canadian Journal of Cardiology*, 1997, 13 (suppl. B), p. 190 ; Kimata H., « Effect of humor on allergen-induced wheal reactions », *Journal of the American Medical Association*, 2001, 285, p. 738 ; Yoshino S., Fujimori J., Kohda M., « Effects of mirthful laughter on neuroendocrine and immune systems in patients with rheumatoid arthritis », *Journal of Rheumatology*, 1996, 23, p. 793-794.

8. Smyth J.M., Stone A.A., Hurwitz A., Kaell A., « Effects of writing about stressful experiences on symptom reduction in patients with asthma or rheumatoid arthritis. A randomized trial », *Journal of the American Medical Association*, 1999, 281, p. 1304-1309 ; Spiegel D., « Healing words. Emotional expression

and disease outcome», *Journal of the American Medical Association*, 1999, 281, p. 1328-1329.

9. Pennebaker J.W., *Opening Up. The Healing Power of Confiding in Others*, New York, W.M. Morrox & Co, 1990; Petrie K.J., Booth R.J., Pennebaker J.W., Davison K.P., Thomas M.G., «Disclosure of trauma and immune response to hepatitis B vaccination program», *Journal of Consulting and Clinical Psychology*, 1995, 63, p. 787-792.

10. Peterson C., Bossio L., «Healthy attitudes : optimism, hope, and control», in *Mind Body Medicine*, Consumer Reports Books 1993, p. 351-366; Maruta T., Colligan R.C., Maclinchoc M., Offord K.P., «Optimism-pessimism assessed in the 1960s and self reported health status 30 years later», *Mayo Clinic Proceedings*, 2002, 77, p. 748-753; Danner D., Snowden D., Friesen W., «Positive emotions in early life and longevity», *Journal of Personality and Social Psychology*, 2001, 8, p. 804.

11. Kamen-Siegel L., Rodin J., Seligman M., Dwyer J., «Explanatory style and cell mediated immunity in elderly men and women», *Health Psychology*, 1991, 10, p. 229-235.

12. Buchanan G.M., Seligman M., *Explanatory Style*, Hillsdale, NJ, Lawrence Erlbaum Associates, 1995, p. 303.

13. Fenwick P. «Psychoneuroimmunology : the mind-brain connection», *in* Peters D. (éd.), *Understanding the Placebo Effect in Complementary Medicine*, Édimbourg, Churchill Livingstone, 2001.

14. Gruzelier J., Burgess A., Baldewig T. *et al.*, «Prospective associations between lateralised brain function and immune status in HIV infection : analysis of EEG, cognition and mood over 30 months», *International Journal of Psychophysiology*, 1996, 23, p. 215-224.

15. Lutgendorf S.K., Sood A.K., Anderson B., McGinn S., Maiseri H., Dao M., Sorosky J.I., De Geest K., Ritchie J., Lubaroff D.M., «Social support, psychological distress, and natural killer cell activity in ovarian cancer», *Journal of Clinical Oncology*, 2005, 23, p. 7105-7113.

16. Levy S., Herberman R., Lippman M., d'Angelo T., «Correlation of stress factors with sustained depression of natural killer cell activity and predicted prognosis in patients with breast cancer», *Journal of Clinical Oncology*, 1987, 5, p. 348-353.

17. Visintainer M.A., Volpicelli J.R., Seligman M.E., «Tumor rejection in rats after inescapable or escapable shock», *Science*, 1982, 216, p. 437-439.

18. Frankl V.E., *Découvrir un sens à sa vie*, Montréal, Éditions de l'Homme, 2006, p. 83 (traduction anglaise : *Man's Search of Meaning*, Boston, Beacon Press, 1997).

19. *Ibid.*, p. 83.

20. *Ibid.*, p. 103.

21. *Ibid.*, p. 105-106.

22. *Ibid.*, p. 121.

23. *Ibid.*, p. 125.

24. *Ibid.*, p. 108.

25. *Ibid.*, p. 102.
26. *Ibid.*, p. 118-119.

Chapitre 7

1. Janov A., *Why You Get Sick and How You Get Well*, West Hollywood, CA, Dove Books, 1996 (traduction française : *Le corps se souvient*, Paris, Éditions du Rocher, 1997) ; Janov A., *The Biology of Love*, New York, Prometheus Books, 2000 (traduction française : *La Biologie de l'amour*, Paris, Éditions du Rocher, 2001).
2. Apfel-Savitz R., Silverman D., Bennette M.I., « Group psychotherapy of patients with somatic illnesses and alexithymia », *Psychotherapy and Psychosomatics*, 1977, 28, p. 323-329 ; Swiller H.I., « Alexithymia treatment utilizing combined individual and group psychotherapy », *International Journal of Group Psychotherapy*, 1988, 38, p. 47-61 ; Fukunishi I., Ichikawa M., Ichikawa T. *et al.*, « Alexithymia and depression in families with alcoholics », *Psychopathology*, 1992, 25, p. 326-330.
3. Beresnevaite M., « Efficacy of alexithymia's correction and its relation with the course of ischaemic heart disease », communication présentée au congrès annuel des cardiologues lituaniens, Kaunas, Lituanie, mai 1995 ; Beresnevaite M., « Exploring the benefits of group psychotherapy in reducing alexithymia », *Psychotherapy and Psychosomatics*, 2000, 69, p. 117-122.
4. Brennan A.B., *Hands of Light*, New York, Bantam, 1987 (traduction française : *Le Pouvoir bénéfique des mains*, Paris, Tchou, 1993) ; Brennan A.B., *Light Emerging*, New York, Bantam, 1993 (traduction française : *Guérir par la lumière*, Paris, Tchou, 1995).
5. Frankl V.E., *Découvrir un sens à sa vie*, Montréal, Éditions de l'Homme, 2006, p. 85.
6. Maslow A., *A Theory of Human Motivation*, article publié en 1943 ; Maslow A., *Motivation and Personality* (1954), New York, Harper & Row, 1970 (traduction française : *Devenir le meilleur de soi-même : besoins fondamentaux, motivation et personnalité*, Paris, Eyrolles, 2008).
7. Maslow A., *Toward a Psychology of Being* (1968), New York, John Wiley & Sons, 1999 (traduction française : *Vers une psychologie de l'être*, Paris, Fayard, 1972).
8. Frankl V.E., *Découvrir un sens à sa vie*, Montréal, Éditions de l'Homme, 2006, p. 107.

Chapitre 8

1. Sontag S., *La Maladie comme métaphore*, Paris, Christian Bourgois, 1993.
2. Sontag S., *Le Sida et ses métaphores*, Paris, Christian Bourgois, 1989, p. 20.
3. Nietzsche F., *Aurore* (1881), Paris, Gallimard, « Folio », 1989.

4. Ayoub J., *Guérir parfois, soulager souvent, réconforter toujours*, Québec, Anne Sigier, 2004.

5. Julien É., *Le Chemin des neuf mondes*, Paris, Albin Michel, 2001 ; Julien É., *Kogis, le message des derniers hommes*, Paris, Albin Michel, 2004.

6. Balint M., *Le Médecin, son malade et la maladie*, Paris, Payot, 1966.

7. Platt F.W., Gaspar G.L., « Tell me about yourself. The patient-centered interview », *Annals of Internal Medicine*, 2001, 134, p. 1079-1085 ; Maguire P., Pitceathly C., « Key communication skills and how to acquire them », *British Medical Journal*, 2002, 325, p. 697-700 ; Sloan J., « Relationship between increased personal well-being and enhanced empathy among internal medicine residents », *Journal of General Internal Medicine*, 2005, p. 559-564 ; Deveugele M., « Teaching communication skills to medical students. A challenge in the curriculum ? », *Patient Education and Counseling*, 2005, 58, p. 265-270.

8. Davis H., Nicholaou T., « A comparative of the interviewing skills of first- and final-year medical students », *Medical Education*, 1992, 26, p. 441-447.

9. Frankl V.E., *Découvrir un sens à sa vie*, Montréal, Éditions de l'Homme, 2006, p. 106.

Chapitre 9

1. Dumont L., *Essais sur l'individualisme. Une perspective anthropologique sur l'idéologie moderne*, Paris, Seuil, 1991.

2. Ruffié J., Sournia J.-C., *Les Épidémies dans l'histoire de l'homme*, Paris, Flammarion, « Champs », 1995.

3. Goldberg M., Imbernon E., « Surveillance épidémiologique des cancers d'origine professionnelle », *in* Pairon J.-C., Brochard P., Le Bourgeois J.-P., Ruffié P. (éd.), *Les Cancers professionnels*, Paris, Margaux Orange, 2000.

4. Flèche C., *Décodage biologique des maladies*, Barret-sur-Méouge, Le Souffle d'Or, 2001, p. 199.

5. Diamond J., *Le Troisième Chimpanzé. Essai sur l'évolution et l'avenir de l'animal humain*, Paris, Gallimard, 2000 ; Diamond J., *De l'inégalité parmi les sociétés. Essai sur l'homme et l'environnement dans l'histoire*, Paris, Gallimard, 2000.

6. Schweitzer A., *À l'orée de la forêt vierge*, Lausanne, La Concorde, 1923 ; Willem J.-P., *Le Secret des peuples sans cancers*, Paris, Dauphin, 2005.

7. Devailly E., « Santé et environnement dans l'Arctique canadien », *in* Huss J., Lannoye P. (éd.), *La Santé empoisonnée. Faits et arguments en faveur d'une médecine de l'environnement*, Paris, Frison-Roche, 1998.

8. Colborn T., Dumanoski D., Myers J.P., *Our Stolen Future. Are We Threatening Our Fertility, Intelligence and Survival ?*, New York, Plume, 1997 (traduction française : *L'Homme en voie de disparition ?*, Mens, Terre vivante, 1998).

9. Informations provenant du toxicologue Jean-François Narbonne rapportées dans Barbier G., Farrachi A., *La Société cancérigène*, Paris, Seuil, « Points », 2007, p. 21.

10. Dinse G.E., Umbach D.M., Sasco A.J., Hoel D.G., Davis D.L., « Unexplained increases in cancer incidence in the United States from 1975 to 1994 : possible sentinel health indicator ? », *Annual Review of Public Health*, 1999, 20, p. 173-209.

11. Institut national de veille sanitaire, *Estimations nationales : tendances de l'incidence et de la mortalité par cancer en France entre 1978 et 2000*, Ministère de la Santé, de la Famille et des Personnes handicapées, 2002.

12. Steliarova-Foucher E., Stiller C., Kaatsch P. *et al.*, « Geographical patterns and time trends of cancer incidence and survival among children and adolescents in Europe since the 1970s (the ACCIS project) : an epidemiological study », *Lancet*, 2004, 364, p. 2097-2105.

13. Barbier G., Farrachi A., *La Société cancérigène*, Paris, Seuil, « Points », 2007, p. 33.

14. Waterhouse J., Muir C., Shamnugaratnam K., Powell J. (éd.), *Cancer Incidence in Five Continents*, vol. IV, Lyon, IARC-WHO, 1982.

15. Davis D.L., *The Secret History of War on Cancer*, New York, Basic Books, 2007.

16. Barbier G., Farrachi A., *La Société cancérigène*, Paris, Seuil, « Points », 2007, p. 26.

17. *Bulletin de l'Académie nationale de médecine*, t. 180, n°s 4-16, 23, 30 avril 1996.

18. Barbier G., Farrachi A., *La Société cancérigène*, Paris, Seuil, « Points », 2007, p. 92.

19. *Ibid.*, p. 37-38.

20. Nicolopoulou-Stamati P., Hens L., Howard C.V., Van Larebeke N. (éd.), *Cancer as an Environmental Disease*, Dordrecht, Kluwer Academic Publishers, 2004 ; Belpomme D., *Guérir du cancer ou s'en protéger*, Paris, Fayard, 2005.

21. Cette phrase, entendue lors d'une conférence prononcée par Dominique Belpomme, n'est peut-être pas rapportée ici mot pour mot. Néanmoins, elle traduit l'idée que le cancérologue développe dans ses ouvrages *Guérir du cancer ou s'en protéger*, Paris, Fayard, 2005, et *Avant qu'il ne soit trop tard*, Paris, Fayard, 2007.

22. Moore C.F., *Silent Scourge : Children Pollution and Why Scientists Disagree*, New York, Oxford University Press, 2003 ; Wigle D.T., *Child Health and Environment*, New York, Oxford University Press, 2003.

23. Pobel D., Viel J.-F., « Case-control study of leukaemia among young people near La Hague nuclear reprocessing plant : the environmental hypothesis revisited », *British Medical Journal*, 1997, 314, p. 101-106.

24. Barbier G., Farrachi A., *La Société cancérigène*, Paris, Seuil, « Points », 2007, p. 176-180.

25. Guizard A.V., Boutou O., Pottier D., Troussard X., Pheby D., Launoy G., Slama R., Spira A., ARKM Registre des cancers de la Manche, « The incidence of childhood leukaemia around the La Hague nuclear waste reprocessing plant (France) : a survey for the years 1978-1998 », *Journal of Epidemiology and Community Health*, 2001, 55, p. 469-474.

26. Belpomme D., *Guérir du cancer ou s'en protéger*, Paris, Fayard, 2005, p. 272.

27. Académie de médecine, n° 187, 11 février 2003, cité dans Barbier G., Farrachi A., *La Société cancérigène*, Paris, Seuil, « Points », 2007, p. 170.

28. Johnson P., *The Birth of the Modern*, New York, Harper Perennial, 1991 ; Randall J.H., *The Making of Modern Mind*, Cambridge, MA, Houghton Mifflin, 1940.

29. Le Corbusier, *Manière de penser l'urbanisme*, Paris, Gonthier, 1963.

30. Rifkin J., *The European Dream : How Europe's Vision of the Future is Quietly Eclipsing the American Dream*, New York, Penguin, 2004 (traduction française : *Le Rêve européen ou comment l'Europe se substitue peu à peu à l'Amérique dans notre imaginaire*, Paris, Fayard, 2005, p. 102-118).

31. Créé en France en 2006 à l'initiative d'Olivier Toma, le Comité pour le développement durable en santé est placé sous le haut patronage du ministère de la Santé et des Solidarités et du ministère de l'Écologie et du Développement durable (site web : www.c2ds.org).

32. Information rapportée dans Barbier G., Farrachi A., *La Société cancérigène*, Paris, Seuil, « Points », 2007, p. 154.

33. *Ibid.*, p. 46-47 ; Epstein S., *The Politics of Cancer*, New York, East Ridge Press, 1998.

34. Information rapportée dans Paccalet Y., *L'humanité disparaîtra, bon débarras !*, Paris, Arthaud, 2006, p. 161.

Conclusion

1. www.altfutures.com.

2. Les idées développées lors de la réunion organisée par l'Institute for Alternative Futures, en 1998, à Washington, sont rapportées dans l'article de Jobst K.A., Shostak D., Whitehouse P.J., « Diseases of meaning, manifestations of health, and metaphor », *Journal of Alternative and Complementary Medicine*, 1999, 5, p. 495-502.

3. Canguilhem G., *Essai sur quelques problèmes concernant le normal et le pathologique* (1943), réédité sous le titre : *Le Normal et le Pathologique, augmenté de Nouvelles réflexions concernant le normal et le pathologique*, Paris, Presses universitaires de France, 1966.

4. Laborit H., *Inhibiton de l'action*, Paris, Masson, 1980.

5. Jobst K.A., Shostak D., Whitehouse P.J., « Diseases of meaning, manifestations of health, and metaphor », *Journal of Alternative and Complementary Medicine*, 1999, 5, p. 495-502 ; Kearney M., *Mortally Wounded : Stories of Soul Pain, Death and Healing*, New York, Touchstone, Simon & Schuster, 1997.

6. Jobst K.A., « Disease as a manifestation of health », conférence présentée lors de la Conference on Global Health and Mental Peace for Mankind, organisée à l'initiative de Sa Sainteté le XIVe Dalaï lama, à Dharamsala, en novembre 1990.

Bibliographie

ALEXANDER, Franz, *Psychosomatic Medicine : Its Principles and Applications*, New York, Norton, 1950 (traduction française : *La Médecine psychosomatique : ses principes et ses applications*, Paris, Payot, 1977).

AUGÉ, Marc, HERZLICH, Claudine (éd.), *Le Sens du mal. Anthropologie, histoire, sociologie de la maladie*, Paris, Éditions des Archives contemporaines, 1984.

AYOUB, Joseph, *Guérir parfois, soulager souvent, réconforter toujours*, Québec, Anne Sigier, 2004.

BALINT, Michael, *Le Médecin, son malade et la maladie*, Paris, Payot, 1966.

BARBIER, Geneviève, FARRACHI, Armand, *La Société cancérigène*, Paris, Seuil, « Points », 2007.

BAROU, Jean-Pierre, CROSSMAN, Sylvie, *La Santé indigène*, Montpellier, Indigène Éditions, 2005.

BARRAL, Willy (éd.), *Françoise Dolto, c'est la parole qui fait vivre. Une théorie corporelle du langage*, Paris, Gallimard, 1999.

BEINFIELD, Harriet, KORNGOLD, Efrem, *Between Heaven and Earth : A Guide to Chinese Medicine*, New York, Ballantine, 1991.

BELPOMME, Dominique, *Guérir du cancer ou s'en protéger*, Paris, Fayard, 2005.

BÉRAUD, Claude, *Le Foie des Français*, Paris, Stock, 1983.

BERNARD, Claude, *Introduction à la médecine expérimentale* (1865), Paris, Flammarion, 1984.

BOYER, Pascal, *Et l'homme créa les dieux*, Paris, Robert Laffont, 2001.

BRELET, Claudine, *Médecines du monde. Histoire et pratiques des médecines traditionnelles*, Paris, Robert Laffont, 2002.

BROOM, Brian, *Meaning-Full Disease : How Personal Experience and Meanings Cause and Maintain Physical Illness*, Londres, Karnac, 2007.

BRUCHON-SCHWEITZER, Marilou, *Psychologie de la santé. Modèles, concepts et méthodes*, Paris, Dunod, 2002.

—, QUINTARD, Bruno (éd.), *Personnalité et maladies. Stress, coping, ajustement*, Paris, Dunod, 2001.

BUCHANAN, Gregory McClellan, SELIGMAN, Martin, *Explanatory Style*, Hillsdale, NJ, Lawrence Erlbaum Associates, 1995.

CANGUILHEM, Georges, *Le Normal et le Pathologique, augmenté de Nouvelle réflexions concernant le normal et le pathologique*, Paris, Presses universitaires de France, 1966.

COLBORN, Theo, DUMANOSKI, Dianne, MYERS, John Peter, *Our Stolen Future. Are We Threatening Our Fertility, Intelligence and Survival ?*, New York, Plume, 1997 (traduction française : *L'Homme en voie de disparition ?*, Mens, Terre vivante, 1998).

CORCOS, Maurice, SPERANZA, Mario, *Psychopathologie de l'alexithymie*, Paris, Dunod, 2003.

CROSSMAN, Sylvie, BAROU, Jean-Pierre, *Enquête sur les savoirs indigènes*, Paris, Gallimard, « Folio », 2005.

DAILLIE, Laurent, *La Logique du symptôme*, Saint-André-de-Sangonis, Bérangel, 2006.

DAMASIO Antonio, *L'Erreur de Descartes*, Paris, Odile Jacob, 1995.

—, *Le Sentiment même de soi*, Paris, Odile Jacob, 1999.

—, *Spinoza avait raison*, Paris, Odile Jacob, 2003.

DANTZER, Robert, *L'Illusion psychosomatique* (1989), Paris, Odile Jacob, 2001.

DARWIN, Charles, *The Expression of the Emotions in Man and Animals*, Londres, John Murray, 1872.

DAVIS, Devra, *The Secret History of War on Cancer*, New York, Basic Books, 2007.

DENNETT, Daniel, *Théorie évolutionniste de la liberté*, Paris, Odile Jacob, 2004.

DETHLEFSEN, Thorwald, DAHLKE, Rudiger, *The Healing Power of Illness*, Shaftesbury, Element Books, 1997.

DIAMOND Jared, *Le Troisième Chimpanzé. Essai sur l'évolution et l'avenir de l'animal humain*, Paris, Gallimard, 2000.

—, *De l'inégalité parmi les sociétés. Essai sur l'homme et l'environnement dans l'histoire*, Paris, Gallimard, 2000.

DOLTO, Françoise, *L'Image inconsciente du corps*, Paris, Seuil, « Points », 1984.

—, *Tout est langage*, Paris, Gallimard, 1994.

DRANSART, Philippe, *La maladie cherche à me guérir*, Grenoble, Le Mercure dauphinois, 1999.

DUMONT, Louis, *Essais sur l'individualisme. Une perspective anthropologique sur l'idéologie moderne*, Paris, Seuil, 1991.

DUNBAR, Helen Flanders, *Emotions and Bodily Changes*, New York, Columbia University Press, 1935.

—, *Psychosomatic Diagnosis*, New York, P.B. Hoeber, 1943.

—, *Mind and Body : Psychosomatic Medicine*, New York, Random House, 1947.

ECCLES, John, *Évolution du cerveau et création de la conscience*, Paris, Fayard, 1992.

EKMAN, Paul (éd.), *Charles Darwin's « The Expression of the Emotions in Man and Animals »*, New York, Oxford University Press, 1998.

—, *Emotions Revealed*, New York, Owl Books, 2003.

ELWIN, Verrier, *Maison des jeunes chez les Muria*, Paris, Gallimard, 1959.

FERRAGUT, Éliane (éd.), *Émotion et mémoire. Le corps et la souffrance*, Paris, Masson, 2004.

— (éd.), *Émotion et traumatisme. Le corps et la parole*, Paris, Masson, 2005.

FISCHER, Gustave-Nicolas, TARQUINIO, Cyril, *Les Concepts fondamentaux de la psychologie de la santé*, Paris, Dunod, 2006.

FISHER, Shirley, REASON, James (éd.), *Handbook of Life Stress, Cognition and Health*, New York, John Wiley & Sons, 1988.

FLÈCHE, Christian, *Mon corps pour me guérir*, Barret-sur-Méouge, Le Souffle d'Or, 2000.

—, *Décodage biologique des maladies*, Barret-sur-Méouge, Le Souffle d'Or, 2001.
FOSTER, George, *Medical Anthropology*, New York, John Wiley & Sons, 1978.
FRANKL, Viktor, *Man's Search of Meaning*, Boston, Beacon Press, 1997 (traduction française : *Découvrir un sens à sa vie*, Montréal, Éditions de l'Homme, 2006).
FRAZER, James George, *Totemism and Exogamy*, Londres, Macmillan, 1910.
—, *The Golden Bough* (1911-1915), New York, Touchstone, 1995 (traduction française : *Le Rameau d'or*, volumes I à IV, Paris, Robert Laffont, 1981-1984).
FREUD, Sigmund, *Totem et Tabou*, Paris, Petite Bibliothèque Payot, 1965.
—, BREUER, Joseph, *Études sur l'hystérie* (1895), Paris, Presses universitaires de France, 2002.
FRIEDMAN, Howard (éd.), *Personality and Disease*, New York, John Wiley & Sons, 1990.
FRIEDMAN, Meyer, ROSENMAN, Ray, *Type A Behavior and Your Heart*, New York, Knopf, 1974.
FROMENT, Alain, *Maladie. Donner un sens*, Paris, Éditions des Archives contemporaines, 2001.
GATLIN, Lila, *Information Theory and the Living System*, New York, Columbia University Press, 1972.
GRODDECK, Georg, *Le Livre du Ça* (1923), Paris, Gallimard, 1973.
—, *Ça et Moi – Lettres à Freud, Ferenczi et quelques autres*, Paris, Gallimard, 1977.
—, *Conférences psychanalytiques*, t. 2, Paris, 10/18, 1993.
GROOPMAN, Jerome, *The Anatomy of Hope. How People Prevail in the Face of Illness*, New York, Random House, 2004 (traduction française : *La Force de l'espoir. Son rôle dans la guérison*, Paris, J.-C. Lattès, 2004).
HAMER, Ryke Geerd, *Fondement de la Médecine nouvelle*, Chambéry, ASAC, 1993.
HARRINGTON, Anne, *The Placebo Effect. An Interdisciplinary Exploration*, Cambridge, MA, Harvard University Press, 1997.

HÉRITIER, Françoise, XANTHAKOU, Margarita (éd.), *Corps et affects*, Paris, Odile Jacob, 2004.

HIRSHBERG, Caryle, BARASCH, Marc Ian, *Remarkable Recovery*, New York, Riverhead Books, 1995 (traduction française : *Guérisons remarquables*, Paris, Robert Laffont, 1996).

HUSS, Jean, LANNOYE, Paul (éd.), *La Santé empoisonnée. Faits et arguments en faveur d'une médecine de l'environnement*, Paris, Frison-Roche, 1998.

IZARD, Michel, SMITH, Pierre (éd.), *La Fonction symbolique : essais d'anthropologie*, Paris, Gallimard, 1979.

JANOV, Arthur, *Why You Get Sick and How You Get Well*, West Hollywood, CA, Dove Books, 1996 (traduction française : *Le corps se souvient*, Paris, Éditions du Rocher, 1997).

—, *The Biology of Love*, New York, Prometheus Books, 2000 (traduction française : *La Biologie de l'amour*, Paris, Éditions du Rocher, 2001).

JOHANNESSON, Alexander, *Origin of the Language*, Reykjavik, H.F. Leiftur, 1949.

JOHNSON, Paul, *The Birth of Modern*, New York, Harper Perennial, 1991.

JULIEN, Éric, *Le Chemin des neuf mondes*, Paris, Albin Michel, 2001.

—, *Kogis, le message des derniers hommes*, Paris, Albin Michel, 2004.

JUNG, Carl Gustav, *L'homme et ses symboles* (1964), Paris, Robert Laffont, 1990.

KEESING, Roger, *Kwaio Religion : The Living and the Dead in a Salomon Island Society*, New York, Columbia University Press, 1982.

KELLER, Pascal-Henri, *Le Dialogue du corps et de l'esprit*, Paris, Odile Jacob, 2006.

KLEINMAN, Arthur, *Patients and Healers in Context of Culture : An Exploration of Borderland Between Anthropology, Medicine, and Psychiatry*, Berkeley, University of California Press, 1980.

—, *The Illness Narratives : Suffering, Healing, and the Human Condition*, New York, Basic Books, 1988.

KÖVECSES, Zoltan, *Metaphor and Emotion. Language, Culture, and Body in Human Feeling*, Cambridge, MA, Cambridge University Press, 2003.

—, *Metaphor in Culture. Universality and Variation*, New York, Cambridge University Press, 2005.

KRETSCHMER, Ernst, *Physique and Character. An Investigation of the Nature of the Constitution and the Theory of Temperament* (1931), New York, Humanities Press, 1951.

LABORIT, Henri, *Éloge de la fuite*, Paris, Robert Laffont, 1976.

—, *Inhibition de l'action*, Paris, Masson, 1980.

LAKOFF, George, JOHNSON, Mark, *Philosophy in the Flesh : The Embodied Mind and its Challenge to Western Thought*, New York, Basic Books, 1999.

—, *Metaphors We Live By*, Chicago, University of Chicago Press, 2003.

LE BRETON, David, *Anthropologie du corps et modernité*, Paris, Presses universitaires de France, 1990.

LE CORBUSIER, *Manière de penser l'urbanisme*, Paris, Gonthier, 1963.

LEMOINE, Patrick, LUPU, François, *Quiproquos sur ordonnance*, Paris, Armand Colin, 2006.

LÉVI-STRAUSS, Claude, *Anthropologie structurale*, Paris, Plon, 1958.

LOCK, Margaret, *Encounters with Aging : Mythologies of Menopause in Japan and North America*, Los Angeles, University of California Press, 1993.

MAMBRETTI, Giorgio, SÉRAPHIN, Jean, *La medica sottosopra. E se Hamer avesse ragione ?*, Turin, Amrita, 1999 (traduction française : *La Médecine sens dessus dessous. Et si Hamer avait raison ?*, Turin, Amrita, 2001).

MARTY, Pierre, M'UZAN, Michel de, *L'Investigation psychosomatique*, Paris, Presses universitaires de France, 1963.

MASLOW, Abraham, *Motivation and Personality* (1954), New York, Harper & Row, 1970 (traduction française : *Devenir le meilleur de soi-même : besoins fondamentaux, motivation et personnalité*, Paris, Eyrolles, 2008).

—, *Toward a Psychology of Being* (1968), New York, John Wiley & Sons, 1999 (traduction française : *Vers une psychologie de l'être*, Paris, Fayard, 1972).

MATTINGLY, Cheryl, GARRO, Linda (éd.), *Narrative and Cultural Construction of Illness and Healing*, Los Angeles, University of California Press, 2000.

MENU, Bernadette, *Maât : l'ordre et la justice du monde*, Paris, Michalon, 2005.

MOERMAN, Daniel, *Meaning, Medicine and the « Placebo Effect »*, Cambridge, MA, Cambridge University Press, 2002.

MOORE, Colleen, *Silent Scourge : Children Pollution and Why Scientists Disagree*, New York, Oxford University Press, 2003.

MORGAN, Lewis Henry, *Ancient Society. Researches in the Lines of Human Progress from Savagery through Barbarism to Civilization*, Londres, Macmillan & Co, 1877.

MURDOCK, George, *Theories of Illness : A World Survey*, Pittsburgh, University of Pittsburgh Press, 1980.

NASIO, Juan-David, *Mon corps et ses images*, Paris, Payot, 2007.

NICOLOPOULOU-STAMATI, Polyxeni, HENS, Luc, HOWARD, Vyvyan (éd.), *Cancer as an Environmental Disease*, Dordrecht, Kluwer Academic Publisher, 2004.

NIETZSCHE, Friedrich, *Aurore* (1881), Paris, Gallimard, « Folio », 1989.

ODOUL, Michel, *Dis-moi où tu as mal, je te dirai pourquoi*, Paris, Albin Michel, 2002.

PACCALET, Yves, *L'humanité disparaîtra, bon débarras !*, Paris, Arthaud, 2006.

PAYER, Lynn, *Medicine and Culture* (1988), New York, Owl Books, 1996.

PEIRCE, Charles Sanders, *Collected Papers*, Cambridge, MA, Harvard University Press, 1931-1935.

—, *Écrits sur le signe*, rassemblés, traduits et commentés par Deledalle, G., Paris, Seuil, 1978.

PENFIELD, Wilder, *The Cerebral Cortex of Man. A Clinical Study of Localization of Function*, New York, Macmillan, 1950.

PETERS, David (éd.), *Understanding the Placebo Effect in Complementary Medicine*, Édimbourg, Churchill Livingstone, 2001.

RANDALL, John Herman Jr., *The Making of Modern Mind*, Cambridge, Houghton Mifflin, 1940.

REICH, Wilhelm, *Character Analysis* (1933), New York, Touchstone, 1972.

—, *La Biopathie du cancer* (*Der Krebs*, 1948), Paris, Payot, 1975 (*The Cancer Biopathy*, New York, Farrar, Straus & Giroux, 1974).

RIFKIN, Jeremy, *The European Dream : How Europe's Vision of the Future is Quietly Eclipsing the American Dream*, New York, Penguin, 2004 (traduction française : *Le Rêve européen ou comment l'Europe se substitue peu à peu à l'Amérique dans notre imaginaire*, Paris, Fayard, 2005).

ROSNY, Éric de, *Les Yeux de ma chèvre : sur les pas des maîtres de la nuit en pays douala*, Paris, Omnibus, 1996.

—, *La Nuit, les yeux ouverts*, Paris, Seuil, 1996.

ROUSTANG, François, *Un destin si funeste*, Paris, Éditions de Minuit, 1977.

RUFFIÉ, Jacques, SOURNIA, Jean-Charles, *Les Épidémies dans l'histoire de l'homme*, Paris, Flammarion, « Champs », 1995.

SCHILDER, Paul, *L'Image du corps* (1935), Paris, Gallimard, 1968.

SELLAM, Salomon, *Enquêtes psychosomatiques*, La Penne-sur-Huveaune, Éditions Quintessence, 2001.

SEYLE, Hans, *The Stress of Life*, New York, McGraw-Hill, 1978.

SHAPIRO, Debbie, *Your Body Speaks Your Mind*, Londres, Piatkus Books, 1996 (traduction française : *L'Intelligence du corps*, Saint-Jean-de-Braye, Dangles, 1998 ; Paris, J'ai lu, 2000).

SHELDON, William, *The Varieties of Temperament*, New York, Harper & Brothers Publishers, 1942.

SONTAG, Susan, *Le Sida et ses métaphores*, Paris, Christian Bourgois, 1989.

—, *La Maladie comme métaphore*, Paris, Christian Bourgois, 1993.

STAUNE, Jean (éd.), *Science et quête de sens*, Paris, Presses de la Renaissance, 2005.

STONIER, Tom, *Beyond Information. The Natural History of Intelligence*, New York/Londres, Springer-Verlag, 1992.

—, *Information and Meaning. An Evolutionary Perspective*, New York/Londres, Springer, 1997.

SULLEROT, Évelyne (éd.), *Le Fait féminin*, Paris, Fayard, 1978.

SÜNDER, Richard, *Médecine du mal, médecine des mots*, La Penne-sur-Huveaune, Éditions Quintessence, 2002.

TIERCELIN, Claudine, *Peirce et le pragmatisme*, Paris, Presses universitaires de France, 1993.

TOOMBS, Kay, *The Meaning of Illness : A Phenomenological Account of the Different Perspectives of Physician and Patient*, New York, Springer, 2007.

TROWBRIDGE, Bob, *The Hidden Meaning of Illness. Disease as a Symbol and Metaphor*, Virginia Beach, ARE Press, 1996.

TYLOR, Edward Burnett, *Primitive Culture* (1871), Whitefish, MT, Kessinger Publishing, 2006.

VARELA, Francisco, *L'Inscription corporelle de l'esprit*, Paris, Seuil, 1993.

VIESNER, Frédéric, *La Médecine des Aborigènes d'Australie*, Montpellier, Indigène Éditions, 2006.

WIGLE, Donald, *Child Health and Environment*, New York, Oxford University Press, 2003.

WILLEM, Jean-Pierre, *Le Secret des peuples sans cancers*, Paris, Dauphin, 2005.

Remerciements

Écrire un livre demande de préciser son intention et d'affiner sa pensée. C'est une expérience solitaire. Pourtant, tout au long de la rédaction de cette *Enquête au-delà des croyances*, je me suis senti relié à de nombreuses personnes, rencontrées récemment ou parfois il y a très longtemps, perdues de vue ou, au contraire, toujours proches. La plupart du temps, elles se sont présentées à ma mémoire d'une manière inattendue. Néanmoins, leur présence virtuelle fut un soutien très précieux ; je tiens donc à leur exprimer ma gratitude. Certaines de ces personnes seront probablement étonnées de découvrir leur nom ici. Qu'elles veuillent bien y voir la preuve que ce qui nous est essentiel se transmet et perdure malgré l'espace et le temps.

Mes remerciements sont tout d'abord pour Hélène Delforge-Janssen, ma grand-mère, qui, très tôt, m'a permis de découvrir les collections d'ethnologie et d'égyptologie de nombreux musées ; Colette et Georges Janssen, mes parents, qui ont eu la bonté et l'intelligence de m'accompagner dans certaines « explorations » malgré mon jeune âge ; Arpag Mekhitarian, l'égyptologue qui a su apporter des réponses pleines de sens à mes questions d'enfant ; Christian Simon, l'instituteur qui, le premier, a encouragé ma curiosité naissante pour l'histoire ancienne et les cultures traditionnelles ; Didier Van Eyll, le professeur de latin qui, à travers l'expression audiovisuelle, m'a appris à clarifier mon propos pour construire un récit ; Léon Lesuisse, le professeur de grec ancien qui, à travers le récit de ses voyages lointains, m'a transmis le goût de l'expérience vécue sur le terrain; Antoine Dhem, le professeur d'anatomie qui, par son exigence, m'a obligé à observer la réalité dans ses détails; Nicole Boisacq-Schepens, le professeur de neurophysiologie qui, dès le début de mes études médicales, m'a transmis sa passion pour le fonctionnement du système nerveux et m'a fait entrevoir l'existence des liens psychobiologiques dont je parle dans ce livre; Luc Michel, le professeur de chirurgie qui, le premier, m'a donné confiance en salle d'opération et, surtout, m'a montré que l'on pouvait «faire le chirurgien» tout en «étant philosophe»; Paul Van Cangh, le professeur d'urologie qui m'a formé à l'université de Louvain, dont la rigueur intellectuelle et professionnelle reste pour moi un exemple à suivre; Michael Lieber et Robert Myers, les professeurs d'urologie qui, en m'accueillant à la Mayo Clinic de Rochester, dans le Minnesota, m'ont appris à relativiser l'importance de mes acquis et à mettre en doute la pertinence de mes connaissances; Claude Schulman, le chef du service d'urologie dans lequel j'ai travaillé à l'université de Bruxelles, dont l'enthousiasme et la capacité à communiquer ses idées sont encore une source d'émulation.

Mes remerciements vont aussi à quelques personnes dont les témoignages de sympathie manifestés après la parution de *La Solution intérieure* m'ont encouragé à entreprendre la rédaction de ce nouvel ouvrage : Roland Van Velthoven, Darius Razavi et Dominique Bron – respectivement professeurs de chirurgie, de psychopathologie et d'hémato-oncologie à l'Institut Jules Bordet, à Bruxelles – qui, les premiers, m'ont invité à enseigner aux professionnels de la santé; François Desgrandchamps, professeur d'urologie, compagnon de clinicat à l'hôpital Saint-Louis à Paris, qui, avant tous les autres, m'a demandé de parler de la psycho-neuro-endocrino-immunologie et de la «médecine intégrative» en France; Didier Sicard, président d'honneur du Comité consultatif national (français) d'éthique, dont les commentaires bienveillants ont apaisé mes doutes et renforcé ma détermination à poursuivre mon travail de réflexion; mes confrères Christophe André, Robert Andrianne, Bérengère Arnal-Schnebelen, Martine Berlière, Jean-Charles Crombez, Dominique Eraud, Henri Joyeux, Alex Kartheuser, Abdelhamid Lalaoui, Sophie Le Jeune, Solange Lintermans, Veronica Mendez, Sylvain Mimoun, Reinier

Opsomer et Liliane Reuter, qui, à leur insu, chacun à sa manière, à un moment où j'en avais besoin, m'ont rassuré à propos de l'utilité de ma démarche.

Je remercie également Josiane Avvocato, Willy Barral (la mémoire de Françoise Dolto), Jean-Yves Bilien, Claudine Brelet, Bénédicte Ann Bulot (et son Café de l'Amour), Nathalie Calmé (et l'association Terre du Ciel), Michel Cazenave, Catherine Chabert, Caroline Chabot, Pierrette Champaloux, Fabienne Chauvière, Michèle Decoust, Jacqueline Delville, Marc Demoulin (et ses frères), Marc de Smedt, Georges Didier, Pierrette Flandrin, Liora Mireille Gancarski, Alain Gourhant, Julie et Éric Janssen, Éric Julien, Xavier Lambrechts, Françoise Lemarchand, Martine Levens, Serge Mairet, Nita Mocanu, Joëlle Pietre-Sauviat, Matthieu Ricard, Anne Schombourger, Philippe Seigneurin (et l'association Hozho), Claire et Dominique Thommen (et l'association Tetra), Olivier Toma (et le Comité pour le développement durable en santé), Christine Vallet, Jacques Van de Moortele, Patrice Van Eersel, et Jean Ziegler, pour leurs encouragements; Isabelle Artus, Henri Baeyens, Carole Bajac, Alain, Évelyne et Constance Carlier-Farber, Myriam Courcelles, Nicole Couvreur, Sandrine de Montmort, Carine et Dominique Derwa, Jean-Philippe de Tonnac, Catherine Dosen, Marina Dosen, Céline Dufranc, Gilles Fontugne, Daniel Frachon, Caroline Francq, Bernard Giraudeau, Andrea Grazzini, Dominique Guetta, Isabelle Guetta, Nissim et Patsy Israël, Guillemette Jooris, Valérie Lelièvre, Tohra Mahdavi, Émile Mahy, Sophie Marinopoulos, Liliane Mertens (Maât), Annie Mésenge, Caroline Mijnssen, Larbi Ouriaghli, Olivier Roquigny, Natacha Severin, Christophe Vaessen, John Van Cauwenberghe, Matthieu Vanham et Anita Vaxelaire, pour leurs témoignages d'amitié; Frank Cuypers, Annie Macchi et Quentin Van Dael pour l'énergie de vie qu'ils m'ont transmise lors de nos rencontres, à la fin de certaines journées d'écriture épuisantes; Marie-Antoinette (Antonella) Cristiano pour son insistance à m'emmener dans le désert du Sinaï où, après avoir pris le temps de méditer, j'ai décidé d'écrire ce livre; Jacques Bolduc (de Club Québec Conférences), Dolores Lamarre, ainsi que Paule Bolduc, Annick Ouellette (et toute l'équipe d'Hachette Canada) pour leur accueil lors de mon séjour au Québec, au moment où j'entamais la seconde partie du travail d'écriture ; Aymeric Allard (et l'association La Vie d'Abord), Francis Del Rio, Gilles Deotto, Dominique Fiori et Matthieu Rabusseau, mes compagnons de voyage en Australie ; et François Marcq, l'être essentiel sans qui cet ouvrage n'aurait pas tout *son* sens.

Je n'oublie pas non plus les nombreux chercheurs, médecins, thérapeutes, guérisseurs et sorciers qui habitent les pages de ce livre. Qu'ils soient assurés de ma reconnaissance pour leurs enseignements, l'inspiration et les questions qu'ils ont éveillées en moi. De la même manière, je souhaite exprimer ma gratitude aux patients que j'ai eu le privilège d'accompagner au cours de consultations individuelles ou lors de séances de thérapie en groupe. Sans eux, sans leur courage, ce livre n'existerait pas.

Enfin, si l'écriture d'un livre est une expérience solitaire, son édition est un travail collectif. Je souhaite donc remercier toutes les personnes qui travaillent au sein de la Librairie Arthème Fayard. En particulier : Caroline Gutmann pour son enthousiasme communicatif ; Carole Saudejaud pour sa persévérance à rendre mon travail disponible dans d'autres langues ; Jacques Mazel pour son dévouement et sa réactivité ; Élise Roy pour sa rigueur et sa précision – qualités qui ont le don de me rassurer ; et Henri Trubert, dont la confiance et l'amitié sont le plus beau cadeau que l'on puisse faire à un auteur.

Index général

D

I

J

K

L

Cet ouvrage a été composé en Times par Palimpseste à Paris

Impression réalisée sur CAMERON par
BRODARD ET TAUPIN
La Flèche

pour le compte des Éditions Fayard
en septembre 2008

Imprimé en France
Dépôt légal : septembre 2008
N° d'impression : 48679
35-57-3730-5/01